旅行社经营管理实务

LüXINGSHE JINGYING GUANLI SHIWU

主　编 贾玉铭
副主编 余　昕　罗小东
主　审 张江魁

西南财经大学出版社

编写说明

为了适应社会对技能型人才的需要，教育部明确提出要大力发展高职高专教育。这促进了高职高专教育的迅猛发展，并逐渐形成了与普通高等教育并驾齐驱的态势。但高等职业教育有其自身特点，在教育理念、教育体制、教学内容和教学方式等方面与普通高等教育模式存在较大差异。高等职业教育培养目标十分清晰准确，即定位于培养高技能应用型专门人才。高职高专要办出特色，在教材建设上，就是要能准确体现高职高专特色，能尽快反映企业或行业发展的最新成果。

原有的高职高专教材，对过去的高等职业教育起到了积极作用。但内容陈旧，不成体系，与当前的就业市场联系不够紧密，实用性和实践性不强，职业特色不够鲜明，已不能满足高职高专教育发展的需要。因此，编写一套具有高职高专特色的系列教材有重大的现实意义。

鉴于此，我们与西南财经大学出版社合作，组织了成都航空职业技术学院、四川商务职业学院、成都职业技术学院、四川交通职业技术学院、四川电力职业技术学院、四川托普信息技术职业学院、四川天一学院、四川管理职业学院等学院的老师共同编写了高职高专系列规划教材。

该系列教材编写的指导思想是：第一，根据高职高专教育的特点，以职业岗位群或行业为主，兼顾学科分类；第二，以服务为宗旨，以就业为导向；第三，坚持与“双证制”紧密衔接；第四，遵循继承、突破、创新和超越的原则，着力向精品化、立体化发展。本系列教材融入了国内相关院校的先进教学成果，并且借鉴了相关优秀教材的编写方法，以学生就业所需的专业知识和操作技能为着眼点，突出高职高专教学的实用性和可操作性，强化实际训练，尽可能做到“教师易教，学生乐学，技能实用”。

为了编好该系列教材，在西南财经大学出版社的支持下，我们进行了多次磋商、讨论。首先，成立了由成都航空职业技术学院副院长陈玉华教授任主任，四川商务职业学院副院长许丹雅副教授、成都职业技术学院副院长凌红副教授任副主任，其他院校主管教学的副院长和相关负责领导参加的编委会。在编委会的组织、协调下，规划了第一批财务与会计 、工商管理 、物流、旅游管理、计算机（含电子商务）、财经基础、统计、法学、国际商务等十大系列三十余种教材。下一步根据各院校的教学需要，还将组织策划第二批教材，对该系列教材加以补充完善。其次，为保证教材的编写质量，在编委会的协调下，组织各院校具有丰富教学经验并有副教授以上职称的教师担任主编，由各书主编拟出大纲，经编委会审核后编写。同时，每一种教材，都邀请了不同院校的教师参加编写，以取长补短。

经过多方的努力，该系列教材终于与读者见面了。在此，我们对八所院校领导和相关工作人员的大力支持，对各位作者的辛勤劳动以及西南财经大学出版社的鼎力相助表示衷心的感谢！

高职高专系列规划教材编委会

2006 年 7 月

代序

这是一本关于旅行社经营管理最新的实用性很强的教材，是由长期从事旅行社经营和管理的职业经理人，与具有丰富旅游教育教学实践经验的教学人员相结合，发挥所长而共同精心编写的。

在旅游产业中，客源是产生效益的重要基础，旅行社的性质和作用，就是如何组织更多的游客来参与旅游。人们常说，旅游是由吃、住、行、游、购、娱六大要素构成，旅行社则是综合这些要素而最终形成旅游产品的包装者、打造者，其显赫的行业“龙头”作用是毋庸置疑的。

旅游，是人与人之间的交流和交易，与人打交道是很难的。因此，对旅行社从业人员的要求自然相对较高。不可否认，目前旅行社业确实存在很多问题，如法治尚不健全、市场较为混乱、质量问题时有发生、经济纠纷普遍等等。归根到底，除了旅游经营环境因素以外，也反映出对新时期旅行社业研究不够，从业人员的素质存在诸多问题。

从整体状况而言，我国旅行社业的形成与发展仍处于初期阶段。诸多问题的存在，有体制、机制、政策方面的原因，也有外部经营环境的原因，但其中一个重要的因素，就是旅游教育教学相对滞后，特别是教材的问题首当其冲。现在多数教材的理论性、实用性、时效性和选择性，仍然与行业实际相差甚远。

目前，国内关于旅行社的众多教材多是侧重理论的描述，与实践的结合较少。尤其是由于信息滞后，跟不上形势发展的需要，往往表现出内容陈旧、与实践脱节，体例“老化”的问题比较严重。学生在学习中只能照本宣科，问题多多；“老师无奈，学生不满”，非常不利于教学和学生就业。

可见，旅游教育教学问题，除了师资水平以外，主要还是教材质量问题。从抓教材着手，从根本上解决教与学、学与用不对路的顽症，应是一条提高教育教学质量的捷径。一本好教材，是学习的基础，对老师和学生来说，确实是一件幸事。

为此，《旅行社经营管理实务》编写组应形势所迫，急各方所需，编写了这本教材。这是一次很好的尝试和实践，相信会对提高我们的旅游教育教学质量、学生就业，起到积极的作用。

本书最大的特点是理论与实践相结合，其主要表现在遵循了以下几个原则：

理论性原则。在我国，对旅行社的理论研究还较弱。本书力求从实践中挖掘、总结出旅行社在具体的经营和管理中的经验及教训，并将之提升为理论知识，并做到了条理清楚、重点突出且顾及其他。

实用性原则。主要是指实用针对性较强。理论源于实践，并为实践服务。本书注意到尽可能用理论来指导实践，注意解决实际工作中可能遇到的各种问题，并通过一些典型案例来印证，对加深学生印象、巩固消化所学理论知识十分有益。

时效性原则。教材本身应具有稳定性，但如何适应快速发展的旅游业，却不是一件容易的事。本书参照古今，涉及中外，重点是关注改革发展中的旅行社业最新动态，表现出了较强的时效性。

选择性原则。就教材而言，其基本要求是既要全面，又要有重点。本书遵循了这一原则。所谓选择性，即在旅行社发展的普遍规律中，找出最适合本地旅行社发展的特殊规律，从普遍中突出特色。

本书的终极目的是力求通过学习，了解关于旅行社的基本理论与最新动态，初步掌握旅行社的基本运行规律，学习处理旅行社经营和管理中出现的诸多问题的一般技巧。不过，旅行社业作为一个快速发展的行业，随时会出现新的变化和问题，任何教材都不可能予以科学完美的陈述和解答，本教材存在不足或缺失是必然的。在先行掌握基本知识的基础上，不断完善、随时调整和逐步提高，却是能够做到的。因此，仅从这个意义上讲，《旅行社经营管理实务》不失为一本很实用的好教材。

张江魁

2006. 7

前言

旅行社经营管理是旅游职业教育教学体系中的重要组成部分。根据旅游职业教育教学实际，紧密结合旅行社业发展的现实需求，编写出一本有助于教学质量提高的实用性教材，是众多相关院校教师的夙愿，也是许多旅行社管理者和行业专家的强烈要求。

过分追求理论体系的完整性、过分偏重理论性阐述和知识性介绍且体例俗套、内容陈旧、知识老化是现行不少旅行社经营管理类教材的痼疾。当前，一些有识之士针对现状正在努力探索建设新教材的改革之路，这对旅游教育教学水平的提高，对旅行社业的发展进步确实是善莫大焉！

《旅行社经营管理实务》是由四川交通职业技术学院、成都职业技术学院、四川商务职业学院三所高职院校中对旅行社经营管理教育教学颇有心得的教师和成都海外旅游有限责任公司、四川省中国旅行社的资深专家、现任经营管理者联手编写的一本教材，可谓是校企紧密结合共同努力开创教材建设新模式的结晶。

本教材的针对性很强，能满足高职高专旅行社经营管理课程教学之需；本教材的目标定位很准，旨在学以致用，培养高职高专旅游管理学生的应用能力和实践操作能力；本教材的时代性鲜明，紧密联系当前旅行社业发展的最新动态，力求教学与就业无隙对接；本教材典型案例分析翔实，是学生上岗就业后十分适用的业务工具。

本教材由四川交通职业技术学院人文社会科学系主任贾玉铭教授担任主编，具体负责全书构架、编写体例的策划和编写工作的组织、协调及全书的统稿，并撰写前言和编写第二章；由四川省旅行社业界的资深专家、中国旅行社协会首批常务理事、四川省旅游协会旅行社分会副会长、成都海外旅游有限责任公司董事长张江魁先生统审全书。

本书的副主编：成都职业技术学院旅游管理系教学负责人余昕副教授，编写内容为第五章；四川商务职业学院商务管理系学术带头人、市场营销专业负责人罗小东讲师，编写内容为第三章、第八章、第九章。

承担本书第四章编写工作的是四川省中国旅行社欧美部经理赖渝（硕士）；第六章由四川省中国旅行社东南亚部（泰国部）销售经理胡晓军负责编写；四川交通职业技术学院旅游管理专业旅行社课程教师徐洋编写第一章、王瑷琳编写第七章。

成都职业技术学院旅游管理系旅游课程专业教师张芝敏负责编写过程中的部分组织协调和联络、组稿工作，并编写了附录部分的内容。

本教材的编写是一种创新，也是一次校企亲密友好合作的见证。编写组全体成员精诚团结、尽职尽责、无私奉献的精神，是本教材一定会更进一步成熟完善的重要基石。

感谢西南财经大学出版社的编审同志为本书出版所付出的艰辛劳动以及对本书编写工作的关心。

我们努力了，但作为探索尝试，瑕疵在所难免。我们竭诚期盼旅游企业界和教育界的行家里手不吝斧正！

《旅行社经营管理实务》编写组

2007 年 1 月. 成都

目　录

目　录

第一章 旅行社概述

导学提示：

旅行社是旅游活动的组织者，它与旅游饭店、旅游交通单位被称为旅游业的三大支柱部门，也是整合吃、住、行、游、购、娱旅游六大要素的“龙头”企业。旅行社是人类经济活动和旅游活动发展到一定阶段的产物。本章从旅行社的发展简史、设立条件、程序及发展趋向几个方面介绍了相关内容。

重难点：

本章的重点是掌握旅行社设立的条件、程序及旅行社发展前景；难点是国内、国外旅行社的产生与发展历程及分析国内旅行社业的现状。

知识培养：

了解国内、国外旅行社的发展简史，熟悉旅行社的设立条件、程序，掌握加入 WTO 后中国旅行社的发展趋向。

能力培养：

培养学生的专业意识；能够分析旅行社的现状及行业中存在的问题，并针对问题提出创新性的解决方法，提高学生分析解决问题的能力及培养创新性思维。

实训要求：

学生在了解了旅行社的相关理论知识的基础上，对不同旅行社的类型、经营特点、经营现状、发展趋势等方面进行调查，初步了解旅行社行业的经营现状与发展趋向。

第一节　国外旅行社发展史

一、国外旅行社的产生

（一）国外旅行社的产生背景

旅行社是社会经济发展到一定阶段的产物，是人类旅行活动长期发展的必然结果。就世界范围而言，人类历史上第一家旅行社产生于 19 世纪 40 年代，这与当时特定的社会背景是密不可分的。

1. 工业革命为旅行社的产生奠定了坚实的物质基础；

2. 旅游需求普遍化为旅行社的产生提供了现实的可能性；

3. 市场经济的发展为旅行社的产生创造了必要的社会条件。

（二）国外旅行社的产生

正是在这种背景下，托马斯·库克作为世界上第一个专职的旅行代理商登上了历史舞台。

1. 托马斯·库克组织了世界上第一次团体包价旅游，这次活动在历史上被认为是现代旅行社业务开端的标志。

2. 托马斯·库克组织了世界上第一次团体观光旅游，这次活动开创了世界旅行社业务的先河，确立了团体旅游业务的基本模式。

3. 托马斯·库克组织了世界上第一次出国包价旅游，这次活动是世界铁路旅游史上的创举，是现代出境旅游业务的初次尝试。

4. 托马斯·库克组织了世界上第一次团体环球旅游，这次活动标志着旅行社业务范围已逐步由英格兰扩大到整个世界，并与世界各地的铁路、航运业、旅馆业、金融业等建立了庞大的协作网络，形成了现代旅行社业务的世界格局。

二、国外旅行社的现状

从总体上看，全世界 80% 以上的旅行社分布在旅游业最为发达的欧美地区，世界其余地区的旅行社数量不到世界总量的 20%。一般来说，旅行社数量多少，反映了地区旅游业的发达程度。但在某些国家或地区，旅游业务主要集中在数十家旅行社手中。

随着世界旅行社行业规模的进一步扩大，为加强交流和合作，促进行业的协调发展。全世界形成了许多国际性或地区性的旅行社组织，其中以世界旅行社协会和世界旅行社协会联合会的影响最为广泛。

（一）世界旅行社协会（World Association of Travel Agencies）

世界旅行社协会简称 WATA，成立于 1949 年，总部设在瑞士日内瓦，是一个由私人旅行社组织起来的世界性非营利性组织。

世界旅行社协会设有一个执行委员会，有 9 名委员，设常务秘书处，管理协会的行政事务。协会每两年举行一次大会。协会把世界分成 15 个区，各区每年举行一次会员社会议，研究本区旅游业务中的问题。

世界旅行社协会旨在推动旅游业的发展，收集和传播信息，参与有关发展旅游业的商业和财物工作。

该协会每 3 年对各会员社的营业情况进行一次调查。在 1983 年的调查中，该协会所属旅行社的总营业额在20亿美元以上。

该协会出版《世界旅行社协会万能钥匙》，每年一期，免费提供给各旅行社。该刊是一份提供最新信息的综合性刊物，主要刊登会员社提供的各种服务项目的价目表，还刊登各国旅行社提供的国家概况和饭店介绍等。

协会的活动经费来源，一是会员社每年的捐款，二是出版发行《世界旅行社协会万能钥匙》年刊的利润。

（二）世界旅行社协会联合会（Universal Federation of Travel Agent' s Association）

世界旅行社协会联合会简称UFTAA，于1966年在意大利的罗马成立，总部设在比利时的布鲁塞尔，是世界上最大的民间性国际旅游组织之一，属专业和技术性组织。

世界旅行社协会联合会是最大的民间性国际旅游组织。其前身是1919年在巴黎成立的欧洲旅行社和1964年在纽约成立的美洲旅行社。

该会宗旨是，负责国际政府间或非政府间旅游团体的谈判事宜，代表并为旅游工业和旅行社的利益服务。

该会在20世纪70年代末共有76个国家参加，代表18 000多家旅行社，共计50多万职工，其中美国的旅行社最多，共14 804家。

该组织每年召开一次全体大会，交流经验、互通情报。

该会出版发行《世界旅行社协会联合会议使报》（月刊）（COURRIER UFTAA）。

第二节　国内旅行社发展史

一、国内旅行社的产生与发展历程

中国是世界上旅行游览活动兴起最早的国家之一。历史源远流长，在商朝，商人利用货物交易巡游四方；西周时，周穆王远游西北青海……

中国古代社会各个阶层的旅行游览活动非常频繁，主要表现为帝王巡视、官吏宦游、文人漫游、宗教云游和佳节庆游。

（一）近代的中国旅行社

虽然我国的旅游有着悠久的历史，但我国旅行社是在受到外来经济和文化渐入的影响下产生的。

1. 国外旅行社进入中国

1840年，英国向中国发动鸦片战争，从而打开了中国闭关锁国的大门，外国人来华的旅行和游览活动是与帝国主义的殖民侵略活动紧密关联的。这一时期，一些爱国人士由于不甘于忍受外来的殖民统治，纷纷走出国门，到西方寻找救国救民的道路，使得出国考察和求学的人数大为增加，国际往来也逐渐频繁起来。进入20世纪不久，中国还没有一家专门从事国内外旅行接待业务的机构，一些外国旅行社便乘机到我国设立代办机构，总揽了中国的各项旅游业务。这一被动局面一直持续到1923年才开始有所改变。

英国通济隆旅行社、美国运通银行上海分行旅行部等这些外国旅行社在我国设立的办事处，基本上包揽了这些项目，瓜分了中国市场。换言之，当时中国人要出国旅行必须依赖外国旅行社。

2. 国内旅行社的产生

我国旅行社产生于20世纪20年代。1923年，当时主持上海商业储蓄银行工作的陈光甫先生在上海创办了上海商业储蓄银行旅行部，开始为旅客代购车船票、预定旅馆、派遣导游、代管行李和发行旅行支票等，为国人办理各项旅游业务。1924年该旅行部组织了首批国内旅行团。该部于1927年6月宣告独立，正式命名为中国旅行社（现为香港中国旅行社股份有限公司）。这是我国历史上最早的一家由国人开设的旅行社。

与此同时，全国各地先后出现了不少类似的旅游企业，如公路旅游服务社、浙江名胜导团，以及1935年的中国汽车旅行社，1937年的萍踪旅行团、现代旅行社等。虽然它们中的大多数后来都因战事而自然解体，然而客观地看，它们对促进我国旅游业的发展却是功不可没的。

（二）新中国的旅行社业

新中国成立之后，我国第一家旅行社——华侨旅行社于1949年11月19日成立于福建厦门。当时是为满足华侨和侨眷出入国探亲旅游等需要设立的。初期许多服务是免费的，不以营利为目的。

后来，为进一步加强与世界各国的交流与合作，做好对外接待工作，经国务院批准成立了两个旅行社系统：一为1954年成立的中国国际旅行社（简称国旅）总社及其分社和支社；二为1957年由各地华侨服务社组建而成的华侨旅行社（1974年更名为中国旅行社，简称中旅）总社及其分社和支社。1980年6月，隶属于中国共产主义青年团系统的中国青年旅行社总社及其分支社的成立，则象征着我国旅行社业三大组织体系的最终完成。

20世纪80年代中后期，国内旅行社异军突起。国内旅游市场的激活，使我国旅行社国内旅游业务迅速增长，同时，为满足出境旅游的需求，我国政府又批准了中国公民自费赴港、澳、新加坡、马来西亚、泰国等地的旅游。出境旅游的开禁，不仅对改变我国旅行社同境外旅行社业务合作中的地位有重大影响，而且使我国旅行社开拓了新的客源市场，我国旅行社业已全面进入入境、出境、国内三大旅游领域。

20世纪90年代，我国旅游业运行环境风云突变，旅行社数量的持续上升，进一步加剧了市场竞争。旅行社经营中暴露出的问题也一度成为旅游行业关注的焦点。与此同时，规范旅行社市场运作的法规条例陆续出台，标志着国家对旅行社实施相对独立的行业管理。

二、国内旅行社业现状

（一）内地旅行社现状

1. 产权制度和企业机制改革基本完成

深化旅行社产权制度和股份制改革是旅行社企业改革的重点。目前，绝大多数旅行社企业已完成产权制度改革，并逐步建立起适应旅游业快速发展的市场经营机制。旅行社企业改革主要通过“找帅当兵”（通过兼并、收购、控股、参股等形式与国内外知名度较高、经济实力较强的各大旅行社进行多种形式的产权合作）、积极推进国有资产退出、对严重资不抵债的旅行社依法破产等主要形式来完成。

2. 网络化、集团化程度比较低

目前的状况是，真正意义上的旅行社网络和集团在总体上还比较少，大部分旅行社没有形成或加入网络，仍在各自为政，业务操作仍处于临时、简单协作阶段，业务伙伴关系不稳定；已经建立的旅行社联合体和集团，要么规模还比较小，要么是联系不紧密、不稳定，集团内部机制比较落后，行政色彩较浓，真正以资产纽带紧密联系的全国性、区域性旅行社网络和集团还很少见。

3. 绝大部分旅行社规模、实力、业绩平庸

从近两年年检情况看，占全国国际旅行社企业数量不足1/10的百强国际旅行社，其外联、接待等业务经营量占到总量的50%～80%；国内旅行社百强仅占企业总数的不足2%，其业务经营量则均占10%以上。这足以说明大多数旅行社的规模、实力和业绩有限，也昭示了作为行业排头兵的百强旅行社增强实力、扩大规模、形成网络、建立集团的必要性和可行性，实力强大的旅行社建立网络、吸收成员的空间非常广阔。

4. 从总体上看，旅行社的产品和市场开发能力、组织接待能力和质量保障能力较弱

从近年的年检和统计资料看，我国国内旅游发展迅速，但各旅行社的产品仍然显得千篇一律，缺少特色，旅游资源的开发较少。通过旅行社组织和接待的仅占百分之几。

5. 企业内部约束机制弱化，短期行为比较普遍

由于企业机制等因素，目前，旅行社企业与饭店相比，在内部对部门、员工的监督约束机制不强，相应的检查、评比、奖励、处罚、教育等工作越来越弱，导致员工综合素质状况不良，从总经理到部门主管和一般业务人员，行为短期化现象比较常见，企业缺乏长远发展战略和目标，对品牌、质量、

信誉、形象的重视程度普遍不高。

6. 优胜劣汰的行业动态运行机制没有形成

从根本上说，素质不高的企业得以大量和在较长时间内存在，根源还在于我国尚未形成强有力的旅行社行业优胜劣汰的竞争和动态运行机制。

（二）港、澳、台旅行社发展现状

在新的形势和政策下，香港、台湾、澳门采取比以前更为积极主动的措施来促进旅游业的发展。截至2004年，香港共有1403家旅行社；截至2005年6月底，台湾地区旅行社共计2038家（不含分公司），其中综合旅行社84家，甲种旅行社1831家，乙种旅行社123家，领队16 675人，导游3945人。为适应网络时代旅行社经营模式的转变，管理部门也陆续对有关政策进行调整。

与内地相比，港、澳、台地区的旅游环境较为成熟，法治较为健全，旅行社行业组织——旅行社协会较为完善，协会作用发挥较好。

第三节　旅行社的设立

一、旅行社设立的条件

根据我国国务院颁布的《旅行社管理条例》、国家旅游局颁布的《旅行社管理条例实施细则》以及《旅行社质量保证金暂行规定》中对各类旅行社设立的相关规定，旅行社的设立必须具备一定的条件，包括：

（一）固定的营业场所

（二）必要的营业设施

主要指：旅行社必须具备足够的传真机、直线电话、电子计算机等办公设施，设立国际旅行社还要有业务用汽车等。

（三）有符合国家规定的经营管理人员

1. 设立国际旅行社

（1）持有国家旅游局颁发的“旅行社经理资格证书”的总经理1名；

（2）持有国家旅游局颁发的“旅行社经理资格证书”的部门经理至少3名；

（3）取得会计师以上职称的专职财会人员。

2. 设立国内旅行社

（1）持有国家旅游局颁发的“旅行社经理资格证书”的总经理1名；

（2）持有国家旅游局颁发的“旅行社经理资格证书”的部门经理至少2名；

（3）取得助理会计师以上职称的专职财会人员。

（四）有法定数额的注册资本

根据我国现行规定，国际旅行社注册资本不得少于150万元人民币；国内旅行社注册资本不得少于30万元人民币，并缴纳10万元人民币质量保证金。

（五）有法定数额的质量保证金

国际旅行社经营入境旅游业务，应当缴纳60万元人民币质量保证金，经营出境旅游应当缴纳100万元人民币质量保证金；国内旅行社缴纳10万元人民币质量保证金。

旅行社设立的条件

（依照《旅行社管理条例》及《旅行社管理条例实施细则》）

设立条件＼旅行社	国内旅行社	国际旅行社
经营场所 经营设施	（1）足够的营业用房； （2）传真机、直线电话、电子计算机等办公设备； （3）具备与旅游行政管理部门联网的条件。	（1）（2）（3）同前； （4）业务用汽车等。
经营管理人员	取得助理会计师以上职称的专职财会人员。	取得会计师以上职称的专职财会人员。
注册资本	不得少于30万元人民币。	不得少于150万元人民币。
质量保证金	交纳10万元人民币。	（1）经营入境旅游业务的，交纳60万元人民币； （2）经营出境旅游业务的，交纳100万元人民币。
应提交文件	（1）设立申请书； （2）可行性研究报告，包括设立旅行社的市场条件、资金条件、人员条件及管理部门认为需要补充说明的问题； （3）旅行社章程； （4）开户银行出具的资金信用证明、注册会计师及其会计事务所或审计事务所出具的验资报告； （5）经营场所和经营设备情况证明。	

（六）对外商在内地投资旅行社的特别规定

2001年修订的《旅行社管理条例》对外商投资旅行社（当时是指中外合资与中外合作旅行社）的设立提出了特别的规定，2003年6月12日发布的《设立外商控股、外商独资旅行社暂行规定》又对外商投资旅行社中的外商控股和外商独资旅行社提出了具体的规定。

1. 中外合资与中外合作旅行社设立的条件

中外合资与中外合作旅行社的注册资本最低限额为人民币250万元。注册资本最低限额可以进行调整，调整期限由国务院旅游行政主管部门会同国务院对外经济贸易主管部门确定。中外合资与中外合作旅行社各方投资者的出资比例，由国务院旅游行政主管部门会同国务院对外经济贸易主管部门按照有关规定确定。

中外合资与中外合作经营旅行社的中国投资者应当符合下列条件：

（1）是依法设立的公司；

（2）最近3年内无违法或者重大违规记录；

（3）符合国务院旅游行政主管部门规定的审慎的和特定行业的要求。

中外合资与中外合作经营旅行社的外国旅游经营者应当符合下列条件：

（1）是旅行社或者主要从事旅游经营业务的企业；

（2）年旅游经营总额4000万美元以上；

（3）是本国旅游行业协会的会员。

中外合资与中外合作旅行社可以经营入境旅游业务和国内旅游业务，但不得经营中国公民出国旅游业务以及中国其他地区的人赴香港特别行政区、澳门特别行政区和台湾地区旅游的业务，不得设立分支机构。

2. 外商控股与外商独资旅行社设立的条件

外商控股旅行社的中国投资者应当符合上述有关中外合资与合作经营旅行社的中国投资者的条件。

设立外商控股或独资旅行社的境外投资方，应符合下列条件：

（1）是旅行社或者是主要从事旅游经营业务的企业；

（2）设立外商控股旅行社的境外投资方，年旅游经营总额4000万美元以上；设立外商独资旅行社的境外投资方，年旅游经营总额应在5亿美元以上；

（3）是本国（地区）旅游行业协会的会员；

（4）具有良好的国际信誉和先进的旅行社管理经验；

（5）遵守中国法律及中国旅游业的有关法规；

（6）注册资本不少于400万元人民币。

符合条件的境外投资方可在经国务院批准的国家旅游度假区及北京、上海、广州、深圳、西安5个城市设立控股或独资旅行社。每个境外投资方申请设立外商控股或外商独资旅行社，一般只批准成立一家。

外商控股与外商独资旅行社可以经营入境旅游业务和国内旅游业务，但不得经营中国公民出国旅游业务以及中国其他地区的人赴香港特别行政区、澳门特别行政区和台湾地区旅游的业务，不得设立分支机构。

二、旅行社设立的程序

（一）申请批准

1. 申请设立旅行社，应当提交下列文件：

（1）设立申请书（由国家旅游局统一印制的《旅行社技术报告书》，一式三份）；

（2）设立旅行社可行性研究报告；

（3）旅行社章程；

（4）旅行社经理、副经理履历表和规定的资格证书；

（5）开户银行出具有的资金信用证明、注册会计师及其会计师事务所或者审计师事务所出具的验资报告；

（6）经营场所证明；

（7）经营设备情况证明。

2. 申请设立国际旅行社，应当向所在地的省、自治区、直辖市人民政府管理旅游工作的部门提出申请；省、自治区、直辖市人民政府管理旅游工作的部门审查同意后，报国务院旅游行政主管部门审核批准。

申请设立国内旅行社，应当向所在地的省、自治区、直辖市管理旅游工作的部门申请批准。

3. 旅游行政管理部门应当自收到申请书之日起 30 日内，作出批准或者不批准的决定，并通知申请人。

旅游行政管理部门应当向经审核批准的申请人颁发“旅行社业务经营许可证”，申请人持“旅行社业务经营许可证”向工商行政管理机关领取营业执照。

未取得“旅行社业务经营许可证”的，不得从事旅游业务。

（二）注册登记

设立申请设立旅行社的申请人在收到许可证的 60 个工作日内持有关批文和许可证到工商行政管理部门办理注册登记手续，领取营业执照。旅行社营业执照的签发日期，即为该旅行社的成立日期。

（三）办理税务登记

旅行社在领取营业执照后的 30 个工作日内，即可开设银行账户，开张营业。同时，在规定时限内向当地税务部门作税务登记，办理发票准购证，购买发票。

三、旅行社分支机构的设立条件和有关规定

（一）分社

旅行社每年接待旅游者 10 万人次以上的，可以设立不具有法人资格的分社。

国际旅行社每设立一个分社，应当增加注册资本 75 万元人民币，增交质量保证金 30 万元人民币；国内旅行社每设立一个分社，应当增加注册资本 15 万元人民币，增交质量保证金 5 万元人民币。

旅行社同其设立的分社应当实行统一管理、统一财务、统一招徕、统一

接待。旅行社设立的分社，应当接受所在地的县级以上地方人民政府管理旅游工作的部门的监督管理。

（二）门市部

1. 门市部设立条件

（1）设立社必须通过上一年度旅行社业务年检；

（2）设立社制度健全、管理规范、近两年无重特大安全责任事故和重大旅游投诉；

（3）设立社经营业绩良好，上一年度实现赢利；

（4）设立社未使用旅游行政管理部门通报禁止使用的人员；

（5）设立社必须与门市部工作人员签订经劳动部门监制的劳动合同，并为其发放劳动报酬、办理社会保险；

（6）门市部经理按规定取得任职资格证；

（7）门市部应当具备15平方米以上的固定经营场所、直拨电话、传真、电脑等必要的经营设施设备；

（8）门市部设立点必须临街，且须在房屋一楼或宾馆大楼内；

（9）门市部必须统一标牌、统一服务承诺、统一员工胸牌。

2. 申请设立门市部所需提交资料：

（1）设立门市部申请书；

（2）租房协议原件及复印件；

（3）“旅行社业务经营许可证”副本和旅行社营业执照副本的复印件；

（4）门市部经理的资格证原件及复印件；

（5）门市部所有工作人员的身份证复印件；

（6）设立社与门市部人员签订的由劳动部门监制的劳动合同及社会保险办理的相关证明资料。

设立旅行社门市部只需旅行社报请原审批旅游行政管理部门和门市部所在地的旅游行政管理部门同意并备案。

四、外商投资旅行社的设立与审批程序

（一）外商投资旅行社设立程序

设立外商投资旅行社，由中国投资者向国务院旅游行政主管部门提出申请，并提交相关的证明文件。国务院旅游行政主管部门应当自受理申请之日起60日内对申请审查完毕，作出批准或者不批准的决定。予以批准的，颁发《外商投资旅行社业务经营许可审定意见书》；不予批准的，应当书面通知申请人并说明理由。

申请人持《外商投资旅行社业务经营许可审定意见书》以及投资各方签订的合同、章程向国务院对外经济贸易主管部门提出设立外商投资企业的申

请。国务院对外经济贸易主管部门应当自受理申请之日起在有关法律、行政法规规定的时间内，对拟设立外商投资旅行社的合同、章程审查完毕，做出批准或者不批准的决定。予以批准的，颁发“外商投资企业批准证书”，并通知申请人向国务院旅游行政主管部门领取“旅行社业务经营许可证”；不予批准的，应当书面通知申请人并说明理由。

申请人凭“旅行社业务经营许可证”和“外商投资企业批准证书”向工商行政管理机关办理外商投资旅行社的注册登记手续。

（二）国外旅行社常驻机构

国外旅行社在中华人民共和国境内设立常驻机构，必须经国务院旅游行政主管部门批准。

国外旅行社常驻机构只能从事旅游咨询、联络、宣传活动，不得经营旅游业务。

五、港澳旅行社在中国内地的设立与审批程序

根据国家旅游局和商务部从2006年1月1日实施的新规定，在内地设立独资旅行社的香港、澳门服务提供者的年旅游经营总额不低于2500万美元，在内地设立合资旅行社的香港、澳门服务提供者的年旅游经营总额不低于1200万美元。

其设立程序同外商投资旅行社设立程序。

第四节 旅行社的发展前景

旅行社诞生已有一百多年历史，在旅游业成为世界第一大产业的今天，旅行社业已初步形成，并在世界范围内迅速发展，成为旅游业的“龙头”。它的作用和对旅游业的贡献是不容置疑的。

传统的旅行社作为中介机构，沟通了游客与旅游目的地之间的联系，起到积极作用。目前，世界已进入电子时代和信息时代，旅行社旧的经营模式已不能适应新形势的发展，特别是入世后，旅行社业不得不进入一个大的调整时期，各企业都在考虑自己的战略选择。

通常认为，旅行社将在国际化、品牌化、集团化、网络化方面发展，企业的发展方向也围绕着“四化建设”来选择和实施。

一、所谓“国际化”

简言之，就是与国际惯例接轨，培养和增强在国际旅游市场的竞争力，是针对落后地区的思维、机制、设施、设备、服务体系跟不上发达国家和地

区而言。

（一）从大环境来看，我们的局限主要表现在：

1. 对国际旅游业的历史、现状及发展缺乏了解；对旅游的性质、特点没有做深入研究和理解；

2. 对自己的旅游资源不能客观公正地认识和评价；

3. 旅游产品的制作和档次还处于初级阶段；社会环境的配置是以“我”为中心，而不是以“他人”（游客）为中心；

4. 工作效率不高，解决问题的质量不高；

5. 硬件配套还不能做到方便、舒适、快捷和全面细致的程度；

6. 英语等外语还未能普及。

旅行社是最先与国际接轨的企业，应有较超前的意识和与之相适应的经营行为。但在这样状况的环境里，不可能脱离实际而生存。因此，或多或少存在观念差异和行为差异。差距就是潜力，也给了旅行社调整和发展的机会。

（二）在“国际化”方面，可从以下方面着手：

1. 主要应加强意识和观念的国际化认识；

2. 了解信息，熟知国际旅游业发展的动态；

3. 建立与之适应的硬件；培养优秀的岗位管理人才和操作人才；

4. 可以参加境内外名牌机构组织的培训，也可以派人到合作旅行社短期工作，还可邀请境内外知名专家来讲课；

5. 利用电子网络等现代手段经营业务；

6. 制作各具特色的旅游产品，形成国际旅游市场的竞争力；

7. 同时在条件成熟时，与境外大的旅行社建立合资旅行社，引进先进思维和管理经验，改进我们的人员结构和管理方法。

二、所谓“品牌化”

品牌是企业的无形资产，是企业的形象代表。利用品牌的影响从事企业经营活动，在旅游产品中注入品牌意识，对扩大市场份额、增加经济效益有巨大的作用。从立意到观念，从实施到分阶段目标，应是一个系统工程，即所谓的“品牌化战略”。

目前我国旅行社的品牌意识正在逐步形成，也树立了一些有影响的品牌，如“广之旅”、“上海春秋”等。但品牌化程度还不高，如何打造尚在初级阶段。法律法规还有待完善，一些遗留问题还有待解决，比如国、中、青的品牌，所有者和使用者的法律问题，就没有得到根本解决。这将对旅行社的经营和发展，以及旅游集团、旅行社网络化的形成，以至全国的旅行社格局的改变等方面，产生深远影响。

品牌的精髓在质量，这是最重要的标准；其次在规模。旅行社的服务质量靠法律、法规、企业规章制度来保障，靠人来完成，但质量体系的建立还有个过程。

当前，旅游法仍未出台，法律法规还不健全，给我们增加了管理的难度。另一方面，人员素质参差不齐，亟待提高。出了问题，一是表现为人员素质较差，责任心不强、有章不循，有些甚至是道德品质的问题；二是表现为制度的漏洞。如何解决，没有现成的“良方”。

除了加强制度建设、人员培训以及管理和执法力度以外，实施ISO9000国际认证，应是行之有效的办法。可以做到每个岗位职责分明、运作有序、及时有效地处理各种问题，用质量体系来保障品牌质量，是品牌化战略惟一的出路。

三、所谓“集团化”

中国旅游搞了几十年，旅行社行业发展的不平衡，往往又造成了企业发展的不平衡。大社越做越大，小社越来越困难。为了利用自身的影响力扩大市场份额，开拓新的发展道路，达到相对垄断客源市场，并利用客源从事其他相关项目的经营，比如酒店、餐厅、车船、购物、票务等等，实行“多元化”扩张，集团的出现就是必然的。

按世界旅游组织预测，到2020年，中国将成为世界第一旅游大国。国家旅游局预测，旅行社也将由目前的一万多家发展到20万家，凡有人集中居住的地方都能够提供旅游咨询服务。届时，旅行社可能出现三种情况：全国性的大型集团；地区性的特色旅游集团；广泛分布于社会的旅游代理商（零售商）。

不过可以肯定，起主导作用的应是前两种形式，但是互联网的强大冲击会反作用于这种模式的形成，但无法阻止旅游集团的不断出现。日本、美国及欧洲一些旅游大国的经历已证明了这一点，如美国25家旅行社就占据了市场份额的72%。这种发展趋势也有多种选择，可以分阶段进行。

1. 股份有限公司（集团雏形）；
2. 各种形式的旅游集团；
3. 作为发起人之一的上市公司。

无论如何，集团化的趋势无法阻挡，集团的品牌特征、多元化特征、产品主导特征、综合性人才特征、雄厚财力特征等，将使旅游集团在旅行社业中起到不可替代的主导地位。

国外的大型旅行社很多都在海外投资设点，如日本JTB旅行社就在东南亚、夏威夷设立分公司，负责接待日本游客。游客坐日航飞机，住日资酒店，用日产汽车，吃日本餐，用日本导游等等。

四、所谓“网络化”

旅行社业发展到一定时期，自然会出现两极分化的趋势，促使企业进入调整和组合的阶段。大的旅行社利用雄厚的人力资源和经营经验，利用品牌和规模效应，逐渐扩大市场份额，同时利用较多的资金，不断推出新的旅游产品供应市场。

其他较小的旅行社缺乏资金和产品制作专门人才，乐于接受大社的产品，利用媒体广告帮助推销，专心做事，节省成本，收客后往往交大社运作。本身虽为独立法人、独立经营的企业，但事实上已成为大型旅行社的代理，社会分工已很明显，形成行业网络化经营的特征。据统计，法国最大的 17 家旅行社有代理点 2512 个，占全国总数的 66%。

衡量旅行社经营能力的重要标准之一，表现为收客能力和运作能力，即社会网络化程度的高低。

1. 收客网络

可分为传统收客网络和互联网收客网络。

旅行社的客源来自于境外、省外、省内各地旅行社组织的客源，以及自身组织的客源。联系的地区越广泛，客户越多，客源就会越多，组团的网络也就逐步形成。但应注意的是，这只表现为企业（机构）之间的经营行为。

由于互联网的广泛应用，游客上网查询、参团或单项预定以及网上结算（电子商务）从根本上打破了地域和时空的界限，目的地旅行社利用互联网的平台直接面对世界各地的用户。从某种意义上讲，互联网成为旅行社的收客网，但产品已极大地体现分项化的特点，单项预定占垄断地位，旅行社被迫随之调整经营策略及方式。

但是互联网的功能还需要不断完善，网上经营的各类产品还不能完全满足游客的需求。因此，目前一些传统的产品以及特殊的产品还必须用传统的方式来提供服务。可以肯定，在一定时期内，传统收客网络与互联网络会并存而互为补充，不过网络旅游的分量会越来越大。

2. 运作网络

主要指安排游客的旅游全过程的运作网络。分为外地客源来本地的运作和本地客源去外地的运作。

理论上，应做到无所不能，除了法律法规规定不能去的地方，其余地区都能提供及时、周到的服务，哪怕去南极也不是很困难的事。不久的将来，公民的太空旅游也将成为可能。只要有需求，就有能力满足这些需求。

旅行社的经营特征都具有两方面，既组团又运作，为网络化经营打下了基础。成功的旅行社主要看其网络化的范围有多大，网络化运作的能力有多强。目前的旅行社都在这方面变化和发展着。

但市场法则是无情的，未来若干年里，绝大多数旅行社在主导业务中将不可避免地成为大型旅行社网络化体系中的一员。旅行社除了社会网络化的表现以外，从管理和经营的角度讲，企业内部网（局域网）也是非常重要的。

它不同于互联网的是，互联网作为经营的平台具有强大的作用，但一般来讲，缺乏企业内部管理的功能。而局域网的功能，既可作为门市部网上收客，极大地提高成团率，又可强化企业管理的功能，是企业网络化程度的重要方面。

从这个意义上讲，即使成为别人的代理，一定规模的旅行社只要拥有企业局域网的功能，也将保持活力和相当的竞争力以及抗风险的能力。

旅行社网络性质的变化，决定了网络产品和销售方式的变化。网络产品将最大限度体现多样性和特色性；网络销售方式将克服时空的限制，第一时间了解信息，最大限度提高工作效率。旅行社将用网络手段来武装自己，灵活变换经营方式，有效地解决生存与发展的现实问题，而不至于被不断变换的时代所淘汰。

案例 1：

世界最大的旅行社美国运通首次进入中国西部市场

2004 年 6 月 15 日，世界最大的旅行社美国运通首次进入中国西部市场，运通与四川省中国国际旅行社结成联盟，双方合作组建了四川国旅运通服务中心。四川国旅与美国运通的首次合作，将为四川全面打入国际市场建立最广阔的平台。

美国运通公司是世界 500 强排名企业，是目前世界最大的旅行社。在此次合作中，四川国旅将加入国旅运通休闲旅游服务网络，四川国旅将由此与美国运通遍布 130 多个国家的 1700 多个服务网络伙伴建立互为代理的客户关系，把国际游客引到四川来，并分享美国运通与环球供应商签订的优惠协议价格及丰厚的佣金回报。据悉，四川国旅运通服务中心目前已正式启动，运通已专门派出经验丰富的专家到四川为国旅员工进行业务培训。

美国运通已与四川国旅、青岛国旅、深圳国旅等首批 15 家国旅分社签署了合作协议，并分别成立服务中心。

［资料来源］news. tom. com，2004. 6.

本章小结

本章是全书的导论部分，共分三节。第一节主要介绍了国内、国外旅行社的发展简史及现状；第二节介绍了在我国设立各类旅行社的条件和程序；第三节对未来旅行社的发展前景作了简单的分析。

复习思考题：

1. 加入 WTO 后，国外旅行社纷纷进入中国市场。试分析在这种激烈竞争中，我国旅行社将如何应对？

2. 比较各类旅行社设立条件和程序的差异。

实训题：

学生分组对旅行社进行调查：主要包括旅行社的类型、经营特点、经营现状、发展趋势等方面的内容。通过调查，使同学们初步了解旅行社行业的经营现状与发展趋向，并写一份总结报告。

第二章 旅行社的组织机构

导学提示：

旅行社的组织机构就是根据旅行社工作的性质和需要，设立相关的分社、部门、门市及相关岗位，通过授权和分工，用制度规定各组织的职责及之间的关系，从而使旅行社形成一个有机的整体，并使其正常运转。旅行社的机构设置类型有很多，各个企业根据不同的情况进行部门设置，目前旅行社的机构设置大同小异。本章主要选择了四川几家不同类型、不同体制的旅行社的机构设置进行分析。

重难点：

本章的重点是掌握旅行社的机构设置和人员配置；难点是不同类型、不同体制旅行社在机构设置上的异同点。

知识培养：

熟悉我国旅行社组织机构设置的一般情况和基本人员配置。

能力培养：

针对不同类型、不同体制旅行社在机构设置上的异同点，提高学生的分析比较能力；具备较强的旅游专业人员素质及一定的旅行社机构管理能力。

实训要求：

在掌握旅行社的机构设置和人员配置的理论知识基础上，分组联系旅行社，分析不同类型、不同体制旅行社在机构设置上的异同点。

第一节　旅行社的组织机构概述

根据旅行社的规模大小、业务需要，旅行社总社可在《旅行社管理条例》的范围内，进行选择性的设立分社、部门和门市。

旅行社的分社是指旅行社设立不具备独立法人资格、以设立社名义开展旅游业务经营活动的分支机构，其经营范围不得超出其设立社的经营范围。

旅行社的部门是根据旅行社的业务范围及特点设立的、不具备独立法人资格开展旅游业务经营活动的部门机构。可分为直属部门、承包部门和门市部，其职责、功能及运作模式既有共同点也有所区别。

直属部门，即是由总社对部门进行直接管辖，进行财务统一管理、行政统一管理、经营统一管理等。

承包部门，即是旅行社将业务经营权以设立部门的方式，委托给承包人承包经营。承包者每年交纳一定承包费用，并以旅行社或部门的名义，独立核算，自主经营旅游业务。承包者拥有较大的人力、财力、物力经营管理权。

旅行社门市部（包括营业部和散客柜台），是指旅行社在注册地或其他地点设立的不具备独立法人资格、为设立社招徕游客并提供咨询、宣传等服务的收客网点。

门市部由于大多为私人承包，财务有些是总社进行统一管理，有些是独立管理，每年向旅行社缴纳一定的承包费用。它只能招揽游客，然后转给旅行社的其他部门进行操作。

第二节　旅行社的机构设置和人员配置

旅行社的机构设置类型有很多，各个企业根据不同的情况进行部门设置，目前旅行社的机构设置大同小异。在这里，我们选择四川几家不同类型、不同体制的旅行社的机构设置进行分析。

一、综合型的股份制国际旅行社

目前，不少旅行社的业务部门都采取“一条龙”的操作模式，即从资源采购、产品包装、外联组团到接待服务，所有业务均在一个部门内部全过程操作。只是根据业务性质不同可分为两种形式。

（一）按市场划分

根据客源市场情况，划分为具体的业务部门，如日本部、欧美部、东南亚部等。一般来讲，它们各自专做这些市场。

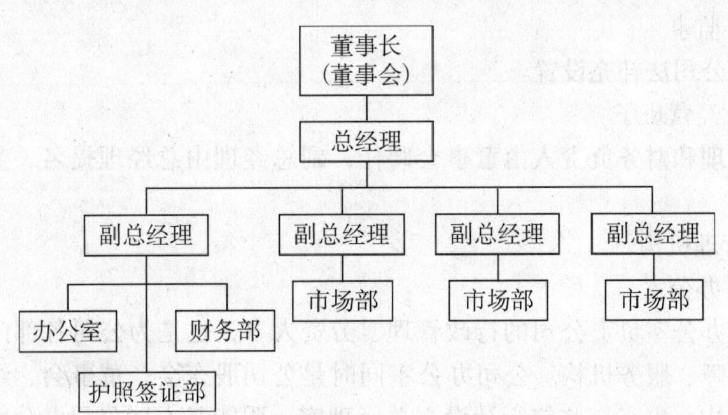

注：市场部有若干名称（如日本部、欧美部、东南亚部或国内部等），还包括有分社等部门。

（二）综合型划分

这种综合业务格局，每个部门在实际操作中不固定特定的市场，从招徕到接待还是“一条龙”操作模式。

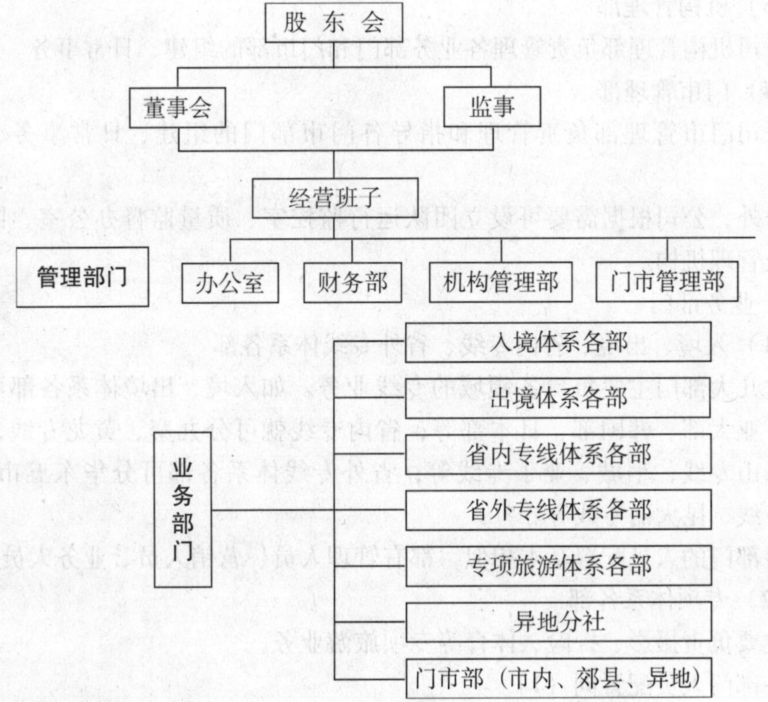

1. 组织体系

（1）股东会

股东会由全体股东组成，是公司的权力机构；股东会选举董事、监事。

（2）董事会

董事会选举董事长；董事长是公司的法定代表人。

(3) 监事

根据公司法补充设置。

(4) 经营班子

总经理和财务负责人由董事会聘任，副总经理由总经理提名、董事会同意聘任。

2. 管理机构

(1) 办公室

公司办公室负责公司的行政管理、劳资人事，也是为公司各部门服务的协调、保障、服务机构。公司办公室同时是公司股东会、董事会、经营班子的办事机构。也有一些旅行社设立总经理室，职能基本同公司办公室。其人员配置主要有办公室主任、办事人员等。

(2) 财务部

公司财务部负责管理公司财务和所有业务部门、门市部的财务核算。其人员配置主要有经理、主办会计、其他会计、出纳。

(3) 机构管理部

公司机构管理部负责管理各业务部门和门市部的组建、日常事务。

(4) 门市管理部

公司门市管理部负责管理和指导各门市部门的组建、日常事务、经营活动。

另外，公司根据需要可设立团队运行监控室、质量监督办公室、网络部等二级管理机构。

3. 业务部门

(1) 入境、出境、省内专线、省外专线体系各部

这几大部门主要负责各领域的专线业务。如入境、出境体系各部可分欧美部、亚太部、韩国部、日本部等；省内专线就可分九寨、黄龙专线，峨眉山、乐山专线，稻城、亚丁专线等；省外专线体系各部可分华东五市专线、新疆专线、昆大丽专线等。

各部门的人员配置基本相似，都有管理人员、营销人员、业务人员。

(2) 专项体系各部

主要负责摄影、探险、体育等专项旅游业务。

各部门人员配置同(1)。

(3) 异地分社

异地分社是旅行社在异地设立的不具备独立法人资格、以设立社名义开展旅游业务经营活动的分支机构，经营权与总社完全相同。

(4) 门市部

门市部是旅行社在注册地或其他地点设立的收客网点。

二、"前店后厂"式的旅行社

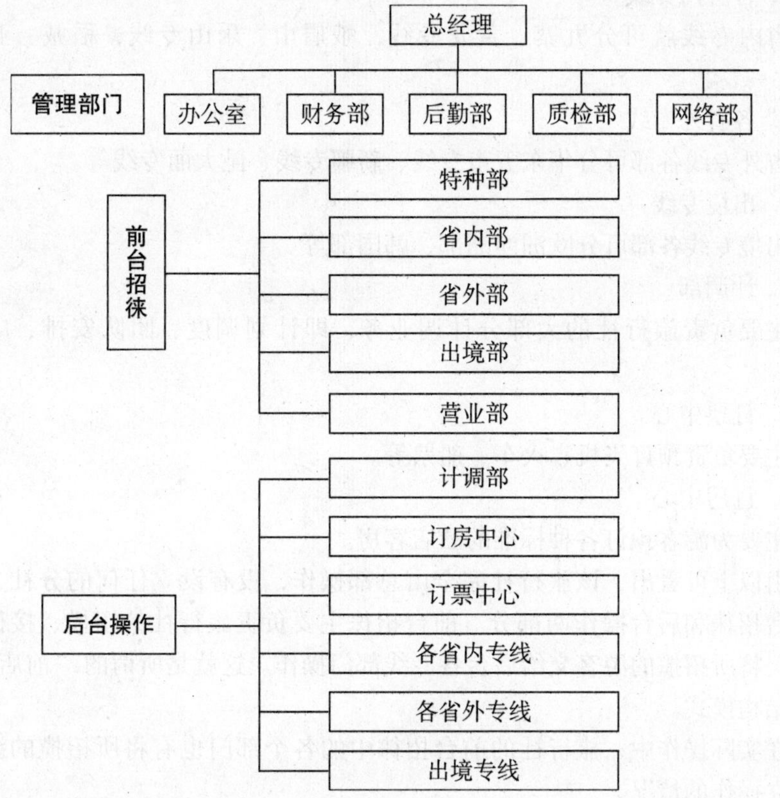

（一）管理部门

管理部门由办公室、财务部、后勤部、质检部、网络部等部门构成。其职责主要是保证旅行社内部的正常运转，提供后勤服务。

（二）前台招徕

1. 特种部

主要负责招徕特殊旅游线路的团队、散客。

2. 省内部

主要负责招徕省外到省内旅游的团队、散客。

3. 省外部

主要负责招徕由省内到本地周边或到省外旅游的团队、散客。

4. 出境部

主要负责招徕出境旅游的团队、散客。比如细分为：东南亚部、欧洲部、澳洲部等。

5. 营业部

主要招徕门市散客。

（三）后台操作

1. 各省内专线

省内专线就可分九寨、黄龙专线，峨眉山、乐山专线，稻城、亚丁专线等；

2. 各省外专线

省外专线各部可分华东五市专线、新疆专线、昆大丽专线等。

3. 出境专线

出境专线各部可分欧洲澳洲部、韩国部等。

4. 计调部

主要负责旅行社的大部分计调业务，即计划调度、团队安排、应急处理等。

5. 订票中心

主要负责预订飞机、火车、船票等。

6. 订房中心

主要为游客预订各种标准的酒店客房。

由以上可看出，该旅行社完全由总部操作，没有设立任何的分社，主要分前台招徕和后台操作两部分。前台招徕主要负责旅行社的招揽、接待游客业务，将所招揽的游客交给后台各专线部门操作。这就是所谓的“前店后厂”式的结构模式。

在实际操作中，旅行社的前台招徕中的各个部门也有将所招揽的游客进行独立操作的情况。

其特点是：统一管理，避免了多头化经营，减少了风险。但在旅游秩序还不是很完善的情况下，这种模式的旅行社为了保证其内部的正常运作，管理费用较高，利润相对减少。

由于客观条件的不同，以上三种类型的旅行社在机构设置上存在差异。机构设置主要取决于它的经营资质、业务范围、客源渠道、经营优势。有国际社经营权又有入境客源，就会设立入境部门，有出境经营权就会设立出境部门。前类旅行社都有加盟部门，有利于规模做大；第二类旅行社无加盟部门，管理风险相对较小。

目前，旅行社已呈多元化发展趋势，有些旅行社拥有自己的旅馆、餐馆、车队、商店等，为游客提供更为全面、周到、方便的服务。

本章小结

本章主要分析了三种不同类型的旅行社组织机构，其各有特色。目前，各旅行社分别根据自己的经营市场、业务范围、企业特点进行机构设置，所以我们在了解一般机构设置模式的前提下，更应该注重各家旅行社的不同。

复习思考题：

讨论影响旅行社组织机构设置的因素有哪些？

实训题：

学生分组联系旅行社，了解其机构设置与人员配置情况，并进行分析。

案例题：

根据下图，讨论该旅行社的组织机构设置的特点。

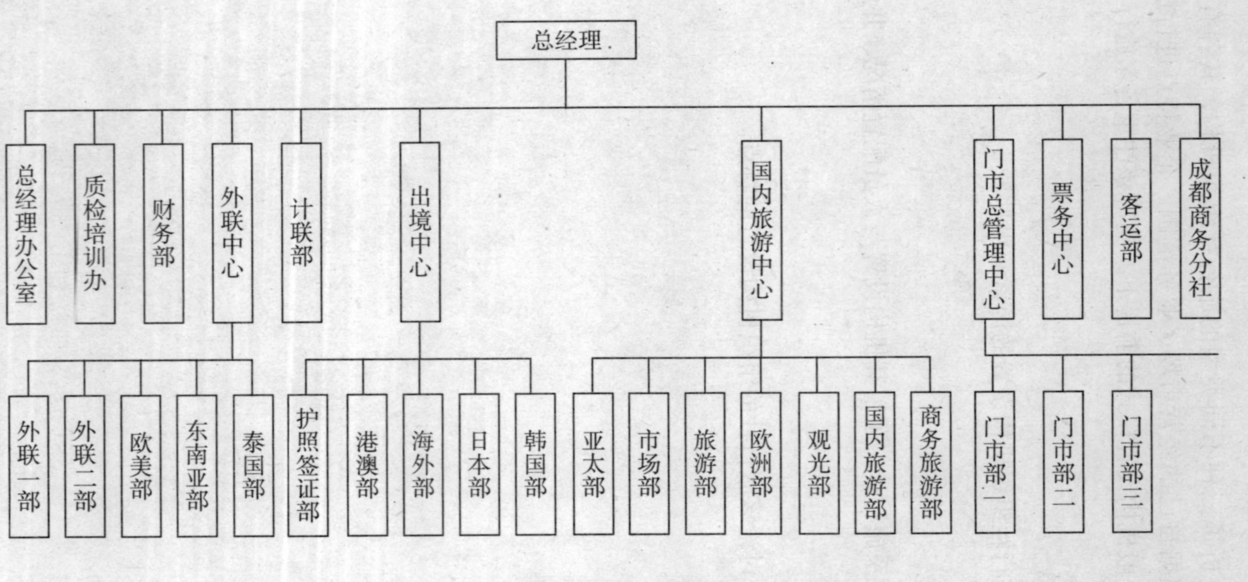

总经理
总经理办公室
质检培训办
财务部
外联中心
计联部
出境中心
国内旅游中心
门市总管理中心
票务中心
客运部
成都商务分社
外联一部
外联二部
欧美部
东南亚部
泰国部
护照签证部
港澳部
海外部
日本部
韩国部
亚太部
市场部
旅游部
欧洲部
观光部
国内旅游部
商务旅游部
门市部一
门市部二
门市部三

旅行社机构设置图

第三章
旅行社产品

导学提示：

产品是旅行社实务的主体，如何使产品满足市场需求也是旅行社经营管理的核心任务。旅行社为了满足旅游者的多样化和个性化需求，总是不断设计并推出适销对路的旅游产品，去获取良好的经济效益和社会效益。旅游产品的形式多种多样，其中旅游线路的设计最为重要。

本章主要围绕旅行社产品的概述、旅行社旅游线路设计与开发、四川旅游线路的设计与开发进行阐述。

重难点：

重点是旅行社产品的内涵、类型、特点、构成；旅行社旅游线路的概念、分类；旅游线路设计的概念、程序、原则；出境游、入境游、国内游等相关旅游线路设计；四川常规旅游产品、特色旅游产品、创新旅游产品等旅游线路设计。难点是旅行社产品的类型、特点、构成；出境游、入境游、国内游等相关旅游线路设计；四川常规旅游产品、特色旅游产品、创新旅游产品等旅游线路设计。

知识培养：

掌握旅行社产品的内涵、类型、特点、构成等知识，了解会展旅游产品的基本知识；掌握旅行社旅游线路的概念、分类，旅游线路设计的概念、程序、原则、影响因素和优化方法等知识；熟悉出境游、入境游、国内游等相关旅游线路知识；熟悉四川常规旅游产品、特色旅游产品、创新旅游产品等旅游线路知识，了解四川旅游精品战略和旅游精品打造等相关知识。

能力培养：

较高的旅行社出境游、入境游、国内游等相关旅游线路设计能力和推广能力；较强的四川常规旅游产品、特色旅游产品、创新旅游产品等旅游线路设计能力和推广能力。

实训要求：

具有一定的旅游产品理论知识，熟悉出境游、入境游、国内游及其四川常规旅游产品、特色旅游产品、创新旅游产品等旅游线路知识，能够独立地或与他人合作高质量完成旅游线路的设计与推广。

第一节　旅行社产品概述

一、旅行社产品的内涵

1. 狭义的旅行社产品

这是指旅行社提供的能使游客消费的各种单项服务，如预订客房、预订车票、代办签证等。

2. 广义的旅行社产品

这是指游客参加旅行社组织的从离开客源地或居住地开始旅游到结束旅程返回出发地所包括的综合性服务项目。它满足游客整体性的需要，而非某种单项需要。如“蜀南之旅”、“三国文化古迹游”、“青城山文化之旅”、“澳洲之旅”等。

从旅游经营者（供给）的角度来看，旅行社产品是指旅行社为满足游客的吃、住、行、游、购、娱等各种旅游需要，而凭借一定的旅游设施、旅游吸引物向游客提供的各种有偿服务之总和。再从游客（需求）的角度来看，旅行社产品是指游客为获得物质上或精神上的满足而花费一定的费用、时间和精力获得的一次旅游经历。

二、旅行社产品的构成

旅行社产品是一种以消费服务为主体内容的产品，主要由吃、住、行、游、购、娱等各种要素构成的“组合新产品”。旅行社产品的生产者都是依此去进行旅行社产品的生产的。一般来说，旅行社新产品的构成因素有：

1. 旅游交通

旅游交通是旅游业的三大支柱之一，也是旅行社新产品构成的重要因素。如果没有现代化的交通，就没有现代化的旅游；如果旅游交通不能保证供应、价格合理、舒适安全、快速准时、服务优质，就会严重影响旅行社新产品的质量，从而制约旅行社的经营管理和生存发展。旅游交通一般可分为长途交通和短途交通，前者指城市间交通（区间交通）；后者指市内接送（区内交通）。主要交通工具有：民航客机、旅客列车、客运巴士、轮船（或游船、游轮）等。旅行社安排旅游交通方式应注意便利、安全、快速、舒适、平价等。

2. 旅游住宿

游客大约1/3的时间在酒店或宾馆度过，同时在住宿地还可以进行娱乐活动。因此，饭店产品的结构、档次是否合理及游客对住宿的满意程度，都直接关系到旅行社产品的信誉。旅行社必须注明即将下榻的饭店的名称、地点、档次、提供的服务项目等，一经确定，不能随便更改，更不可降低档次、改变服务项目。

旅游住宿包括旅游宾馆饭店、酒店、招待所、家庭旅馆、大众旅社、疗养院、出租公寓等，其中旅游宾馆饭店、酒店又有星级和非星级之分。旅行社安排旅游住宿应注意适应游客的消费水平，做到卫生整洁、经济实惠、服务周到、美观舒适、位置便利。

3. 旅游餐饮

旅游餐饮是旅行社产品不可缺少的要素之一，也是旅游者的重要需求。特别是那些驰名的风味餐，更成为了旅游者的主要追求目的，甚至有为美食而组成旅游团的。即使是短途的“一日游”产品中，也包含了用餐项目。品尝风味特产项目，更能加深旅游者对旅游目的地的了解，促进和提高游客的游览兴趣，也维护和提高了旅行社产品的信誉和形象。旅行社安排餐饮应注意卫生、新鲜、味美、量足、价廉、营养、荤素搭配适宜等。

4. 游览观光

游览观光是旅游者最主要的旅游动机之一，是旅行社产品具有吸引力的保障，也反映了旅游目的地的品牌与形象。游览观光一般属于旅行社产品的核心内容，旅行社必须充分重视游览观光的质量。旅行社安排游览观光应注意资源品味高、环境氛围好、游览设施齐全、可进入性好、安全保障强等。

5. 娱乐项目

娱乐项目是旅行社产品构成的基本要素，也是现代旅游的主体。娱乐项目具有多样化、知识化、趣味化、新颖化，才能吸引各种各样的旅游者。娱乐项目有歌舞、戏曲、杂技、民间艺术及其他趣味性、消遣性的民俗活动等。娱乐项目应具有很强的参与性，保持与提高旅游者的游兴，加深旅游者对旅游目的地的认识和了解。

6. 购物项目

购物项目是旅游活动中的一项重要内容，旅游者在旅游过程中需要适当购买一些商品、风物特产、工艺美术品，以来自用或作纪念或赠亲友。旅游产品中的购物项目分为定点购物和自由活动时间中自己选择商店购物。旅行社安排购物应注意购物次数要适当，购物时间要合理（不能太多、太长）；要选择服务态度好、物美价廉的购物场所，忌选择那些服务态度差（如强迫交易）、伪劣商品充斥的购物场所。

7. 导游服务

导游服务是旅行社为旅游者提供产品的表现形式之一，大部分旅行社产品都包含了地陪、全陪导游或领队服务，即提供翻译、向导 、讲解和旅途生活服务。旅行社提供导游服务应注意符合国家和行业的有关标准及有关法规，并严格按组团合同的约定提供服务。

8. 旅游保险

旅行社提供旅游产品时必须购买旅行社责任保险，承担由于旅行社的责任使旅游者在旅游过程中发生人身和财产意外事故而引起的赔偿。

9. 其他服务

包括交通票服务、订房服务、签证服务等委托代办业务，它们是旅行社产品的必要补充，也是旅行社开展散客业务的重要组成部分。

因此，旅行社产品是一个完整、科学的组合概念，它是以上各种要素的有机结合，一个完美的旅行社产品是通过最完美的组合而形成的。

三、旅行社产品的类型

旅行社产品的类型有多种划分标准。按照旅游者的组织形式可以分为团体旅游产品和散客旅游产品；按照产品包含的内容可以分为包价旅游产品和非包价旅游产品；按照旅游者的目的分为观光旅游产品、度假旅游产品、专项旅游产品（特种旅游产品）；按照产品的档次可以分为豪华等、标准等、经济等旅游产品；按照产品的消费使用范围分为国内旅游产品、国际旅游产品。

（一）团体旅游产品和散客旅游产品

1. 团体旅游产品

团体旅游产品一般是指由 10 人以上的旅游者组成的旅游产品，旅游产品一般是采用包价形式，计划性较强。

2. 散客旅游产品

散客旅游产品一般是 10 人以下的旅游产品，旅行社散客旅游产品有时采用非包价的形式，有时也采用包价的形式，往往是门市组团，随意性较强。

旅行社组团人数的标准有时与产品的档次相挂钩，如国内旅游豪华团 10 人成团、标准团 16 人成团、经济团 30 人成团；入境旅游则 10 人以下也可成团。另外，我国公民出境旅游必须以团队形式进行，3 人即可成团。

（二）包价旅游产品和非包价旅游产品

1. 包价旅游产品

包价旅游产品是旅游者在旅游活动开始前将全部或部分旅游费用预付给旅行社，由旅行社根据同旅游者签订的合同或协议相应地为旅游者安排旅游项目。团体包价旅游的优点：旅游者价格优惠；旅行社则经营成本低、销售量大、易于占领市场。缺点：个性化的内容少，旅游者有时要放弃个性去适应集体的共性；预定期长，旅游行程经常发生变化，旅行社难以应变，尤其是在旺季时往往给采购带来很大困难。散客包价旅游的优点：能够满足旅游者的个性需求，项目灵活性强。缺点：产品直观价格较高，旅游者难以获得价格优惠；旅行社的经营成本高、销售量低，且产品预订期短、操作有一定的难度。

（1）全包价旅游产品。它是指旅游者将涉及旅游行程中的一切相关的服务项目费用统包起来预付给旅行社，由旅行社全面落实旅程中的一切相关的服务项目。全包价旅游产品中的一切相关服务项目包括吃、住、行、游、购、娱各环节及导游服务、办理保险与签证等。

（2）半包价旅游产品。它是指在全包价旅游的基础上扣除中晚餐费用（即不含中、晚餐项目）的一种包价形式。优点：降低了产品的直接价格，提高了产品的竞争力，满足了旅游者用餐的要求。

（3）小包价旅游产品。也称可选择性旅游或自助游。它由非选择部分和可选择部分构成。前者包含城市间交通（长途交通）和市内交通（短途交通）及住房（含早餐）；后者包括景点项目、娱乐项目、餐饮、购物及导游服务。优点：经济实惠、手续简便、机动灵活，是旅行社今后值得推广的产品。

（4）零包价旅游产品。参加这种旅游的旅游者必须随团前往旅游目的地，返回时也必须随团离开旅游目的地。在目的地期间散团、自由活动，旅行社不安排项目，完全由旅游者做主。优点：旅游者活动自由，享受到团体机票的优惠，旅行社统一办理签证和保险。目前我国公民出境探亲旅游常采用此种方式。

（5）组合旅游产品。也称自由人旅游，是旅游目的地的旅行社把来自不同旅游客源地的零散游客组成团队进行旅游，活动结束后，旅游团就地解散，各自返回客源地。优点：异地拼团，避免了因组团能力不足而造成客源资源的浪费；有利于目的地旅行社短时间招徕到大量的客源；费用较低，利于吸引散客。

2. 非包价旅游产品

非包价旅游产品主要指单项服务，也称委托代办业务，是旅行社根据旅游者的具体要求而提供的各种非综合性的有偿服务。旅游者需求的多样性决定了单项服务内容的广泛性，包括交通票务、订房、订餐、办签证、办边境证、伴游、租车、会务安排等。旅行社单项服务的对象主要限于散客。

总之，从全包价旅游产品到单项服务产品，旅行社产品的构成要素逐步减少，服务要素的构成方式也各有不同，但绝不等于说旅行社的产品只有这几种形态，事实上，只要能满足旅游者要求和提高产品竞争力的旅游产品都有开发前景。

（三）豪华等、标准等、经济等旅游产品

1. 豪华等旅游产品

旅游费用较高，游客一般住宿和用餐于四、五星级酒店或豪华游轮里

(或高水准的客房、舱位);享有中高级导游服务;享用高档豪华型进口车;餐饮以目的地特色餐饮为主;享用高水准的娱乐节目欣赏等。

2. 标准等旅游产品

旅游费用适中,游客一般住宿和用餐于二、三星级酒店或中等水准的宾馆、游轮里的双人标准间;享用豪华空调车;餐饮以标准餐八菜一汤为主。

3. 经济等旅游产品

旅游费用低廉,游客住宿和用餐于低水准的招待所和旅社,享用普通汽车,餐饮以游客吃饱为基本标准。

此外,在使用长途交通工具上,豪华等旅游产品中,往返使用飞机航线(干线和支线),小交通为进口空调旅游车或国内生产的豪华旅游车,大交通以火车软卧、飞机头等舱为主;标准等旅游产品中,大部分使用飞机航线(只限于干线)双飞,小交通一般选取国产旅游车,大交通一般以火车硬卧或飞机的经济舱为主;经济等旅游产品一般使用汽车、火车和普通轮船,小交通多采用普通大客车,大交通以火车硬座为主。

(四)观光旅游产品、度假旅游产品和专项旅游产品(特种旅游产品)

1. 观光旅游产品

它是指旅行社利用旅游目的地的自然旅游资源、人文旅游资源,组织旅游者参观游览及考察。包括文化观光、自然观光、民俗观光、生态观光、艺术观光、都市观光、农业观光、工业观光、科技观光、修学观光、军事观光等等。特点:资源品位高、可进入性大、服务设施多、环境氛围好、安全保障强。优点:旅游者能短时间领略旅游目的地的特色。缺点:旅游者参与项目较少,对旅游目的地感受不深。由于开发难度小,操作简易,观光旅游产品成为度假旅游产品和专项旅游产品的开发基础;长期以来一直是国际旅游市场和国内旅游市场的主流产品。

2. 度假旅游产品

它是指旅行社组织旅游者前往度假地(区)短期居住,进行包括娱乐、休憩、健身、疗养等消遣性活动。度假旅游产品包括海滨度假、山地度假、湖滨度假、温泉度假、滑雪度假、海岛度假、森林度假、乡村度假等。必备条件:环境质量好、区位条件优越、良好的住宿设施、健身娱乐设施、服务水平高、参与性很强。度假旅游产品中的旅游者在旅游目的地的停留时间较长、消费水平较高且大多以散客的形式出行。如水上运动、滑雪、高尔夫球运动、垂钓、温泉浴、森林浴、泥疗、狩猎、潜水、农家乐等。度假旅游产品是值得开发的,适应了日益增多的散客旅游、自助旅游等需求。

3. 专项旅游产品

专项旅游产品又称特种旅游产品,是一种具有广阔发展前景的旅游产品,具有主题繁多、特色鲜明的特点。包括:商务旅游、会议旅游、体育旅游、探险旅游、烹饪旅游、保健旅游、考古旅游、漂流旅游、登山旅游、自驾车旅游、品茶旅游、书画旅游、宗教旅游等。专项旅游产品的优点：适应了旅游者个性化、多样化的需求特点，广受旅游者的欢迎，是今后旅行社产品的开发趋势。缺点：开发难度大，存在程序多，需要多方协作或参与，费用一般较高，抑制了旅行社的开发积极性。

（五）国内旅游产品、国际旅游产品

1. 国内旅游产品

主要适用于国内旅游者在中国境内消费使用。

2. 国际旅游产品

主要包括入境旅游、出境旅游、边境旅游。国际旅游产品多为中长线（旅游目的地与客源地的距离在600公里以上）团队旅游。

（1）入境旅游。这是指我国旅行社接待海外人士来中国旅游。

（2）出境旅游。目前我国公民可组团赴海外旅游的旅游目的地国家和地区有60多个，热点旅游线路有：东南亚新马泰游、日韩游、欧洲游和澳洲游等。

（3）边境旅游。这是随着边贸交易发展起来的旅游产品，热点旅游线路有：中朝边境游、中俄边境游、中缅边境游、中越边境游、中老边境游等。

四、旅游产品的特点

（一）无形性

旅游产品属于服务产品，很多情况下无形无质，看不见、摸不着。旅游者在购买之前必须依赖自己的经验，并参考许多意见。在特殊情况下，有些服务也需要有形的实物支撑，才能够完成无形的服务，如饭店的餐饮服务等。

（二）生产与消费的同步性

旅游企业借助一定的旅游资源和旅游设施提供旅游服务，旅游者在消费的同时也参与了生产过程，使得旅游产品的生产、消费具有高度的同步性。因此，旅游产品一般是先推销，再同时生产和消费。旅游产品必须通过游客和旅游产品供应商之间的良性互动关系来实现旅游体验。

（三）季节性

旅游产品的需求在一年中有旅游有淡、旺季之分。旅游者一般选择温度适宜的时段出行，过冷或过热的季节很少选择出游。在我国的冬季人们可能会选择到阳光好、气温高的地方旅游，使得南方旅游产品需求增加；在夏季，一些人宁愿呆在家里享受空调，不愿外出，南方旅游产品需求相对降低。

（四）综合性

主要表现在：一方面，旅游产品的生产和经营涉及到众多的行业和部门，如交通、饭店、餐饮、文化、教育、科技、卫生等部门；另一方面，旅游产品是有关旅游企业为满足旅游者的各种需要而提供的各种物质产品和服务的组合。

（五）不可储存性

旅游产品是一种特殊商品，是服务的过程。不能贮存，更不能携带回家。旅游产品的损失主要表现为机会的丧失和折旧的发生。旅行社必须解决缺乏库存的产品供求失衡、选择分销渠道和分销商、设计生产过程和有效处理被动的服务需求等问题。

（六）不可转移性

不可转移性是相对于一般物质产品的流通情况而言的。原因在于：旅游者的核心内容表现为旅游者到旅游目的地进行游览参观等活动，只能依靠运输其消费者到旅游产品的生产所在地完成消费行为；旅游者在购买旅游服务产品时只是购买了产品的使用权而不是所有权，其中某些有形的饭店设施、交通工具等也仅仅是作为旅游企业向旅游者提供服务的凭借物体。因此，旅游产品的流通不能通过运输而只能以旅游产品信息的传递，以及由此而引发的旅游者的流动表现出来，所以旅游产品信息的传播效率和速度直接影响到旅游需求的大小。

五、会展旅游产品操作程序简介

（一）申办

一般无法直接申办国际协会的会展活动，但能协助本国协会会员进行申办。

1. 成立申办组委会

申办的发起者以及该行业内的支持者；会展专业组织者公司的代表；申办活动城市的代表；申办城市政府主管部门等组成组委会后，收集资料制定申办计划。

2. 进入申办正式日程

（1）了解该会展活动。主要了解会展主题，预备演讲的计划，同时期的其他相关活动，该活动曾使用的场地、饭店、社会活动情况、赞助商、活动预算等。如有必要还可建议本地该行业的杰出人士加入到组委会来，一起进行游说。

（2）列出申办该活动的正式和非正式的规则。主要包括该协会的决策层对活动有哪些具体要求，申办截止日期。对举办地地理位置有无特殊要求等。

①正式规则还包括一些财务方面的内容，例如：该协会秘书处是否支持，使用的货币，注册费用的最高限额。

②非正式规则含本国协会会员是否支持申办，竞争国情况如何，最后裁决者是谁，怎样投票选举，谁将参加投票，何时何地投票，将为未来代表们

提供哪些优惠措施，和竞争对手比较的强项和弱项，有多少会员将会参加等。

（3）设计申办用的推广材料。总体上考虑是否可以通过一些特殊的记者发布信息以达到吸引注意力的效果。个别的还需要准备以下资料：正式申办的申请函、申办情况简报和申办地的相关材料。

（4）申办陈述。由该协会的本国会员来担当，在陈述现场还应搭建粘贴各种形象宣传的展示板、海报等，以创造一种熟悉的目的地气氛。当然还要重视申办陈述的准备工作，包括视听设备的准备，陈述词应该在8～10分钟。

（二）签约

1. 与客户签约

会展专业组织者将成为客户所有费用的代理者，并有权确定其日后行事的所有原则：即承担风险、获取利润。因此在与客户签订的合同中，必须注明佣金的情况，这些佣金可以从饭店、旅游、社会活动、场地和其他方面获取。

2. 与设备供应商签约

主要与同声翻译设备、场地等设备供应商签署正规租用合同。

3. 饭店合同

主要应正确估计本次活动的房间数量和设施的要求；检查日期和房间数量是否正确；团队价格；免费房间的数量；取消预定的规定等；争取在注册当天统计实际用房的数量。并与饭店进行艰苦的日期和价格谈判，签订相应的合同。

4. 展览合同

主要包括：展览会资料；展览示意图和场地平面图；展览规定规则和预定表。

5. 赞助合同

主要是让赞助商确认赞助金额，了解何时需要赞助费，并使赞助商清楚他们将从赞助中获得哪些利益。

6. 代表合同

最常见的合同就是注册和饭店预定登记表。

（三）计划和活动推广

主要是制定相应的计划程序，并根据计划一步一步落实检查。

1. 明确整个会展活动的工作结构

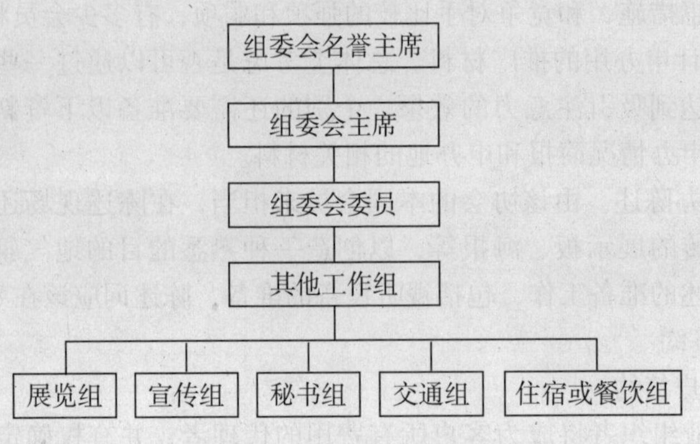

图 3.1　会展工作结构图

2. 24 个月倒计时工作计划

3. 活动推广

主要对该活动进行事先和现场的推广和促销，以引起媒体、公众的注意，吸引代表来参加。例如：召开新闻发布会，采访组委会成员，制作专业网址，制作一些方便携带和使用的光盘、宣传册，邮寄给相关的潜在的代表、单位。

(四) 募集赞助

主要对每一次的会议展览进行客观的分析，如本次会展的目标、历史、市场、影响、时间、与会者等。一般需要提前 6～12 个月进行讨论决定，一个中型规模的会展大约需要 2 年时间才能做好募集赞助，而大型活动则需要 3 年左右的时间。

表 3.1　中型会议或展览的募集赞助计划时间表

前 18—24 个月	分析、研究、推广活动并达到一定的知名度，制定募集计划，第一次发布关于代表总体形象的通知
前 18 个月	对相关募集赞助的文件进行初步研究
前 15—18 个月	寻找主要赞助商，并签约
前 9—15 个月	确定次要赞助商，收集赞助款项
前 9 个月	确定注册和预算
前 6—9 个月	制作赞助手册
前 0—6 个月	联络赞助商，确保落实赞助协议

(五) 现场管理

1. 为代表服务

(1) 行政秘书处。这一块服务内容是最重要的，是代表会展活动第一次直接与代表接触的部门，主要负责代表的签到和分发材料、提供相关咨询、邮寄服务和收费等。

（2）社会活动处。主要负责活动余票的出售、提供相关咨询、提供关于举办地国家或城市的旅游信息以及帮助代表联络旅行社。

（3）专业考察处。负责销售考察活动的余票、接收各种变更和取消要求、满足各种计划外安排的要求、解答专业考察的咨询以及联络考察点的安排。

（4）饭店处。主要负责现场订房、预订变更、落实入住以及与客户联络等。

（5）旅游处。提供现场新的旅游线路预订、航班座位的再确认、各种变更要求、咨询和代表到其他城市的饭店预订等。

2. 为演讲者服务

（1）演讲者处。协助演讲者签到注册、分发材料以及和相关的行业协会、秘书处联系等。

（2）设备处。检查演讲者需要的演讲设备，并协助演讲者进行现场操作。

（3）海报展览处。协助海报展示者进行签到注册，提供海报展示所需要的材料，准备海报上展示的内容（数量、作者、主题和内容提要），负责海报板架的搭设以及活动结束后的拆除，同时负责与专业协会进行联系。

3. 为协调者或部门服务

（1）会议组织工作处。负责落实这些组织交付的所有相关任务。

（2）翻译处。与专业协会联系，对各种文件、设备和日程安排进行翻译。

（3）技术设备服务处。落实专门的技术人员，提供所需要的各种设备，并按照规定时间放置在指定场所等。

（4）安全保卫处。提供相应的事先承诺的保安服务，聘用临时保安人员。

（5）新闻办公室。协助记者签到、分发活动资料、准备并召开新闻发布会、放置 PC 电脑、图文复印机以及电子通讯设备、提供电视台或电台采访的工作间。

（6）其他服务。包括银行、邮局、新闻报刊、鲜花预订、特色餐饮预订等。

（7）突发事件处理。会展专业组织者必须灵活处理活动现场所发生的一切非计划内的事件，做到临变不乱，并保证活动正常进展，这是处理问题的原则。

（六）签到注册

主要是严格培训临时聘用的签到注册工作人员，了解活动整体和细节。如安排的社会活动有哪些，举办地在哪里；也包括对举办城市的熟知，在现场签到的那一刻，负责签到者可能代表了城市的形象。邮寄给代表的注册信息含专业活动安排、社会活动安排、注册详细资料、代表配偶的活动安排、住宿情况介绍、该会议或会展的概况、注册登记表。同时应为代表准备一份注册总汇，含注册人数分析统计、付款情况分析、饭店入住情况、各种活动参加情况、最终代表名录等。

案例 1：

会议日程安排

某旅行社会展部承办了五天会议，在设计社会活动节目之前，他们已经了解到：参会代表的人数，参会者的构成（年龄、性别、国籍、专业、社会地位、婚姻状况），会期以及会议召开的季节。

表 3.2　　会议活动安排

D1： 17：00—18：30 18：30—20：00	代表陆续报到 开幕式（所有代表参加） 欢迎鸡尾酒会（费用已含在注册费中，代表和配偶都参加）
D2： 上午 下午 晚上	代表全天公务活动 配偶市内观光旅游 配偶参观博物馆等 全体人员参加当地具有特色的文化之夜
D3： 上午 下午 晚上	配偶全天游览 代表会务活动 代表进行市内观光 自由安排
D4： 上午 下午 晚上	代表全天公务活动 配偶进行购物 配偶自由活动 全体人员参加告别晚宴
D5： 上午	早餐后自由活动 12：00 前退房

从以上可看出会议活动主要包括：

1. VIP 接待

在参会人员中，VIP 是“A”类客人，特邀演讲者是“B”类客人，在各个环节中一定要注意 VIP 的特殊性，负责 VIP 接待的人员必须熟记每一位贵宾，而且最好是采用不同的请柬颜色，便于工作人员辨别。

2. 机场迎接

通常情况下在报到的当天，根据代表们不同航班和要求，进行机场迎接。

3. 开闭幕式

95%的代表都参加开幕式，当然还有一些特邀嘉宾和新闻记者，而参加闭幕式的代表则会少一些。开闭幕式一般设计得比较严谨，可以有演出，如交响乐、合唱、舞蹈等，有时只是一场专题演讲。例如：在香港召开的 ICCA 第 41 届年会的开幕式，就是简单而富有特色的香港警乐队的演出和中国特色的舞狮表演，接下来放映一部关于中国香港的百年变迁影片，最后是一个专题演讲“中国加入WTO后的香港角色”，其效果非常好，参会者感觉很有效率，体现了香港人的风貌特点。

4. 欢迎鸡尾酒会

通常放在开幕式后，可以放在同一个地点举办，也可以在与开幕式相近的地方。这样的安排需要有一个酒吧，建议使用自助餐，而且尽可能不要有严肃的演讲，播放的也是轻松的音乐，组委会主席可以在入口处欢迎每一位代表。

5. 特色文化之夜

安排当地特色的舞蹈和民俗表演，使客人进一步了解举办地城市的文化内涵。例如：在某次中国民营企业家集会中，在上海大剧院举办了一场专题演出，上半场演出是以中国民族艺术为主，而下半场则邀请了交响乐队来演奏世界名曲。中外融合的演出也体现了上海文化的包容性，下半场的西洋艺术又体现了上海作为大都市的优雅。

6. 自由活动

会展组织者要留出一定的时间让代表们自由安排活动，并给他们提供相应的信息。例如：推荐本城市最有特色的餐厅和娱乐场所，并协助他们进行预订和交通安排。

7. 告别晚宴

一般安排在较宽敞的宴会厅，要有舞台，有适当的文艺表演，让代表们一边用餐一边欣赏文艺表演，并在刻意营造的氛围中对这次活动产生留恋。

8. 工作午餐

工作午餐则要求简单，口味适中，价格也不很贵。

9. 会间茶点

一般上午和下午各供应一次，每次约30分钟。

10. 代表配偶活动安排

在安排配偶活动时，注意不能和正式活动彻底重叠，如果人数较多可以按照语种来划分成不同的小组进行游览。

［资料来源］李云霞，杨叶昆主编．旅行社经营管理［M］．重庆：重庆大学出版社，2002：149－155.

案例2：

典型会展活动

一、政府会议

政府会议分为在国内举行的本国政府会议、在国内举行的国际性政府间会议以及在异地举行的国际性政府间会议。政府会议的特征有：

1. 组织时间非常短；

2. 政治和文化差异大；

3. 很难控制预算；

4. 活动安排紧凑但是内容易更改；

5. 无法按照常规的程序进行安排住宿；

6. 大量的安全保卫工作以及外交礼仪、签证和税收；

7. 复杂的交通安排；

8. 对住宿的要求十分特殊，规格不同；

9. 复杂的社会活动以及配偶活动的安排；

10. 签到时间十分短暂；

11. 诸多的新闻发布工作。

如果旅行社会展部能够了解以上这些特点，那么在参与操作政府会议时，就不会产生歧义或者因为专业知识匮乏而导致操作失误。

二、会议+展览

属于科技经贸类会展，必须了解参加者可能最关心的问题：

1. 演讲质量；

2. 论述是否有新意以及是否有新的结论；

3. 其他参会人员情况；

4. 会议中心的设施如何；

5. 旅游花费；

6. 注册费；

7. 会场和会议城市的形象如何；

8. 会议和展览的效益；

9. 旅游节目是否有吸引力；

10. 同声翻译情况；

11. 购物的氛围；

12. 运动及其他娱乐设施如何。

旅行社会展部在操作这类活动时，除了进行一般会议的操作之外，更需要了解展览的特殊性，是什么性质的展览，专业展还是公众展？还需要根据客户要求以及活动规模、日期、预算确定合适的展馆，寻找合适的展台搭建商、运输报关商、家具供应商等次一级合作伙伴，并核对分配费用流向，同时还要对展览进行正确的营销，有时甚至需要组织现场观众。

三、学术会议

此类会议往往偏重论文陈述，所以在论文征集、取舍、陈述方式以及会后的论文选编上要花更多的工夫。而现场活动中的论文陈述，则需要特别注意演示设备的精良。而且在陈述形式上要争取灵活多样，如可以安排讲台上的论文宣讲演示，也可以让代表把论文通过海报展示出来，然后大家分组讨论。还可以在所有论文中选取几个具有代表性的论题进行大会讨论，当然也可以将代表分组，由专家们陈述论文，而不是所有人都集中起来听一个人的宣讲。

目前，旅行社会展部承办该类会议较为普遍，尤其是国内学术会议。

［资料来源］李云霞，杨叶昆主编．旅行社经营管理［M］．重庆：重庆大学出版社，2002：149 –155.

第二节　旅行社旅游线路设计与开发

一、旅游线路的概念和含义

（一）旅游线路的概念

我国目前从学术的角度看还没有比较统一规范的旅游线路概念，根据最新的学术见解，旅游线路的概念有三种：

1. 偏重于旅行社产品设计的角度

学者谢彦君认为：旅游线路是旅行社或者其他旅游经营部门以旅游点或旅游城市为节点，以交通路线为线索，为旅游者设计、串联或组合而成的旅游过程的具体走向。该定义为多数旅行社经营管理人员所采用。

2. 偏重于区域旅游规划、景点旅游规划的角度

学者马勇认为：旅游线路是指一定的区域内，为使游客能够以最短的时间获得最大的观赏效果，由交通线路把若干个旅游景点或旅游城市合理地贯穿起来，并具有一定特色的路线。旅游线路定义为旅游企业对旅游者旅游活动内容所进行的时间和空间的安排。

学者黄婧认为：旅游线路是为旅游者设计、提供进行各种旅游活动的旅行游览线路。

3. 偏重于景观设计的角度

学者吴为廉等认为：风景线（即旅游线路）是在一个固定的地域空间上为方便游客观赏行为而设计的行动路线。

综上所述，我们倾向于旅游线路是旅游业对游客的各种旅游活动所必需的时间和空间的安排。

（二）旅游线路的含义

1. 旅游线路的空间性

旅游线路是由无数空间单元构成的，它们通过交通线路连接成一个线性连续空间，交错成若干网状的长度、拓扑结构。如洲际旅游线路 、国际旅游线路 、国内旅游线路等等，它们都体现了空间范围的特征；又如环形旅游线路、树形旅游线路、网型旅游线路，则体现出空间拓扑结构的特征。

2. 旅游线路的时间性

交通线路由于不同的时间安排成为了不同的旅游线路。主要包括：旅游线路起始时间、终结时间、景区景点时间顺序、旅游线路持续时间。如“五一”、“十一”、“春节”黄金周线路和周末旅游线路等。

3. 旅游线路的成本性

旅游线路的购买和消费不仅要消耗金钱，而且还要消耗时间特别是余暇时间，从而构成了旅游者的成本支出。旅游企业在旅游线路设计过程中必然会进行优化考虑，通过各个空间单元间不同的交通线组合、改变时间安排等降低成本。

4. 旅游线路的载体性

旅游线路承载着旅游活动，包含旅游活动的一些特征，如审美和愉悦，其内容具有社会休闲和消费属性，并产生各种旅游效应。

二、旅游线路的分类

（一）旅游线路分类

1. 空间纬度

（1）学者保继刚、楚义芳、彭华等（1993）指出，旅游线路按空间尺度可划分为：景区内连接各景点的小尺度的游览线路；联系旅游客源地和一系列旅游地的旅游景区外的大尺度旅游路径。其中：旅游路径包括旅游产品所有组成要素的有机组合与衔接；游览线路主要涉及小尺度的空间范围，即旅游景区的游览线路布设，在相当程度上与产业规划无关，而是景区规划所要关注的内容。游览线路通常指景区的线路，而旅游路径就是旅行社所设计的线路。

（2）旅游线路按空间展开的形式可以分为线形、环形、辐射形三种。

①线形旅游线路。它是指旅游线路只有一个起点，一个终点，旅游活动从起点开始，在终点结束。在景点分布比较均衡、交通相对方便的目的地，很多采用线形的空间分布形式。

②环形旅游线路。它是指旅游线路的展开呈现出一个闭合型的旅游回路，起点与终点重叠，这种线路比较适合岛屿型、山地型等受特殊地形和交通条件限制的情况。

③辐射形旅游线路。它是指只有一个起点，而又多个终点的旅游线路，其实是有多条线形旅游线路组合的混合线路展开形式（楼嘉军，2003）。这是从旅游企业的角度进行的分类，而且单纯考察旅游线路的空间拓扑结构。

（3）外国学者 Stewart and Vogt（1997）指出：依据旅游线路的空间结构活动的特点把旅游线路分为区域旅游线路、旅游链线路、单目的地线路和营区基地旅游线路。这种分类不仅考察了线路的空间特征，也反映了旅游者目的、旅游者行为等旅游者活动的特点，是一种从旅游者角度出发的分类。

2. 时间纬度

（1）旅游线路根据旅游时间长短可分为：一日游线路、两日游线路、多日游线路等。

（2）旅游线路根据出行时间、季节可分为：春季旅游线路、夏季旅游线路、秋季旅游线路、冬季旅游线路。

（3）旅游路线根据假日类型可分为："春节"旅游线路、"五一"旅游线路、"十一"旅游线路、"元旦"旅游线路、暑假旅游线路、寒假旅游线路、周末旅游线路等。

根据上述，旅游线路按照旅游时间、旅游空间可分为：周游型线路、逗留型线路。前者通常指旅游者游览多个景点，但在每个景点的停留时间都不长；后者是指旅游者所游览的景点较少，甚至可能只是一个景点，但在每个景点停留的时间都较长。

3. 成本纬度

体现了旅游线路的旅游产品化特征。旅游线路根据旅游产品的价格高低可分为：豪华旅游线路、标准性旅游线路和经济旅游线路。如旅行社的全包价旅游线路、半包价旅游线路、小包价旅游线路、零包价旅游线路。

（1）全包价旅游线路。它是指旅行社按照计划好的游览日程，把食宿、门票、交通等各项分散的服务价格加以综合，以一种全包的价格出售给旅游者。

（2）小包价旅游线路。它是指全包价旅游线路扣除正餐等费用的一种包价形式。一般包括非选择性内容和选择性内容，游客具有更强的选择性和自主性。

（3）零包价旅游线路。是指游客必须随团一同前往和离开既定的旅游目的地，而在旅游目的地可以自由安排所有的游览活动。

以上旅游线路的内容和成本依次降低，而游客的自由度依次提高。

4. 活动纬度

按照旅游者的行为特点旅游线路可分为：周游型旅游线路、逗留型旅游线路。

（1）周游型旅游线路。特点在于旅游目的是观赏，线路中包括多个旅游目的地，同一位旅游者重复利用同一条线路的可能性很小。

（2）逗留型旅游者。特点在于线路包含的旅游目的地的数量相对较少，旅游目的多是度假性质的，同一旅游者重复利用同一线路的可能性大。

（二）旅游线路的基本类型：旅行社旅游线路、旅游景区线路

1. 二者的共同点：

旅行社旅游线路、旅游景区线路都具有时间性、空间性、成本性和载体性的特点。

2. 二者的不同点：

（1）空间大小不同。旅游景区线路主要是指小尺度的旅游线路，其范围局限于一个景区的内部；而旅行社线路则包含一个或多个景区，空间范围大到国际、洲际，是一种大尺度的旅游线路。

（2）设计者、提供者不同。旅游景区的线路是由景区规划部门设计，由旅游景区提供给游客；旅行社线路是由旅行社设计组合，而真正接待游客的还是各个景区。

（3）虚与实不同。旅游景区线路是一种实物形态的线路，是实实在在的客观存在的游览线路，具有相对刚性、硬性和物理约束特性；而旅行社线路则是一种虚拟的线路，具有相对柔和性、弹性和自由组合特性。

（4）影响因素。旅游景区线路设计主要考虑心理因素、园林建筑因素、生态环境因素、文化历史因素等；旅行社线路设计主要考虑旅游者的供给因素、旅游景区的供给因素等。

三、旅游线路设计

（一）旅游线路设计的概念

旅游线路设计是旅游企业对旅游线路具体内容进行规划设计的全过程，有广义和狭义之分。广义的旅游线路设计包括了旅游线路从线路规划、线路实施、线路反馈到线路修正这样一个循环的过程；而狭义的旅游线路设计仅仅指旅游线路的概念性的构思过程。

（二）旅游线路设计的程序

1. 概念性线路设计

概念性线路设计是旅游企业研究旅游者的需求，结合企业的实际，通盘考虑构思可行的方案。它是旅游线路设计的基础原则，最能体现其创造性的特征。它提出了一些原则上可行的方案，并在各方案间权衡确定最理想的一个或一组方案。

创意的来源于企业内部、旅游者、竞争者。很多创意来自于企业内部人员；旅游者经常对旅游线路的批评、建议或改进的建议；竞争对手的反映。旅行社集思广益，可以开发更有针对性的、更具有竞争力的线路。

2. 操作性线路设计

操作性线路设计是概念性线路设计方案的具体过程。旅游线路作为一种组合旅游产品，产品价值体现在审美和愉悦的核心利益上，体现在价格、质量、声誉和区域的展现利益上，体现在交通、住宿、餐饮和购物等的最佳利益上。如同一景点可有不同的交通线路组合、不同的游览时间和游览顺序组合、不同的餐饮住宿企业组合、不同的价格标准等。

旅行社有了创意、构思之后，还要在具体的众多可能组合间进行选择，这就是操作性线路设计，它是概念性线路设计思想具体化的过程。在多个具体方案间进行选择，这既是一个具体方案的淘汰过程，也是一个优化改进的过程。同时也要充分考虑目标市场的偏好、相应的促销策略等因素，从而推出一条可行的旅游线路。

3. 线路检验

试行操作性线路设计方案，根据实施的效果和对效果的预测，对方案进行评价。学者楚义芳认为：一个线路检验的理论模型，既要考虑方案的现实效果，也要考虑发展趋势和长远的效果，定性评价与定量评价应该结合在一起。

线路检验是线路试行的过程，试验的过程是一个实际检验的过程。线路检验的结果将作为线路是否推行的依据。依据线路检验的结果，如果不可行，则返回线路操作性设计环节（更严重的情况是返回概念性设计环节重新设计，从头开始了一个新的线路设计程序）对线路进行修改、完善、重新推向市场，再进行检验；如果可行则进入下一个环节，即线路的修订完善。

4. 线路修订、完善

依据线路检验的结果，对旅游线路进行修改、完善，正式推向市场。对通过线路检验的操作性线路，依据线路检验的结果作进一步的修订完善，然后才大规模地正式推向市场。同时，也可以根据正式实施的结果再做进一步的调整。

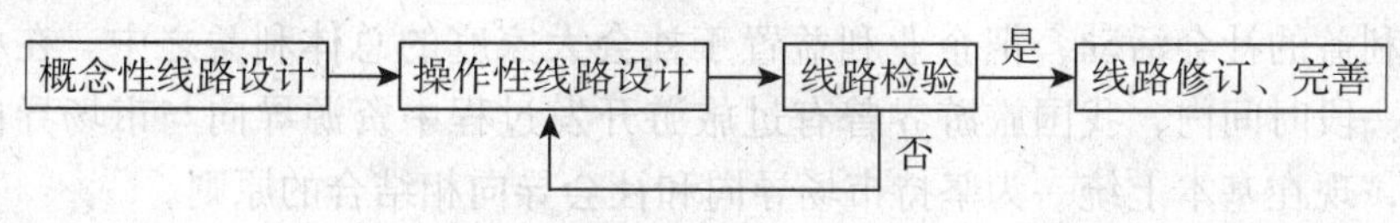

图 3.2　旅游线路设计流程图

（三）旅游线路设计的考虑因素

1. 心理因素

这里的心理因素，包括旅游者审美过程的心理因素。为了给游客提供一个好的审美体验，学者谢彦君认为：要考察旅游者的感知、情感、联想和想象等心理因素，在旅游线路的安排时还要考虑合适的观赏时机、观赏位置和观赏方式，以期达到最佳的观赏效果。因此，心理因素事实上包括了所有基于心理学、美学考虑的主观因素，旅游者的态度、满意度等心理指标也包含在这类因素之内。心理因素影响了旅游线路的旅游活动维度（例如旅游吸引物的美、旅游者的旅游体验），进而影响旅游线路。

2. 自然因素

自然因素主要指旅游线路所涉及的客观因素。如客观存在的自然存在（山脉、河流等）、生态系统（动植物等）、人文存在（建筑物、历史遗迹、民俗和交通条件、交通线路等）。它主要包括了旅游资源和旅游接待服务设施。旅游线路的设计优化既要考虑旅游资源的特点，又要考虑旅游接待设施的接待能力和空间分布等因素。

3. 成本因素

成本因素包括供给与需求因素，要充分考虑旅游者的需求、旅游资源的特点、供求平衡问题；旅游设施运营的成本、旅游设施利用情况、机会成本等。旅行社在旅游线路设计、优化过程中一定会考察旅游者的成本，因为旅游者成本与其旅游体验是密切相关的。

(四) 旅游线路设计的原则

1. 总体规划

旅游企业在优化旅游线路时必须运用整体的、系统的、权衡的观点，通盘考虑各个影响因素；既要考虑供给也要考虑需求；既要考虑成本高低也要考虑旅游体验的优劣；既要考虑眼前利益，也要考虑长远利益，注重环境保护，关注可持续发展。

2. 市场导向和社会导向

旅游线路是一种旅游产品，必须考虑市场的需求，坚持市场导向的原则。旅游企业开发旅游线路产品，要依据充分的市场调查结果，研究和预测旅游市场的趋势，分析旅游者的出游动机，才能选择目标市场、做好市场定位，利用好旅游资源，取得好的经济效益。社会导向就是要旅游资源作为一种人类共有的稀缺资源，把旅游企业经营活动理解为足以影响社会各利益集团和阶层利益的社会活动，把企业利益置于社会大家庭的总体利益之中。在相当长的一段时间内，我国旅游界曾有过旅游开发过程中资源导向与市场导向的争论，现在基本上统一为坚持市场导向和社会导向相结合的原则。

3. 经济原则

旅游线路是旅游企业设计的产品，是要为企业创造效益的。“冷热点结合”、“时空优化”、“旅游点结构合理”这些都是要优化线路设计、降低成本、提高收益。不经济的旅游线路是无法长期维系的，这也会迫使旅游企业进行调整。旅游企业在旅游设计、开发中要考虑线路可行性，除了考虑需求和技术上（例如交通上的可进入性等）是否可行之外，尤其要考虑经济上的可行性。

上述三个原则作为一种战略思想、一种理念将贯穿于旅游企业的各项活动，当然包含于旅游线路优化过程中。

4. 遵循行业规定或建议

另外，在具体策划一条旅游线路时，旅行社一方面根据顾客对旅游点的具体要求进行线路设计；另一方面也会遵循一些共同的规则，而不同的行业组织对组织成员也会有一些规定或建议。如国际航空运输协会（IATA）就要求其会员在进行线路设计时要做到：

(1) 把顾客希望访问的目的地纳入线路；

(2) 按照顾客希望的顺序编排线路；

(3) 在编排线路时应尽量避免旅程的曲折（除非有绝对的必要），同时还要将顾客的特殊要求考虑在内；

(4) 把政治形势、地理限制以及交通方案中的实际状况考虑进去；

(5) 确保航空、铁路与海上交通衔接的存在，选择其中最为便捷的方案；

(6) 只要可能，就优先选择费用最低的线路，迂回曲折的线路只能使价格增高；

(7) 用恰当的方法设计线路（可以利用IATA要求的表格）；

(8) 一定要有备选方案，一是为防止顾客改变注意，二是防止环境的变化会阻止行程。

（五）旅游线路设计的优化

旅游企业在旅游线路设计中应该通盘考虑旅游线路问题的各个方面，即旅游线路的优化问题。实际上旅游线路的优化问题是指既定条件下的目标最佳化。解决实际工作中优化问题的手段有三种：一是经验积累、主管判断；二是做实验选方案、比优劣定决策；三是建立数学模型，求解最优策略。

四、旅游线路设计精选

（一）出境游

1. 韩国全景五日游

D1：成都——釜山

从双流机场乘坐豪华客机飞往韩国釜山，游览海云台。

D2：釜山——济州

早餐后游览龙头山公园、国际商店街，后乘机飞往有“东方夏威夷”之称的济州岛，抵后游览龙头岩。

D3：济州——首尔

早餐后游城山日出峰、天地渊瀑布、神奇之路、木石苑，晚乘机赴首尔，晚餐后在饭店休息。

D4：首尔

早餐后游景福宫、青瓦台、世界杯足球场、乐天世界，首尔购物（人参公卖局、紫水晶加工厂、南大门、明洞等），晚餐后参观华克山庄。

D5：首尔——成都

早餐后参观韩国土特产店之后抵仁川国际机场，乘飞机返回成都，结束快乐之旅。

2. 泰、新、马、港、澳十五日游

D1：成都——曼谷

从双流机场乘机抵达泰国曼谷，专车接往饭店，沿途欣赏曼谷市区街景。

D2：曼谷

饭店早餐后，乘车前往有“东方威尼斯”之称的水上市场，乘船沿途欣赏湄南河风景，远眺郑王庙；随后参观泰国第一国宝玉佛寺，之后前往泰国土产商店参观选购，晚间观赏著名的人妖表演。

D3：曼谷——芭堤雅

饭店早餐后，乘车参观做工精巧、品质优良的珠宝工厂。随后前往有“东方夏威夷”之称的芭堤雅，参观乡村风光的东芭乐园，观赏文化村内极具东方文化魅力的泰国民俗歌舞表演、泰拳、大象表演。

D4：芭堤雅

饭店早餐后，搭乘快艇前往芭堤雅著名的海上明珠——格兰岛，途中转乘玻璃船，观赏五光十色的珊瑚奇景，可自由玩水、游乐；随后前往景色宜人的金沙岛，享受阳光、沙滩，并在岛上品尝海鲜餐。

D5：芭堤雅——曼谷

饭店早餐后，乘车返回曼谷，途中前往北榄，参观世界上最大的鳄鱼人工养殖场——鳄鱼湖动物园，并在园中观赏人鳄搏斗的精彩表演等，随后返回曼谷市，选购闻名世界的泰国燕窝。

D6：曼谷

饭店早餐后，返回曼谷市参观著名的佛教寺庙——金佛寺，随后前往亚洲最大的热带毒蛇研究中心，观赏世界上最毒的金刚眼镜蛇，选购神奇珍贵的药品。

D7：曼谷——新加坡

饭店早餐后乘机前往被誉为“花园城市”的新加坡，游圣淘沙岛，乘单轨火车游览岛上风光，晚餐后购物、逛夜市。

D8：新加坡——云顶

饭店早餐后，乘车前往中式酒楼，后参观云顶高原，晚餐于高原餐厅。

D9：云顶——吉隆坡

饭店早餐后，乘车前往市区游览国家纪念碑、博物馆、黑风洞、国家回教堂、珠宝加工厂、皇宫等地。

D10：吉隆坡——马六甲

饭店早餐后，乘车前往马六甲，游览荷兰红星、圣保罗教堂、葡萄牙城门、三保庙。

D11：马六甲——新加坡——香港

饭店早餐后，乘机前往香港，上太平山鸟瞰香港全城。

D12：香港

饭店早餐后，乘车游览浅水湾、黄大仙庙、海洋公园。

D13：香港

自由购物一天（不含餐费）。

D14：香港——澳门

饭店早餐后，乘船由香港赴澳门，市容观光，参观大教堂等，晚餐于途中餐厅，参观葡京酒店。

D15：澳门——珠海——广州（深圳）——成都

饭店早餐后，乘车由澳门经珠海赴广州（深圳）散团，乘机返回成都，结束愉快的旅程。

3. 奥、法、意、瑞、梵五国十二日游

D1：成都——维也纳——巴黎

从双流机场乘坐豪华客机，经维也纳转机飞往花都——巴黎，抵达后送至饭店休息。

D2：早餐后，参观世界三大博物馆之一的罗浮宫，欣赏镇馆三宝——蒙娜丽莎的微笑、米罗的维纳斯雕像和胜利女神像，让人一窥艺术殿堂的奥妙；登上闻名世界的埃菲尔铁塔（二层），鸟瞰巴黎全景；在免税店购买香水及其他免税品。

D3：巴黎

早餐后，参观凡尔赛宫，游览光芒四射的花都名胜，屹立于星形广场的凯旋门、游人如织、车行十二线的浪漫的香榭丽大道、宽阔堂皇的协和广场，亦可自费乘坐塞纳河游船。

D4：巴黎——卢塞恩

早餐后，乘车前往被高山湖泊包围的美丽小镇，瑞士著名度假胜地——卢塞恩。

D5：卢塞恩——苏黎世——米兰

早餐后，尽情感受蓝天碧水的卢塞恩湖，享受大自然与人类文明的和谐统一，亦可自由漫步于卢塞恩湖畔或自费登上铁力士山；后乘车前往瑞士金融中心——苏黎世，游览蓝天碧水的苏黎世湖，参观中世纪的教堂、举世闻名的金融街、市政厅；后乘车前往意大利时装之都——米兰，参观著名的多姆圆顶大教堂、闻名遐迩的斯芳斯古堡、栩栩如生的达·芬奇像。

D6：米兰——佛罗伦萨

早餐后，乘车前往意大利文艺复兴发源地——佛罗伦萨，参观红色圆顶的圣母百花大教堂、由十块浮雕组成，内容以叙述旧约圣经题材为主的“天堂之门”——米开朗琪罗广场，游人可在此俯瞰佛罗伦萨市区美景及雕刻林立的市政府广场等地。

D7：佛罗伦萨——罗马

早餐后，乘车前往永恒之都——罗马，参观斗兽场（外观）、纪念意大利独立的阵亡将士纪念堂、古罗马市集废墟、君士坦丁凯旋门；前往天主教胜地教皇国——梵蒂冈。参观耗时150年建成的雄伟壮丽的圣彼得大教堂，其内外雕刻、彩石马赛克壁画，无一不是超凡入圣的艺术结晶。

D8：罗马——威尼斯

早餐后，乘车前往水都威尼斯，沿途欣赏美丽的欧洲风光。

D9：威尼斯——克拉根福

早餐后，乘公共汽船前往逐渐颓毁沉没的水上古都参观，徒步参观有“黄金教堂”之称的圣马可大教堂、祥鸽群集的圣马可广场及其四周的精品店、工艺品店，并前往闻名古今的玻璃岛参观水晶玻璃工厂，一睹其制作过程；游览道奇宫及连接其附属监狱的叹息桥；然后乘车前往克拉根福。

D10：克拉根福——维也纳

早餐后，游览位于奥地利南部具有850年历史的古城——克拉根福，以及该市市标——怪龙、波西亚宫、市政厅、兰德宫，后乘车前往维也纳，在格林村伴随音乐享用晚餐。

D11：维也纳——成都

早餐后，参观哈布斯堡皇室夏宫、美泉宫花园；漫游霍夫堡，观赏国立歌剧院；下午乘机返回成都。

D12：成都

抵达成都，结束欧洲之旅。

（二）入境游

1. 北京、承德六日游

D1：北京

客人抵京，观赏北京沿途街景，游览北京城标——天坛；欣赏北京三绝之一——景泰蓝的制作程序；入住饭店。

D2：北京

游览天安门广场，瞻仰毛主席纪念堂（如遇因故关闭除外），探访昔日皇帝居所——故宫，游览皇城根遗址公园，逛北京金街——王府井，体验购物乐趣，游恭王府花园（门票自理）。

D3：北京

游览八达岭长城、明十三陵之惟一被开挖的皇陵——定陵，探墓葬文化之奥秘。欣赏北京三绝之一——玉雕，逛北京特产超市，参观亚运村外景。

D4：北京——承德

乘车赴承德，游览避暑山庄。

D5：承德——北京

游览普宁寺、小布达拉宫，午餐后返回北京。

D6：北京

游览世界上最完美、最和谐的皇家园林——颐和园，观赏中央电视塔、中华世纪坛外景，游太平洋海底世界（门票自理），结束愉快旅程。

2. 西安五日游

D1：西安接团，乘车赴临潼，参观秦陵兵马俑博物馆、游览皇家温泉园林——华清池。

D2：临潼——华阴——西安

游西岳华山各峰（苍龙岭、老君犁沟、华山论剑）。

D3：西安

游武则天、李治合葬墓——乾陵、乾陵博物馆——永泰公主墓。

D4：延安——西安

赴延安，参观中共中央大礼堂——杨家岭革命旧址、革命圣地的象征——宝塔山、中共中央书记处旧址——枣园和革命纪念馆，然后乘车返回西安。

D5：西安

参观慈恩寺大雁塔，午餐后自费品尝西安风味小吃，游览世界上现存规模最大、保存最完整的古城墙——明城墙，之后自由活动，送团，结束愉快的旅程。

3. 华东五市五日游

D1：南京

南京接团，游"金陵第一湖"玄武湖外景（观九华山、明城墙、紫金山）、中山陵及世界文化遗产、明代开国第一陵——明孝陵景区，体验"十里秦淮"风情；夫子庙自由活动。

D2：南京——无锡——苏州

赴无锡，游鼋头渚景区（登三山仙岛、览太湖风光）或游三国影视城（乘船游太湖风光、观大型仿古表演），参观珍珠苑、紫砂陶艺馆，赴苏州中国古典园林、世界文化遗产——怡园或留园。

D3：苏州——杭州

游盘门景区（水陆城门、吴门桥、四瑞堂等）、江南古刹——寒山寺、水乡同里等。

D4：杭州——上海

船游西湖（观三潭印月、断桥、苏堤、白堤），登灵隐飞来峰，观钱塘江风光、六和塔外景，参观丝绸馆，品龙井茶，赴上海。

D5：上海

游浦东新区、东方明珠，观金贸大厦外景，车游南浦大桥、浦江隧道，城隍庙购物，外滩、南京路自由观光、购物，送团。

（三）国内游

1. 茂名国旅——"千名长者下江南"

广告词：孝敬父母做乾隆，一路春风下江南。

时间：13 天

线路安排：

D1：茂名——湛江，空调硬卧往武汉。

D2：抵武汉，观市容、游黄鹤楼，武汉港 18：00 时起航，开始“下江南”的难忘旅程。

D3：抵九江湖口，游石钟山，往镇江。

D4：游镇江金山寺、扬州瘦西湖，赏扬州夜景。

D5：无锡太湖（鼋头渚、三山仙岛）。

D6：上海浦东开发区、东方明珠塔、城隍庙、南京路、外滩。

D7：杭州雷峰塔、西湖。

D8：苏州水乡同里、留园、寒山寺。

D9：南京中山陵、雨花台、夫子庙。

D10：铜陵港、九华山、黄山。

D11：早抵九江，游庐山。

D12：游庐山，空调硬卧返广州。

D13：抵广州，空调硬卧返茂名。

2. 我到北京上大学

D1：儿时一小步，人生一大步

自古英雄出少年，这回机会来了，不仅要自理、自立地生活，还要争取一定的社会角色呢？班长？队长？还是……

准备提醒：物品不要带太多，因为这不是搬家，也不是去住在北京的大街上，所带的物品请参考《营员手册》。

集合出发：无论上车、下车，还是在车厢内，要自觉听从指挥，另外，请珍视这个练习交往能力的绝好机会。鼓足勇气，向你身边的陌生营友主动伸出手：“Hello! My name is ......, I come from......, How about you?”

具体安排如下：

D2：爱我中华

8：00 在驻地早餐。9：00 整理营务、休息，恢复体力。11：30 午餐。

13：30 人民大会堂举行开营式

· 人民大会堂领导致词；营员代表致词；主办单位致词；

· 全体营员宣誓；授旗仪式。

14：30 人民英雄纪念碑前留影，天安门广场自由活动。

15：30 我爱北京天安门——登天安门城楼，感受祖国心脏的跳动。

17：30 驻地晚餐。20：00 休息。

D3：走进清华园

8：00 早餐。

9：30 感受清华园的学海书香

·聆听清华大学教授的谆谆教诲——“清华大学的历史”、“清华校门永远为你敞开”；

·与清华学子对话“梦想成真”、“祝你成才”；漫步清华校园。

12：00 午餐。

13：30 游览动物园，看国宝大熊猫、登狮虎山、逛鳄鱼馆、逗短尾猴……

17：00 晚餐。

18：00 清华、北大、师大等著名学府的哥哥、姐姐们在驻地与你畅谈学习。

20：00 休息。

D4：不到长城非好汉

7：15 红旗飘飘，天安门守望国旗升起。

7：50 早餐。

9：30 放鸽长城，放飞理想，向往和平

·游览万里长城第一雄关——居庸关长城；

·举办放飞和平鸽活动；举办“不到长城非好汉”签名活动。

12：00 午餐。

13：30 登上毛主席的专机，追随伟人的足迹，梦回开国盛典，参观航空博物馆，了解祖国蓝天伟业的历史风云。

17：30 晚餐。

20：00 休息。

D5：沐浴北大

7：30 早餐。

9：00 求学北大“百年讲堂”

·北大教授为营员作专题报告——“求学之路”、“最美不过师生情”；

·与北大学子对话“我的大学”，自由提问、自由对话。

12：00 午餐。

14：00 走进科技殿堂——中国科技馆；从“飞鸟”的尝试到太空舱出现，人类的梦想不断变为现实，但其间的艰辛与苦难需要我们铭记，把永恒的拼搏化作我们坚毅的性格。

17：30 晚餐。

20：00 休息。

D6：动感之都

7：30 早餐。

9：00 浏览世界现存最大的宫殿建筑群——故宫，绵延千米的金瓦，汇聚千年的文明，忠毅与奸佞在这里交织成一个个生动的故事，上演了一幕幕感人的史剧，让我们在这里一起来上一堂生动的历史课吧。

11：30 品味美式快餐麦当劳。

12：30 游中华第一街——王府井，从如今繁华时尚的街景中，惟一能够找到“王府井”痕迹的，恐怕也只有那商业航母——新东安商场对面的一口井盖了。这口看似普普通通的古井是百余年前王府盛况的历史见证。

14：30 漫步海底世界，感受人鲨共舞的惊奇，体验穿梭海底的美妙，这里有憨厚的海龟、狡狯的食人鲳、神奇的海马……一切都超乎人们的想象。

17：00 晚餐。

18：00“小小旅行家演讲大赛”。

19：30“飞跃梦想——相约 2008”联欢晚会。

21：00 举行闭营式

·营员代表谈收获；辅导员代表谈感受；导游谈体会；主办单位领导致词；为优秀营员、才艺营员颁奖。

21：30 休息。

D7：北京速度

7：30 早餐。

9：00 参观中华世纪坛外景。

9：30 感受北京速度。

为了喜迎奥运，为把首都建设成为国际一流的大都市，近几年北京发生着日新月异的变化，两广路的拓宽、四环路的通车、轻轨的开通、CBD 的崛起、奥林匹克场馆的规划……乘接待单位指定的车次离京，途中安排“友谊天长地久”交流活动。

D8：满载而归

一段新的生活结束了，一段更新的生活开始了，但不要忘记我们，你的成长是我们关注的大事，时常把你最近的收获与我们共同分享，将使我们感到无限的幸福，可以是一篇作文，一张照片，一个电话，一声问候……

双飞：3498 元/人；单飞单卧：2980 元/人。

专家点评：

目前，“我到北京上大学”是中国教育旅游产品中惟一可以称得上品牌产品的一个。其在活动内容、文字包装、卖点设计、产品系列化等方面，都已经达到了一个相当高的水平。“我到北京上大学”在标准版的基础上，相继形成了高考备战版、非常阅历版，对中国教育旅游产品的标准化起到了很大的推动作用。

3. 高尔夫旅游（五天四晚）

D1：乘下午或傍晚的航班抵达海口，接送至饭店，赴东山高尔夫球会击球。

住宿：海南宝华海景大酒店

D2：早餐后，赴月亮湾高尔夫俱乐部击球。

住宿：海南宝华海景大酒店

D3：早餐后，赴美视五月花高尔夫俱乐部击球。

住宿：海南宝华海景大酒店

D4：早餐后，赴博鳌乡村高尔夫俱乐部击球。

住宿：博鳌锦江温泉度假酒店或同级饭店

D5：早餐后，赴亚洲论坛国际高尔夫球会击球。

结束愉快的高尔夫之行，送往机场乘机返回。

费用：3825 元/人

以上报价含：·四晚住宿（2 人 1 间）及早餐；单人单住需补房差 200 元/人；

·东山、月亮湾、美视五月花、博鳌乡村、亚洲论坛国际高尔夫球会 18 洞果岭费，杆弟、更衣柜、保险、服务费；

·全程车费。

注：以上价格适用于 2 人以上成行。春节、五一、国庆长假除外。

以上报价不含：饭店住宿政府基金税 8 ~ 11 元/人晚；球会出租车用球具等；延住、加打另收费。

4. 经典欧陆——哈尔滨婚庆游

D1：新人报到注册

各地新人在机场或车站将受到工作人员的迎接。“婚庆 XX”的醒目迎接牌（旗）、装饰一新的空调车、欢乐的民族乐曲以及工作人员的热情，将会给新人带来不一样的感受。

抵达宾馆后，走入房间，红“双喜”字和“龙凤”剪纸、大红色的电光烛台将给新人以步入新婚洞房之感。梳妆台上，两杯散发着清香的玫瑰花茶，更让房内充溢着温馨的气息。红色的喜帖上，有着此次活动的时间安排，同时也把每天清晨 morning call、用餐和出发时间以醒目字体特别标出，以提示新人注意休息。

D2：浪漫婚典

我们在电视上看到了太多太多的新娘身着洁白的婚纱步入教堂，在唱诗班肃穆的歌声中，在亲友的祝福中羞涩地说了声“我愿意”……今天，他也将挽着您的手一起步入这神圣的教堂。高高的穹顶，耸起的钟楼，我们仿佛真的来到了异域他乡。当您也轻轻讲出了“我愿意”的那一刻，幸福包围着您、伴随着您，您也吸引着众人祝福的目光……

走出中国最有名的圣索菲娅大教堂，堂前的广场将留下您靓丽的身影。

这幸福的时刻也将留在您一生的记忆中。夜幕降临的时候，一场盛大的晚会在等待着您。歌声与欢笑，将为您再添一份喜悦。

D3：美丽的亚布力

也许您听说过“亚布力”，但您知道它的原意吗？亚布力旅游度假区，地处哈尔滨以东，黑龙江省尚志市行政区内，距哈尔滨市 195 公里，距离牡丹江市 120 公里。亚布力原名“亚布洛尼”即俄语“果木园”之意，清朝时期曾是皇室和满清贵族的狩猎围场。它可不仅仅是著名的滑雪场，这里的夏秋之际，风清气和、天高云淡，您可以林海远足、草原骑马……畅游于大自然的怀抱，体验浩渺神奇的森林风光。当晚上点起一堆堆篝火的时候，当火光映红了您和他的脸庞，让大家一起欢唱。

D4：泛舟天印湖

“清澈的水质、波光粼粼，优美的环境，景色宜人，湖上泛舟，优哉游哉，享受着生活的美好。”听了这番描述，您以为您在西子湖畔吗？不，这里是亚布力的天印湖。那是一泓别有情韵的水，充满了神奇的色彩，传说是天神留下的一处脚印，后经人工筑堤而成。就让这美丽的传说护佑着天下有情人的幸福吧。吃完了特色农家宴，让我们返回哈尔滨，在这城市的最后一晚，数一数天上的星，看一看彼此的心……

D5：启程返家

新的生活又开始了，温馨和美满在前方呼唤着……

产品特色活动：

（1）神圣的教堂婚礼：上帝的使者为我们主持神圣的仪式，为新人踏上红地毯祝福。

（2）特色喜宴：冰城东北特色喜宴，品味爱情美味。

（3）经典的欧式风情：圣索菲娅教堂、亚布力、风车山庄、中央大街，立体音乐奏响婚礼进行曲。

（4）天印湖温情荡舟：轻舟荡漾，湖边的芦苇吹来了温柔的微风，天印湖倾听新人的呢喃。

（5）爱情美酒——玫瑰酒：宏大的玫瑰婚典，大家一起畅饮充满爱情滋味的玫瑰酒。

（6）名嘴主持隆重婚典：著名节目主持人的到来为新人的爱情送上欢歌笑语，衷心祝福一对新人爱情天长地久。

（7）花车巡游：让世人见证新人的婚典，让鲜花相伴新人的蜜月，众人的目光凝聚在新人身上，众人的祝福围在新人心头，让新人的幸福在最灿烂的阳光下，相伴永远。

（8）名人证婚：爱情是甜蜜的，婚姻是神圣的，祝福是真诚的，著名人士 XXX 和新人一起为爱情祈福，为幸福歌唱。

（9）新房布置，爱意浓浓：独具匠心、精心布置的温馨洞房平添您蜜月之旅的愉快。

（10）地方婚俗，独具特色：感受民族千年文明积淀，体味地方挚真婚庆习俗。

（11）充裕的休息时间：胜似闲庭信步，爱为红袖添香，甜蜜、温馨的美梦，您可以夜夜享用。

（12）星级住宿，钻石级服务：钻石级的服务，为您的蜜月之旅增辉，而且让您的婚典如指间钻石一样永远镶入记忆之中。

（13）全程宵夜陪伴：美丽的夜晚您不会孤单，除了爱人无微不至的关怀，美味可口的宵夜将伴随您的美好夜晚。

（14）全程甜蜜时光拍摄，留住幸福一刻（专业人员、专业摄录、专业制作）：瞬间浪漫的时光，将会成为您永远甜蜜的回忆。

5. 青岛美容健身三日游

D1：上海——青岛

D2：青岛市内游——栈桥、八大关、五四广场、滨海栈道、啤酒博物馆内品尝青岛各种风味特色美酒，参观东海路雕塑街、海产品超市、银珠贝雕，下午自由活动（可酌情增游海上仙山——崂山，门票自理）。

D3：即墨温泉游——金麒玉麟山庄内泡温泉、温泉健身游泳、美容泥疗、地坑疗养，青岛——上海。

交通：豪华空调旅游大巴。

住宿：三星宾馆或同级双标房，宿 2 晚。

伙食：宾馆含早餐，正餐自理。

费用包含：

· 交通：飞机往返，空调旅游车（散客不满 10 人，当地为班车接送）；

· 住宿：宿 2 晚，三星宾馆或同级双标房；

· 导游：地陪导游讲解服务费；

· 保险：旅行社负责保险费；

· 海鲜大餐菜单（10 人 1 桌）：香炸基围虾、油泼扇贝、香葱炒八带、姜葱炒蟹、群菇烧海鲜、姜汁小海螺、海参烧蹄筋、原汁蛤蜊、椒盐枇杷虾、碧绿花枝叶、龙皇海鲜羹、炒时蔬。

费用不包含：

· 宾馆含早餐，正餐自理；

· 旅游者意外保险费自理。

第三节 四川旅游线路的设计与开发

旅行社在进行旅游线路设计时既要注意结合自然因素、心理因素、成本因素，又要根据总体规划、市场导向、社会导向，经济合理地设计旅游线路；还要对已经设计出的旅游线路进行优化选择，不断向市场推出各种各样的适销对路的旅游产品，满足旅游者的个性化旅游需求。

“十一五”期间，四川将集中力量实施“三三五四”计划，其中包括打造五大旅游新精品。“三三五四”计划是：建成三大国际休闲度假旅游区——“中国第一山”（峨眉山）、大九寨、都江堰——青城山；三大旅游品牌——大熊猫、太阳神鸟、农家乐。加快五大旅游新精品——香格里拉生态旅游区、攀西阳光度假旅游区、嘉陵江流域生态文化旅游区、蜀南竹海石海生态度假旅游区、“两湖一山”休闲度假旅游区。推出四大国际旅游精品线路——九环线、成乐环线、西环线、三国文化旅游环线。

省内高速公路：成灌高速、成乐高速、成绵高速、成南高速、成雅高速、成渝高速、达渝高速、隆纳高速、绵广高速、内宜高速、南广邻高速、遂回高速、西攀高速。

跨省公路：理塘—中甸、川甘路、川黔路、川鄂路、川青路、川陕路、川藏路、川滇路。

一、四川旅游线路产品介绍

（一）成都之旅

成都位于中国内地中西结合部“天府之国”的腹地、四川盆地的西部，东西长 192 千米，南北宽 166 千米，面积 12 389.6 平方千米。其中平原占 40.1%，丘陵占 27.6%，山地占 32.3%。成都的气候属于中亚热带湿润季风气候，终年温暖湿润，四季分明，夏无酷暑，冬无严寒，常年葱绿。年平均气温 16.4C，年平均降雨量 997.6～1300 毫米，年平均日照数 1 238.6 小时。成都一年四季适宜旅游，春秋两季到成都旅游最佳。一年中除节庆时间外，4、5、6、9、10、11 月是旅游的黄金季节。

1. 成都之旅精品一日游

（1）杜甫草堂——武侯祠——锦里

行程安排：

上午，游览浣花溪畔的杜甫草堂。

下午，参观纪念三国时期蜀汉君臣的庙堂武侯祠。晚上，在“锦里”煮酒论英雄，品味“休闲成都”。

（2）青羊宫——永陵——文殊院（昭觉寺或大慈寺）

行程安排：

上午，参观青羊宫和永陵。

下午，参观文殊院（或昭觉寺、大慈寺）。

（3）成都动物园——大熊猫繁育研究基地（大熊猫生态公园）

行程安排：

上午，参观成都动物园。

下午，参观大熊猫繁育研究基地。

2. 郊区市县休闲游

（1）成都——都江堰——青城山——龙池三日游

行程安排：

D1：上午，攀登青城山。下午，游览都江堰。

D2：驱车前往龙池，全天游览龙池。

D3：上午继续龙池之游。下午返回成都。

（2）成都——西岭雪山（鹤鸣山——花水湾——刘氏庄园）三日游

行程安排：

D1：从成都驱车前往西岭雪山，途中游览鹤鸣山，中午抵达 西岭雪山。

D2：全天游览西岭雪山，下午或傍晚到花水湾，享受温泉洗浴之美。

D3：上午参观刘氏庄园，下午返回成都。

（3）成都——彭州丹景山——银厂沟三日游

行程安排：

D1：从成都驱车前往彭州市区及丹景山游览，下午抵达银厂沟，夜宿沟口或沟内。

D2：全天游览银厂沟，享受自然之趣，夜宿沟口和彭州市区。

D3：轻松返回成都。

（4）成都——邛崃文君井——平乐古镇——天台山三日游

行程安排：

D1：上午成都至邛崃市区，参观文君井，下午抵达平乐古镇游览，夜宿古镇或天台山。

D2：全天游览天台山，享受自然之趣，夜宿天台山。

D3：轻松返回成都。

（5）成都——成都野生世界——金堂云顶石城——新都宝光寺一日游

行程安排：

上午，成都至成都野生世界、金堂云顶石城。

下午，新都宝光寺，返回成都。

（6）成都——石象湖（或朝阳湖、长滩湖）一日游行程安排：

上午，成都至石象湖（或朝阳湖、长滩湖）。

下午，返回成都。

(7) 成都——龙泉花果山——洛带古镇一日游

行程安排：

上午，成都至龙泉花果山。

下午，游览洛带古镇，返回成都。

(8) 成都——新津纯阳观——观音寺一日游

行程安排：

上午，成都至新津纯阳观。

下午，游览观音寺，返回成都。

3. 成都精品辐射圈旅游专线

(1) 乐山大佛、峨眉山、三星堆三日游

行程安排：

D1：成都——广汉（42 千米），参观三星堆遗址、博物馆、鸭子河，返回成都住宿。

D2：成都——乐山（150 千米），游凌云大佛、灵宝塔、大雄宝殿、壁津楼、凌云栈道，住峨眉山。

D3：早上乘景区交通车至雷洞坪，步行至接引殿乘缆车到金顶观日出、云海、佛光，下午返回成都。

(2) 九寨沟、黄龙（牟尼沟）环线四日游

行程安排：

D1：成都——绵阳——九寨沟，早上从成都出发，经绵阳科技城、李白故居——江油，沿途游平武报恩寺，赏杜鹃山风光，晚抵九寨沟。

D2：游览被称为“童话世界”的九寨沟风光，主要景点有长海、镜海、火花海、珍珠滩等，晚上可以参加具有藏族风情的烤羊篝火晚会（自费）。

D3：九寨沟赴黄龙，途中可观赏岷山主峰雪宝顶，参观岩溶景观——钙化田，赴松潘，住松潘。

D4：松潘（或茂县）——都江堰——成都，途中游览都江堰安澜索桥，返回成都。

(3) 卧龙、四姑娘山五日游

行程安排：

D1：成都——四姑娘山（约 7 小时车程），沿途观赏卧龙河谷风光、巴郎山云海、高山草甸。住四姑娘山酒店。

D2：四姑娘山——双桥沟，游阴阳谷、五色山、日月宝镜、人参果坪、猎人峰、牛棚子、牛心山、野人峰（酒店早餐、晚餐，人参果坪野餐）。住四

姑娘山酒店。

D3：去长坪沟（骑马或徒步），途中参观藏式雕楼、喇嘛庙、头道坪、二道坪、唐柏古道、枯树滩（酒店早餐、晚餐，喇嘛庙野餐）。住四姑娘山酒店。

D4：返回成都，途中由猫鼻梁远眺四姑娘山全景。下午赴卧龙大熊猫自然保护区，参观大熊猫馆，住熊猫山庄。

D5：早返回成都，午餐后送机场。

（4）自贡恐龙、蜀南竹海三日游

行程安排：

D1：成都乘车赴自贡，参观恐龙博物馆、西秦会馆、彩灯馆、井盐，晚上住宿宜宾。

D2：早餐后赴蜀南竹海，游览天宝寨、仙寓湖、忘忧谷、翡翠长廊，住蜀南宾馆。

D3：早餐后参观观云亭、七彩飞瀑、落魂谷。下午返回成都。

（二）九环路

1. 九环路（走九环线）

行程安排：

D1：由成都出发，途中参观李白故里、报恩寺，经川主寺镇抵达九寨沟（若旅途感觉时间紧张，可在川主寺镇住宿）。

D2：全天游览九寨沟。

D3：由九寨沟返回，逛松潘古城，游黄龙（若日程安排宽松，可游览牟尼沟、神仙池，但需要增加一天的时间），夜宿茂县。

D4：返回成都。

2. 九环路（走西线）

行程安排：

D1：由成都出发，约行驶 9 小时左右到九寨沟。

D2：全天游览九寨沟。

D3：由九寨沟返回，游黄龙或牟尼沟、神仙池，夜宿茂县。

D4：返回成都。

若要游览神仙池，需要增加一天的时间。

（三）峨乐线

成都——乐山大佛——峨眉山一线，是四川宗教文化与山水文化结合极佳的一条经典旅游线路，这里的青山秀水与历史文化，匹配得体，陪衬自然。

1. 峨乐线（两日游）

行程安排：

D1：成都至乐山，游乐山大佛、凌云寺、乌尤寺，晚宿峨眉山脚。

D2：乘车游览峨眉山，当日返成都。

2. 峨乐线（三日游）

行程安排：

D1：成都至乐山，途中可游览三苏祠堂，然后游乐山大佛、凌云寺、乌尤寺，晚宿峨眉山脚。

D2：乘车游览峨眉山，晚宿金顶。

D3：游览峨眉山，返回成都。

3. 乐山——五通桥——罗城古镇一线（两日游）

行程安排：

D1：由乐山出发，驱车 25 千米直抵五通桥游览，下午前往罗城古镇，夜宿犍为县城。

D2：上午游览古镇，下午返回眉山或成都。

4. 眉山——夹江千佛岩（或丹棱县）——瓦屋山一线（两日游）

D1：眉山出发，途经夹江并游览千佛岩（经丹棱县直抵瓦屋山），下午抵瓦屋山，夜宿瓦屋山。

D2：全天游览瓦屋山，傍晚返回眉山。

（四）西环线

1. 西环线

西环线：成都——都江堰——卧龙——四姑娘山——小金——丹巴美人谷——康定——海螺沟——雅安——成都，全程近 1000 千米，需要 7 ~ 8 天时间，并可延伸至雅江、理塘而直抵稻城亚丁风景区。主要以纯正的自然风光和独特的民族风情而享誉中外。

行程安排：

D1：成都出发，途中参观都江堰、卧龙，夜宿卧龙。

D2：从卧龙赴四姑娘山游览，夜宿四姑娘山。

D3：全天游览四姑娘山，夜宿四姑娘山。

D4：从四姑娘山出发，途经小金抵达美人谷，夜宿丹巴。

D5：从丹巴经八美镇、塔公乡、新都桥镇赴康定，夜宿康定。

D6：游跑马山，经泸定县抵海螺沟，夜宿海螺沟。

D7：游海螺沟，下午经泸定、天全抵达碧峰峡，夜宿碧峰峡（若时间宽裕，可顺道游览贡嘎山）。

D8：游碧峰峡，下午或傍晚返回成都。

2. 稻城亚丁环线

行程安排：成都至稻城 800 多千米，稻城至亚丁 110 多千米。

D1：成都乘车经康定到新都桥，夜宿新都桥。

D2：新都桥至稻城。

D3：稻城至亚丁，游览亚丁景点，宿亚丁。

D4：继续游览亚丁，下午乘车返回稻城，宿稻城。

D5：稻城至康定，宿康定。

D6：由康定返回成都。

（五）川南环线

川南环线：成都——内江——自贡——宜宾——泸州——成都，全程700多千米，需要5~7天。川南环线经过了内江、自贡、宜宾、泸州等城市，旅游开发较早、接待设施完善、游览线路成熟，是四川较早推出的精品旅游线路之一。

行程安排：

D1：成都沿成渝高速公路经内江至自贡，游览自贡恐龙博物馆及盐业历史博物馆（西秦会馆），晚宿自贡。

D2：由自贡沿内宜高速公路赴宜宾，参观流杯池、真武山庙群等，下午赴蜀南竹海，夜宿竹海。

D3：全天游览竹海。

D4：赴兴文石林，下午游览石林，夜宿石林或兴文县城。

D5：驱车前往泸州，经合江抵达佛宝，游佛宝风景区，夜宿泸州。

D6：由泸州北行30余千米，游览玉蟾山，下午可直接驱车返回成都。

（六）三国旅游线

四川是我国古代魏、蜀、吴三国文化遗迹保存最多的省份之一，主要分布在川北沿线，如庞统寺、白马关、富乐山、剑门关等，该旅游线路为热衷于三国文化遗迹的专家、游客提供了探访、参观的场所，也是四川旅游精品线路之一。

四川三国旅游线：成都武侯祠——广汉三星堆——德阳庞统祠——绵阳富乐山——江油或梓潼——剑门蜀道——广元，由广元返回成都或广元经阆中、南充返回成都。

行程安排：

D1：由成都出发，途中参观广汉三星堆、德阳庞统祠，下午抵达绵阳。若时间宽裕，可游览富乐山，夜宿绵阳。

D2：游览完富乐山后驱车前往江油或梓潼，参观江油的窦圌山、太白故里。或参观梓潼的七曲山大庙，夜宿江油或梓潼。

D3：前往剑门关，沿途感受蜀道古韵，夜宿广元。

D4：游览广元的皇泽寺、千佛崖，傍晚返回成都。

（七）攀西阳光之旅

攀西气候温暖，全年日照时间1200~2700小时，为南亚热带温暖气候；是民族迁徙的走廊之一；拥有彝族风情和摩梭文化。攀西阳光之旅是四川重点打造的旅游精品线路之一。

攀西阳光之旅：成都——西昌（卫星发射中心和邛海）——泸沽湖——攀枝花——红格温泉——二滩国家森林公园，最好经攀枝花返回成都。

行程安排：

D1：由成都出发，乘机抵达西昌，下午游览邛海、泸山，参观凉山州彝族奴隶社会博物馆，夜宿西昌。

D2：参观卫星发射中心；夜宿西昌或发射中心（若时间许可，可由西昌乘车到螺髻山进行探险之旅，需4～5天的时间）。

D3：前往泸沽湖游览，下午返回西昌，搭乘晚上的列车赴攀枝花。

D5：享受红格温泉的康体之乐，夜宿攀枝花。

D6：上午前往二滩水电站参观，下午或傍晚乘飞机返回成都。

（八）红色之旅

1. 成都、九寨沟、松潘、红原草地、腊子口、宕昌、定西、兰州9日游

D1：早餐后赴九寨沟，途经“诗仙”李白故里——江油，抵“国宝”大熊猫故乡、边关古城——平武（午餐），欣赏迷人的白马藏族风情，翻越四季景色宜人、海拔3000多米的杜鹃山，抵九寨沟（成都至九寨沟约440公里，行车时间约为10小时；绵阳至九寨沟约为330公里，行车时间约为8小时）。住九寨沟。

D2：早餐后换乘景区环保车漫游如诗如画的九寨沟，领略原始森林之雅趣，赏叹为观止的彩色水世界——树正沟：芦苇海、盆景滩、树正群海、树正瀑布、卧龙海、火花海、诺日朗瀑布等；日则沟：镜海、珍珠滩瀑布、五花海、熊猫海、熊猫海瀑布等；则渣洼沟：季节海、五彩池、长海、老人柏。晚可自费欣赏藏羌歌舞表演。（游览时间早8：30分进沟，下午5：00出沟。）住九寨沟。

D3：九寨沟乘车至黄龙（130公里），参观高原水晶原产加工地、绿色高原食品——牦牛肉加工厂，在高原重镇——川主寺午餐，游览红军长征纪念碑园，翻越4200米左右的雪山梁，远眺岷山山脉主峰——海拔5588米的雪宝顶，至黄龙景区游“人间瑶池”——黄龙风光：迎宾池、洗身洞、飞瀑流辉、争艳池、金沙铺地、黄龙寺、五彩池（黄龙游览时间约为3个小时左右，若因天气原因无法游览黄龙景区，则改游牟尼沟——扎嘎瀑布）。住松潘。

D4：早餐后乘车赴红原县，参观红原烈士陵园，之后游览著名的红原大草原、湿地、沼泽（以前红军曾走过的草地）。住红原。

D5：早餐后前往若尔盖的唐克，参观著名的九曲黄河第一湾，乘车至若尔盖班佑寺，参观巴西会议会址。住若尔盖。

D6：早餐后前往甘肃省，参观甘南藏族自治州迭部县腊子口战役遗址，前往陇南地区宕昌县哈达铺红军长征纪念馆；前往岷县县城。住岷县。

D7：早餐后乘车前往定西，游览定西市“岷州会议”纪念馆。住定西。

D8：早餐后前往兰州，参观白塔山、中山桥、黄河母亲塑像。住兰州。

D9：早餐后，游览兰州市战关区八路军驻兰州办事处旧址。乘飞机返回。

2. 都江堰、夹金山、康定、泸定桥、海螺沟、安顺场6日游

D1：早餐后乘观光车进往锦翠画廊——双桥沟游览（主要景点：阴阳谷、三锅庄、人参果坪、日月宝镜岩、五色山、猎人峰、尖人山、老鹰岩、牛心山、野山峰等），后换乘观光车游览长坪沟（这里生态资源丰富，原始森林密布，是天然的“洗肺场”，无论您是信步漫游或骑马观赏，都能使您拥有“林深不知处”的感觉）。住日隆。

D2：早餐后乘车往丹巴，途中参观达维会师桥，红军翻越的第一座大雪山——夹金山，抵达丹巴县城游览。在素有东方金字塔美誉的“梭坡古碉”等景点参观，在革命烈士纪念碑下合影；远观嘉戎藏寨。住丹巴。

D3：从丹巴驱车前往素有“摄影者天堂”之称的新都桥，壮美的景致就在此段路途中；沿途有冬谷天然美景、屠龙滩红石阵、热水塘温泉、雄伟的亚拉雪山、景致别样的八美变色石林、木雅金塔、“菩萨喜欢的地方”塔公草原，司导人员会配合团员停车摄影、摄像。抵达康定。住康定。

D4：早餐后游览跑马溜溜的山、木格措景区，之后乘车前往泸定桥参观、留影，在泸定桥缅怀革命烈士们的丰功伟绩后到达海螺沟。住磨西。

D5：清晨，在日照金山的美景中醒来，观赏冰谷风光及原始森林，领略海螺沟自然的神韵；从三号营地步行至大冰瀑布，足踏实地旅游冰川，观赏金银雪山、冰裂、冰石蘑菇、城门洞等冰川奇观。住磨西。

D6：早餐后沿大渡河湍流前进，来到红军强渡大渡河渡口——安顺场，参观红军革命纪念馆。在世界上最大的峡谷——大渡河河谷中穿行。在彩虹桥处观景留影，随后返回成都。

3. 昆明、会理、攀枝花、冕宁、西昌双飞8日游

D1：乘飞机赴昆明，中午抵达，午餐后乘车赴位于昆明市东北郊的寻甸县柯渡镇丹桂村（80公里，2小时），参观云南省省级保护单位“丹桂村中央红军总部驻地旧址”，红军长征纪念馆，参观革命文物图片和资料展，再现当年历史原貌，参观时间约为40分钟。乘车返昆明（80公里，2小时）入住酒店休息。住昆明。

D2：早餐后乘车前往位于昆明市西北方向的禄劝县，再乘车赴禄劝县最北边的皎平渡口，参观皎平渡红军长征渡江纪念碑。乘车返回昆明。住昆明。

D3：游览闻名世界的石林风景区，品尝云南风味自助餐，感受民族风情，游览金马碧鸡坊。住昆明。

D4：早餐后参观云南师范大学校园内“一二·一”四烈士墓、纪念馆，游览世博园，观赏美丽的热带植物，下午17：00乘火车硬座前往攀枝花，晚21：00抵达，入住酒店休息。住攀枝花。

D5：早餐后乘车前往凉山州会理县（100公里，2小时），参观设于城内

北街文化馆内的红军长征陈列馆，馆内陈列红军巧渡金沙江、召开会理会议、建立苏维埃打富济贫等大量图片实物，晚徜徉于市区繁华闹市，自费品尝美味小吃。住攀枝花。

D6：乘车赴二滩水电站（40 公里，40 分钟），游览宏伟的大坝——亚洲第一、世界第三的双曲拱大坝、巨大的地下发电厂房等，还可自费乘船游览水库美丽的风光，乘车赴西昌（250 公里，3 小时），入住酒店。住西昌。

D7：乘车赴位于冕宁县城以北 40 公里羊坪山上的彝海（90 公里，1 小时 30 分钟），参观刘伯承和彝族首领小叶丹歃血盟誓纪念地，游览彝海自然风景区，返回时游览闻名中外的西昌卫星发射基地，参观我国惟一发射地球同步卫星的航天基地：指挥控制大厅、发射塔架、长征三号火箭实体、科技公园，观看卫星发射实况录像，感受我国航天高科技的神秘力量。住西昌。

D8：乘飞机返回。

4. 成都、广安、华蓥山，阆中古城、仪陇、巴中、开县、重庆 7 日游

D1：早餐后从成都乘车赴小平故里——广安（约 477 公里，行车时间约为 4 小时），游览邓小平纪念园：小平故居、铜像广场、故里陈列室、德政坊、神道碑……后前往佛手山风景区参观邓家祖坟（游览时间约为 40 分钟左右），晚餐后根据时间游览思源广场、世界最大青铜宝鼎。住广安。

D2：早餐后前往著名风景区 ——华蓥山（行车时间约为 1 个小时左右），游览中华大盆地——奇特的喀斯特地貌形成的石林，饱览石林胜景（游览时间约为 3 个小时）、溶洞等自然风光后参观“双枪老太婆”陵墓、游击队靶场，《新华日报》纸厂众多革命纪念遗址，后乘车赴阆中（行车时间约为 4 小时）。住阆中。

D3：早餐后游览中国四大古城之一——阆中，由状元坊下车径直入城，步行穿越数条整齐洁净、绿树掩映的青石板古街，细细品味千年古城的独特神韵，游览桓侯祠（张飞庙）、川北道贡园、胡家茶院、杜家客栈、华光楼（游览时间约为 4 小时），后乘车赴开国元勋朱德元帅故乡——仪陇（约 120 公里，路况为二级路面，行车时间约为 4 小时）。

D4：早餐后游览朱德纪念馆、世界最大单字“德”石刻、金粟书岩（游览时间约为 1 小时 30 分钟），后乘车至马鞍（约 1 个小时）朱德父母故居，游览朱德故里、诞生地、朱德父母旧居陈列室、朱世琳墓、丁家大园、朱德少年读书处药铺小学，后乘车赴巴中通江（约 180 公里）。住通江。

D5：早餐后参观红四方面军总指挥部旧址，乘车至玉坪（约 30 公里），参观川陕苏区（全国最大）红军烈士陵园，参观全国最大野外红军石刻——赤化金川，乘车赴巴中（约 100 公里）。住巴中。

D6：早餐后，进入重庆，途经开县刘伯承同志纪念馆、沙坪坝区歌乐山革命烈士陵园，至江津县聂荣臻元帅陈列馆，返回重庆。

D7：早餐后，游览白公馆、渣滓洞、红岩纪念馆，返回成都。

二、成都某旅行社旅游线路精选

（一）激情山水之旅——朝圣名山名佛，体验风土人情

1. 名人故里行

行程安排：

D1：成都接团

游巴金故里或李劼人故居，入住酒店。

D2：成都——眉山——乐山

乘车前往眉山市游览三苏祠，著名的“三苏”苏洵、苏轼、苏辙故居就在此地。午餐品尝眉山名菜“东坡肉”。下午随即前往乐山沙湾，瞻仰我国现代大文豪郭沫若先生故居，参观郭老的故居、纪念馆和书社，重温郭老辉煌的一生，夜宿乐山。

D3：乐山——峨眉山

游览千年乐山大佛，下九曲栈道，体会“山是一尊佛，佛是一座山”，午餐后驱车至峨眉山，下午参观报国寺、伏虎寺，夜宿峨眉山。

D4：峨眉山——金顶——成都

游览峨眉山金顶、华藏寺、卧云庵、舍身崖，下午返回成都，夜宿成都。

D5：成都送团

游武侯祠、杜甫草堂，午餐后送团。

2. 体验之旅

行程安排：

D1：成都——乐山

乘车至乐山，观千年乐山大佛，游凌云、九曲栈道，远眺睡佛，欣赏佛乐，夜宿乐山。

D2：乐山——黑竹沟

驱车至西南幽谷黑竹沟，在幽凉的林趣中体会西部百幕大的神奇和刺激，晚上观彝族风情表演，泡浪漫温泉，洗去一天的疲劳。夜宿黑竹沟。

D3：黑竹沟——峨眉山

驱车至峨眉山，游万年寺，拜峨眉山普贤菩萨，游白娘子修道之地白龙洞，后至生态猴区赏仙山灵猴，夜宿峨眉山。

D4：峨眉山——成都

晨游报国寺、伏虎寺，撞晨钟、上头香，返成都，夜宿成都。

D5：成都送团

游览道教圣地青羊宫、佛教圣地文殊院，午餐后送团。

3. 茶艺之旅

行程安排：

D1：成都接团

顺兴老茶馆品茶，入住酒店。

D2：成都——乐山

沿途观夹江天福茶文化区，至乐山后游千年大佛，下九曲栈道，体会“山是一尊大佛，佛是一座山”，欣赏佛乐表演，夜宿乐山。

D3：乐山——峨眉山

驱车至峨眉山，游万年寺、报国寺、伏虎寺，晚餐后观赏竹叶青茶博园、品茶艺、体验川西独特茶馆文化，夜宿峨眉山。

D4：峨眉山——成都

驱车至仙芝竹观光茶园，后返蓉，夜宿成都。

D5：成都送团

游杜甫草堂、望江公园，午餐后送团。

4. 蜜月之旅

行程安排：

D1：成都接团

送新人玫瑰致喜，入住酒店。

D2：成都——乐山

驱车至乐山，于乐山三江汇合处参加“拜千年大佛、圆百年好合”仪式，后游大佛，下栈道，远眺睡佛，感受“天人合一”的意境，夜宿乐山。

D3：乐山——峨眉山

驱车至峨眉山金顶，沿途感受天地灵毓造化，于金顶举行“3099，一生不变”仪式，系同心锁，由眼前瞬间的触动变为心灵恒久的感动，让山水作证，夜宿峨眉山。

D4：峨眉山——成都

蜜月上九寨或温馨下三峡。

5. 乐山风物之旅

行程安排：

D1：成都接团

入住酒店。

D2：成都——夹江——乐山

驱车至夹江，观赏千佛岩、宣纸博物馆、瓷厂，夜宿乐山。

D3：乐山——沙湾

观千年乐山大佛，游凌云、九曲栈道，远眺睡佛，欣赏佛乐，午餐西坝豆腐。后驱车至犍为，乘坐蒸汽小火车，游茉莉花种植园。后驱车至沙湾，夜宿沙湾。

D4：沙湾——峨眉山

驱车至龚嘴电站景区游览，后至郭沫若旧居游览。驱车至峨眉山，夜宿峨眉山。

D5：峨眉山——成都

游万年寺、报国寺、伏虎寺，晚餐后返回成都。

D6：成都送团

游览锦里一条街，午餐后送团。

6. 世界遗产黄金线路

行程安排：

D1：成都——峨眉山

驱车至峨眉山五显岗停车场，徒步至青音阁，经一线天，观峨眉山野生灵猴，到洪椿坪，全程约 8 公里。

午餐后徒步约 15 公里至九老洞，夜宿九老洞。

D2：九老洞——金顶——万年寺

徒步经洗象池、雷洞坪到接引殿（约 22 公里），然后换乘缆车上金顶，观云海、佛光，游金顶华藏寺、卧云庵，观金顶自然风光，后驱车前往万年寺游览，夜宿万年寺。

D3：峨眉山——乐山

驱车前往报国寺、伏虎寺、游人中心、博物馆游览，后驱车至乐山，游大佛寺，观大佛，游凌云栈道、麻浩崖墓、乌尤寺、东方佛都，船游岷江观大佛，夜宿乐山。

D4：乐山——成都

上午远眺睡佛后返回成都，下午送团。

7. 胜景专游

行程安排：

D1：成都——乐山

游大佛寺，观大佛，游凌云栈道、麻浩崖墓、乌尤寺、东方佛都，船游岷江观大佛，远眺睡佛后驱车至峨眉山，报国寺品斋，晚餐后报国寺凤凰堡听“圣积晚钟”，夜宿伏虎寺。

D2：峨眉山

游伏虎寺、报国寺、游人中心、博物馆，观“萝峰晴云”（伏虎寺附近）、赏“灵岩叠翠”（报国寺附近），后驱车至万年寺，赏“白水秋风”，后驱车至接引殿，换乘缆车上金顶，观云海、佛光、圣灯，夜宿金顶。

D3：峨眉山——成都

早上观日出、游金顶。后驱车至五显岗游“双桥清音”，返回成都，夜宿成都。

D4：成都送团

游览大熊猫生态公园，午餐后送团。

8. 常规旅游线路推荐 A

行程安排：

D1：成都接团

入住酒店。

D2：成都——乐山

早餐后至乐山，观千年古佛乐山大佛，下九曲栈道，体会“山是一尊佛，佛是一座山”，游东方佛都、乌尤寺，欣赏佛乐表演，夜宿乐山。

D3：乐山——峨眉山——成都

早餐后至峨眉山，登万年寺、拜普贤保平安，游白娘子修道之地白龙洞，游清音阁、逗仙山灵猴，后返回成都，夜宿成都。

D4：成都送团

晨游道教圣地青羊宫、佛教名刹文殊院，午餐后送团。

9. 常规旅游线路推荐 B

行程安排：

D1：成都接团

入住酒店。

D2：成都——乐山

早餐后至乐山，游大佛寺，观大佛，登凌云栈道，体会“山是一尊佛，佛是一座山”，游东方佛都、乌尤寺，欣赏佛乐表演，夜宿乐山。

D3：早餐后至峨眉山金顶，观云海、日出、佛光、圣灯，游华藏寺、卧云庵、舍身崖，俯瞰川西平原秀美风光，远眺贡嘎山、瓦屋山，夜宿峨眉山金顶。

D4：峨眉山——成都

早餐后至万年寺，拜普贤菩萨，游白龙洞、清音阁，逗仙山灵猴，返回成都，夜宿成都。

D5：成都送团

早餐后游道教圣地青羊宫、佛教古刹文殊院，午餐后送团。

本章小结

本章共分三节分别介绍了旅行社产品的概述、旅行社旅游线路设计与开发、四川旅游线路的设计与开发三部分内容。

首先讲述了旅游产品是满足旅游者需要的各种有偿服务的总和；主要由

旅游交通、旅游住宿、旅游餐饮、游览观光、娱乐项购物项目构成；按照不同标准分为团体旅游产品、散客旅游产品，包价旅游产品、非包价旅游产品，观光旅游产品、度假旅游产品、专项旅游产品（特种旅游产品），豪华等、标准等、经济等旅游产品，国内旅游产品、国际旅游产品；具有无形性、生产与消费的同步性、季节性、综合性、不可储存性、不可转移性的特点；会展旅游产品的申办、签约、计划活动推广、募集赞助、现场管理、签到注册程序。

其次讲述了旅游线路是旅游业对游客的各种旅游活动所必需的时间和空间的安排；旅游线路分为空间纬度、时间纬度、成本纬度、活动纬度；旅游线路设计是旅游企业对旅游线路具体内容进行规划设计的全过程；旅游线路设计的程序是概念性线路设计、操作性线路设计、线路检验、线路修订完善；旅游线路设计要考虑心理、自然、成本因素；旅游线路设计要遵循总体规划、市场导向、社会导向、经济原则，并作为一种战略思想、一种理念将贯穿于旅游企业的各项活动；旅游线路设计的优化主要依靠经验积累、主管判断，做实验选方案、比优劣定决策，建立数学模型，求解最优策略。最后讲述了出境游、入境游、国内游等旅游线路及四川常规旅游产品、特色旅游产品、创新旅游产品等旅游线路知识。

复习思考题：

1. 如何理解旅行社产品的内涵？
2. 旅行社产品有哪些类型？
3. 旅行社产品的特点是什么？
4. 旅行社产品的构成要素是哪些？
5. 如何理解旅行社旅游线路的内涵？
6. 旅行社旅游线路有哪些类型？
7. 旅游线路设计的概念是什么？
8. 旅游线路设计的程序是什么？
9. 旅游线路设计应遵循哪些原则？
10. 简述四川的常规旅游产品、特色旅游产品、创新旅游产品。

实训题：

1. 结合四川旅游市场特点，为成都某旅行社设计“成都一日游”、“成都两日游”、“四川世界遗产五日游”各一条线路。

2. 结合中国旅游市场特点，为成都某海外旅行社设计“加拿大考察十日游”、“昆明、大理、丽江、泸沽湖八日游”、“大小三峡三日游”各一条线路。

案例题：

贡嘎山，位于四川康定城南 55 公里，海拔 7590 米，是四川和我国中部地区第一高峰。藏语“贡”即“冰雪”，“嘎”即“白色”之意，贡嘎山被藏民称为“山中之王”。

贡嘎山，由浅绿色花岗闪长石构成，雪山起伏，冰川峥嵘。有规模最大的海螺沟冰川，与森林灌木衔接；也有星罗棋布的冰川湖，像一颗颗高原明珠。

贡嘎山，属于垂直气候，自下而上除热带外各种自然带都有，生物资源极其丰富，有云杉、冷杉等原始森林，生活着金丝猴、小熊猫、熊、扭角羚等动物。

贡嘎山，不仅以高险的山峰吸引探险家和登山爱好者，而且为生物、地理等学科研究工作提供了天然的试验地。

请你根据以上资料设计一个体育旅游产品。

第四章
旅行社产品的营销策略

导学提示：

本章主要讲述旅行社产品营销策略（4P）中，除旅行社产品（Product）外的其余3P：旅行社产品的价格策略（Price），旅行社销售渠道策略（Place），旅行社的促销策略（Promotion），明确了这三方面的内容和相互的联系。本章的重点在第一节，即旅行社产品的价格制定，这是旅行社必须练好的“内功”，往往是旅行社可以控制的；而真正的难点在第二、三节的内容，即销售渠道和促销策略，这属于旅行社的“外功”，不可控的因素很多，对于旅行社来讲充满了机会和挑战。

知识培养：

通过本章的学习，您将了解到旅行社产品的销售过程：价格是怎样制定的，产品是通过什么途径销售的，以及是如何销售的等实际问题。这一过程是旅行社营销策略的核心，具有极强的现实性和应用性。

能力培养：

在此基础上，通过本章的案例分析，您可以初步具有应用所学知识来解决现实工作中所面临的各种问题的能力。

实训要求：

通过本章实训操作的模拟和启迪，将帮助您在实际工作中勇于开拓和创新，做出更加出色的成绩。

第一节　旅行社产品的价格策略

一、旅行社产品价格的概念

在现代市场经济条件下，旅游者要进行旅游活动，满足其吃、住、行、游、购、娱等多方面的要求，必然要购买各种各样的旅行社产品，必然要按一定价格支付相应数量的货币，可以说，所谓旅行社产品价格就是旅游者所购买的旅行社产品的价格，是旅行社产品价值的货币表现。而对旅行社产品价格概念的理解需要注意以下三点：

第一，旅行社产品价格是指旅行社产品的价值体现，而旅行社产品是一种特殊形式的产品，它既不完全是劳动的产物，也不完全是自然物，既不完全是有形物品，也不完全是无形物品，它是一个综合性的概念，是凭借一定的自然物，由许多实物和服务组合形成的。

第二，旅行社产品价格是旅行社产品价值的货币表现，旅行社产品的特殊性决定了旅行社产品价值计量的复杂性。在旅游活动中，旅游者可以根据各自的需要，按不同的价格水平，购买不同形式的旅行社产品，但无论旅游者购买的是单价形式的旅行社产品，还是包价形式的旅行社产品，旅行社产品价格总是旅行社产品价值的货币表现。

第三，在目前的旅游市场上，旅行社产品价格一般是指旅行社产品基本部分的价格，主要包括旅行社向旅游者提供的住宿、饮食、交通、游览和娱乐活动等方面的价格。

二、旅行社产品价格的构成

旅行社产品价格是一个由众多单项价格组成的综合体系，从不同的角度，我们可以将其分为若干类型：

（一）按价值形式，旅行社产品价格可以分为成本和利润两部分

成本指生产旅行社产品的各项耗费，既包括物质材料的耗费，也包括人员劳动的耗费。盈利则是旅行社产品价格除去成本后的剩余部分，是旅行社职工所创造的超过其劳动力耗费的那一部分价值，包括税金、利润、利息、保险费等。

（二）按购买方式，旅行社产品价格可以分为单项价格和统包价格

旅游者根据自己的需要、偏好和支付能力可以选择不同的购买方式。如果旅游者采取一次性购买的方式，旅行社产品价格就表现为统包价形式；如果旅游者选择零星购买的方式，旅行社产品价格就表现为单项价格形式。统包价是旅行社向旅游者提供的旅行社产品基本部分的价格，主要包括三部分：往返交通费、旅游地提供的旅行社产品的价格和旅行社利润与费用。统包价是带有一定折扣的旅游价格，其成本就是各单项价格之和。单项价格是指旅游活动中各个具体项目的价格，如客房价格、餐饮价格、机票价格、车船票价格、门票价格等。随着旅游活动的发展和旅游方式的演进，旅行社产品价格形式也出现了一些变化：统包价的形式相对减少，单项价和小包价的形式有所扩大，越来越多的旅游者愿意购买只含机票和饭店费用的小包价，而其他内容则以单项价的形式购买。如近年来兴起的海南、丽江、香港、马尔代夫

等成熟旅游目的地的"旅游自由人"形式，就受到了旅游市场，特别是年轻人的欢迎和追捧。

（三）按旅游范围，旅行社产品价格可以分为国际旅行社产品价格和国内旅行社产品价格

1. 国际旅行社产品价格中统包价由以下部分组成：

（1）国际交通费。其费用大小由客源国与目的国之间的距离和旅游者乘坐的交通工具决定，以各国航空公司、远洋船运公司、铁路公司公布的价格为依据，但对旅行社来讲往往是折扣价格，而其中的折扣通常就是旅行社利润的主要来源。

（2）接待国向旅游者提供的旅行社产品基本部分的价格。具体包括旅游者在旅游目的地的交通费、住宿费、餐饮费、参观游览费、文娱活动费、翻译导游费等，其价格高低取决于逗留时间、旅行等级和旅游活动内容等。

（3）旅行社的管理费用和盈利。旅行社的管理费用包括旅行社为维持业务活动必须支付的房租、水电费、广告宣传费、设备维修费、雇员的工资等。旅行社的盈利包括向政府缴纳的税金、旅行社的利润及借款利息等。

随着旅游活动的不断发展和旅游方式的变化，国际旅行社产品价格构成中，单项购买和小包价被越来越多的旅游者所选择。一些国际旅游者趋向于只预定机票和饭店，从而使得国际旅行社产品价格出现多种形式并存的局面。

2. 国内旅行社产品价格除交通费不是国际交通费而是国内的交通费，没有翻译导游费等之外，其构成与国际旅游价格大致相同。目前，包价旅行社产品是我国旅游者的主要选择，其原因主要是在旅游业发展的初始阶段，旅游者的时间、收入约束力强，旅游经验不足，购买的旅行社产品以观光型为主。随着旅游业的发展和旅游者的成熟，小包价的旅游必然会显现出越来越强的生命力。

我国旅游业走的是一条优先发展国际入境旅游，然后发展国内旅游和出境旅游的非常规性道路，由此决定了我国旅游价格体系的特殊性。具体表现为，国际旅行社产品价格标准是针对国际旅游者制定的，国内旅行社产品价格标准则是针对国内居民制定的，两者在国内机票、火车票、景点门票乃至饭店价格等方面存在着明显的差别。随着我国旅游业的国际化进程，这种二元现象正在逐步消失，应该说，我国旅游业已开始进入正常的发展轨道。

（四）按旅游者需求

不同旅游者所需的产品内容不同，价格也不同。比如近年来兴起的自备车辆参加"自驾游"的旅游者，其交付的产品价格中就不包含交通费，但会增加与汽车有关的过路过桥、停车等费用。

三、旅行社产品价格的特点

旅行社产品价格是旅行社产品价值的货币表现，旅行社产品的特殊性决

定了旅行社产品价格具有与众不同的特点，主要表现在以下三个方面：

（一）综合性

旅行社产品价格的综合性是由旅行社产品的综合性决定的。旅行社产品的综合性主要表现在两个方面：第一，旅行社产品是由各种资源、设施和服务构成的产品。第二，旅行社产品是由众多行业和部门共同生产所形成的。

（二）非垄断性

旅行社产品大多数都具有较大的历史意义和社会价值，其中很多旅游吸引物都是公共资源，能被其他旅行社所利用和效法，使得旅行社产品的价格一般表现为非垄断价格，旅行社之间的竞争价格常常雷同、模仿，甚至导致恶性价格竞争。

（三）波动性

旅游活动具有季节性的特点，在淡季，游客数量减少，购买力下降，旅行社产品供过于求；在旺季，游客数量增加，购买力上升，旅行社产品供不应求。这种因游客数量增减所导致的产品供求变化，必然引起旅行社产品价格的季节波动。

另外旅游亦是一种非必需的消费活动，旅游者在购买旅行社产品时具有较大的随意性，加上其他相关因素的影响，使得旅行社产品的销售常常大起大落，由此也引起旅行社产品价格的不规则波动。例如，2003 年春天的一场突如其来的“非典”灾难，就致使我国旅行社产品的价格在国际市场上一落千丈，有些常规线路如长江三峡三日游，价格降幅达 50%～60%，但依然乏人问津。

四、旅行社产品价格的制定及其影响因素

（一）旅行社产品价格制定的理论基础

商品是使用价值和价值的统一体，旅行社产品同样也具有使用价值和价值，无论是有形的物质产品，还是无形的服务，都具有一定的价值，其价值量大小也是由社会必要劳动时间决定的。在不同的国家或地区，由于经济发展水平不同，劳动生产率差异较大，生产同一旅行社产品所需的劳动耗费不同。劳动生产率较高的国家或地区，生产同一旅行社产品所需的劳动耗费较少，产品中蕴含的价值量则较小；劳动生产率较低的国家或地区，生产同一旅行社产品所需的劳动耗费较多，产品中蕴含的价值量大。

在国际旅游市场上，旅行社产品价值是以国际社会必要劳动时间来计量的。劳动生产率高的国家或地区，生产某一旅行社产品的个别劳动时间少于国际社会必要劳动时间，但其产品仍然按国际社会价值决定的价格出售，不仅可以获得平均利润，还能获得超额利润；劳动生产率较低的国家或地区，生产某一旅行社产品的个别劳动时间多于国际社会必要劳动时间，但其产品

也须按国际社会价值决定的价格出售，因而只能获得较少的利润甚至亏损。

与一般商品不同的是：有的旅行社产品为古代劳动人民生产或创造，劳动耗费巨大，历史文化意义深厚，但是由于年代久远，其价值无法精确计算，一般按照较大的价值估量；有的旅行社产品或成本原料昂贵，或制作工艺复杂，或技术手艺精湛，本身即凝结着较大的价值量。因此，较高的旅行社产品价格是有其价值依据的，旅行社产品的经营者由此所获得的利润，既有古代劳动人民创造的一部分价值，也有当代劳动者创造的一部分价值。

需要说明的是，有些旅行社产品具有一定的稀缺性和垄断性，产品价格一般高于实际价值，旅行社产品的经营者除平均利润外，还可以获得一定的垄断利润。诚然，这些旅行社产品的经营者一般多是国家授权的部门或企业，由此获得的垄断利润也就成为国家财税收入的一部分。

与一般商品相同，旅行社产品的价值也是由成本和利润两部分构成的，成本是指生产旅行社产品的各项耗费，它既包括物质材料的耗费，也包括人员劳动的耗费；利润是指旅游业职工创造的新价值中扣除其劳动耗费后的余额部分，它包括税金、贷款利息和旅游企业的盈利等。旅行社产品的成本是旅游企业简单再生产的基本费用，若旅行社产品价格低于成本，旅游企业就会亏损、萎缩甚至倒闭。因此，成本是制定旅行社产品价格的最低界限。然而，收回成本只是旅行社生存的基本条件，追求利润才是旅行社的根本目标。为此，旅行社产品的价格就必须高于生产成本，以旅游者的购买力和心理承受程度作为旅行社产品价格的上限。

（二）旅行社产品的供求关系导致市场价格的形成

价格的基础是价值，价值量的大小决定价格的高低。同时，价格又受到供求关系的影响，旅行社产品的供求关系导致了市场价格的最终形成。

在产品价值量一定的情况下，旅行社产品的市场价格由供给与需求的相互关系来确定。当供给减少时，价格上升；供给增加时，价格下降。当需求增加时，价格上升；需求减少时，价格下降。而旅行社产品的价格水准又会反作用于供求关系。

受自然、社会、政治、经济、文化、心理等各种因素的影响，旅行社产品的供求关系常常会发生较大的变化。与旅游供给相比，旅游需求具有更大的弹性，上述任何一种因素的变化，都会引起旅游需求的剧增或锐减，使得旅行社产品供不应求或供过于求，从而导致旅行社产品价格的上升或下降。因此可以说，旅行社产品的市场价格一方面由旅游供求关系所左右，另一方面又对旅游供求矛盾产生一定的调节或缓解作用。

（三）影响旅行社产品价格的其他因素

在现实工作中，旅行社产品价格除了由产品价值量和供求关系决定外，还受到许多其他因素的影响，这些因素主要有：

1. 货币价值对旅行社产品价格的影响

价格作为价值的货币表现，一方面取决于旅行社产品的价值量，另一方面取决于货币代表的价值量。当旅行社产品的价值量不变时，货币价值量的增加或减少会引起旅行社产品价格相应的变化。

旅行社产品价格与一个国家或地区的货币价值有着直接的联系，在其他条件不变的情况下，一国的通货膨胀率与旅行社产品价格成正比关系。造成通货膨胀的直接原因是货币发行量过多，当纸币发行量超过流通中需要的货币量时，货币所代表的价值量就会下降，物价就会上涨。通货膨胀率越高，旅行社产品价格越高；通货膨胀率较低，旅行社产品价格则较低。

旅游是一项国际性的经济活动，某国居民到另一个国家去旅游，必须将本国货币兑换成外币。因此，在国际旅游活动中，旅游者所购买的旅行社产品的价格，不仅取决于旅游接待国的币值，还取决于旅游客源国与旅游接待国的货币汇率。在其他条件不变的情况下，本国货币汇率的上升，旅行社产品价格相对上升；本国货币的汇率下降，旅行社产品价格相应下降。当某国货币大幅度贬值时，旅行社产品价格会随之上涨，但由于货币贬值所引起的汇率下跌，又会导致旅行社产品价格的相对下降。一般来说，较高的通货膨胀率导致货币贬值并引发价格上涨和汇率下跌，后者下跌的幅度往往大于前者上涨的幅度。因此，当某国货币贬值，物价上涨，而汇率暴跌时，相对于其他国家的旅游者来说，其旅游价格不是上升了，而是下降了。

2. 相关政策对旅行社产品价格的影响

旅游接待国为实施其经济发展战略，必然要制定一系列的宏观经济政策。价格政策是宏观经济政策的重要组成部分，宏观经济政策指导价格政策，并对旅游价格产生不同程度的影响。各个国家和地区在不同的经济发展时期实行的价格政策和旅游价格策略是不同的，这主要取决于一定时期内国民经济发展的总目标及其对旅游业的态度。例如，20 世纪 50—70 年代，我国曾长期旅游业作为一项事业来看待，在制定价格政策时，不考虑成本和经济效益，一味实行以政治为目的的低价策略，严重违背了价值规律，束缚了旅游业的发展。改革开放以后，国家把旅游业纳入国民经济和社会发展计划之中，明确了旅游业的产业性质和产业地位，在制定价格政策和旅游价格策略时也开始遵循价值规律，基本做到了按质论价。例如，允许旅行社产品价格自行定价，实行市场价格，从而加快了旅行社的竞争和发展，但是另一方面，鉴于近年来我国旅行社产品雷同，许多旅行社盲目削价竞争，出现了损害游客利益的“零团费”、“负团费”等恶性事件，故国家有关部门又对部分旅行社产品价格实行了最低市场参考价，规定了价格浮动的幅度，维护了游客的利益和旅行社业的整体利益。

3. 市场竞争对旅行社产品价格的影响

市场竞争主要从以下三个方面影响旅行社产品的市场价格：

（1）旅行社产品供给者之间的竞争影响旅行社产品的市场价格。同种旅行社产品的众多供给者为了尽快将产品销售出去而展开了激烈的价格竞争，如某个供给者要价较高，其他供给者则以较低的价格销售，迫使要价高的供给者不得不降价，使得该种旅行社产品在较低的价位上成交。

（2）旅行社产品需求者之间的竞争影响旅行社产品的市场价格。当某种旅行社产品较为紧俏时，一些旅游需求者不惜高价予以购买，那些只愿出低价的需求者则会落空，不得不提高购买价格，使得该种旅行社产品在较高的价位成交。

（3）旅行社产品供给者与旅行社产品需求者之间的竞争影响旅行社产品的市场价格。供给者期盼高价销售，需求者渴望低价购买，双方为此展开竞争，竞争中哪一方力量较大，旅行社产品就会以倾斜于哪一方的价位成交。

第二节　旅行社销售渠道策略

一、旅游销售渠道的定义和分类

旅游销售渠道是指生产者将旅游产品或服务提供给消费者和商业客户过程中，所经过的各个销售环节连接起来而形成的渠道。旅行社销售渠道策略是指旅行社如何选择最有利的销售渠道并妥善管理这一渠道。旅行社的产品往往是包价旅游产品，而旅行社提供的单项服务，如订房、订车、订票等小包价旅游产品，虽然只是一种代理服务，但也有独特的销售渠道，这两种旅行社产品的销售渠道共同构成了旅行社产品的销售分配系统。

总的来说，旅行社产品的销售渠道主要有两大类：直接销售渠道和间接销售渠道。所谓直接销售渠道，是指旅行社直接将旅游产品销售给旅游者，中间没有任何环节。而所谓间接销售渠道，旅行社间接将旅游产品销售给旅游者，中间介入了一个或多个中间环节。

目前的实际工作中，我国的国际旅行社多采用间接销售渠道向海外市场销售入境旅游产品，即国际旅行社组织产品销售给国外的旅游经营批发商，后者将购得的旅游产品进一步改进（如根据本地游客特点增加或删除某些旅游项目）和完善（如增加往返客源地和目的地的国际航班机票的预定）或者加以重新编排组合（如增加亚洲其他旅游目的地以满足本地游客的需求），再经过自己零售系统或旅游零售商代理销售给海外的消费者，或者由旅游经营批发商直接将旅游产品销售给旅游者。而另一方面，我国的国内旅行社多采用直接销售渠道向国内市场销售国内游和出境旅游产品，即通过设立门市部或大量刊登广告等办法来直接招徕旅游者，消费者对某一产品感兴趣就会打电话或直接到旅行社门市部进行咨询和预定。不少旅行社还派出业务人员直接上门推销，一般是到有组团出游可能的机关、企业、学校、团体等单位去推销，而不是找单个旅游者。

二、我国旅行社的间接销售渠道策略

如前所述，我国的入境旅游产品多采用间接销售渠道，要经过一个或多个中间环节才能销售出去，因此我国国际旅行社的销售渠道策略主要就是如何选择、争取国外旅游批发商并通过他们尽可能多地销售我们的产品。

在选择间接销售渠道时，根据中间销售渠道的多少以及和中间商的关系，可分为广泛性、选择性和专营性三种销售渠道策略。

（一）三种销售渠道策略

1. 广泛性销售渠道策略

广泛性销售渠道策略是指在同一客源市场（国家或地区）上凡是愿意推销我方产品的旅游批发商都可以和他们建立业务关系，我方不禁止对方购买自己竞争对手的产品，彼此间没有什么约束，这种策略可以扩大产品的销售量和销售面，适合于一个旅行社刚刚进入某一市场，需要寻找合适的中间商时使用。缺点是联系面太广，成本比较高，产品过于分散，会增加销售费用；另外客户面和流动性都较大，想要建立一个稳定的销售渠道将会很困难。

2. 选择性销售渠道策略

选择性销售渠道策略是指在一个客源市场上只选择几家信誉较好、推销能力较强、经营业务和自己的产品比较对口的旅游批发商，设法与他们建立起比较稳定的业务合作关系。这种策略的优点在于有目的地集中选择几家批发商可以降低成本，业务关系比较稳定，是一种比较理想的策略。缺点是如果选择不当，可能会影响相关市场的产品销售；而且，在目前旅行社行业处于买方市场的情况下，市场上更多的是买方挑选卖方而不是相反，所以这一策略在实际操作中是比较困难的。

3. 专营性销售渠道策略

专营性销售渠道策略是指在一个客源市场上只挑选一家旅游批发商作为自己的独家代理或总代理，专门推销、经营自己的旅游产品。这种关系一旦建立，双方都不能和对方的任何其他竞争对手做生意。这种策略的优点在于有目的地集中选择一家批发商建立起紧密的合作关系并且有共同的利害关系，所以能够互相支持与配合，再加上业务关系紧密、稳定且单一，可以降低销售成本；其缺点是只靠一家批发商销售自己的产品，销售面和销售量都可能受到限制，而且如果专营商经营失误或是专营商选择不当，还有可能失去部分甚至全部市场。这种策略比较适合用于推销某些客源层不广泛的特殊旅游产品（如户外登山等特种旅游）或者专线旅游产品（如中国西藏、“丝绸之路”等专线旅游)。

(二) 两类海外旅游经营批发商的选择

在目前的旅游行业中，海外经营中国旅游产品的批发商大致有以下两类：

1. 经营许多旅游目的地或者是兼营输出与输入客源业务的大旅行社，如美国运通、德国 TUI、法国 ASIA 等。这类旅行社一般经济实雄厚、经营方法规范、市场信誉较好、销售渠道广阔，但是他们经营的中国旅游只是其经营业务的一小部分而不是主流产品，一般不会花很大的力量去推销中国的旅游产品，对中国旅游业的情况也了解较少，所以这类旅行社对华送客量不大，但与他们做生意较少发生欠款不还或关门倒闭等恶性情况。

2. 专营中国旅游业务的海外中小旅行社，如英国 Study China Tour、美国 Great Land、日本日中和平观光公司、马来西亚长江旅行社等。这类旅行社一般与我国旅行社合作紧密，对中国的旅游状况比较了解，对中国旅游产品的推销也很着力，但是这些中小旅行社往往经济实力不强，销售渠道不够宽畅，自身抵御风险的能力较差，近年来因欠款不还或关门倒闭等恶性情况给我们造成损失的主要就是这类旅行社。

针对以上两类海外旅行社，我国旅行社应本着“有的放矢，抓大放小”的原则与他们发展业务关系。相比较而言，中小旅行社的发展潜力不如大旅行社，因此开辟客户的重点应放在大旅行社上，应通过加强宣传、保证产品质量、给予优惠价格等措施来刺激他们开展中国业务的兴趣，使其加大宣传与投入，能够比较稳定和大量地输送游客到中国；而对于中小旅行社，应保持和加强与他们的业务关系，与其共同发展壮大，但同时要保持警觉，避免财务风险带来的损失。

三、我国旅行社的直接销售渠道策略

目前，我国旅行社的国内游和出境游产品往往多采用直接销售渠道向国内市场销售国内游和出境旅游产品，即通过设立门市部或大量刊登广告等办法来直接招徕旅游者，消费者对某一产品感兴趣就会打电话或直接到旅行社门市部进行咨询和预定。另外，不少旅行社还派出业务人员直接上门推销，这种推销方法运用得当的话，有时可以取得很好的实际效果。

(一) 旅行社门市部

旅行社门市部一般应设在离目标市场近、方便顾客的位置醒目之处，是旅行社的“窗口”，承担着宣传、招徕、咨询的任务，是旅行社直接销售的主要方式之一。

1. 旅行社门市部的布局

旅行社在设立门市部时，有两个问题必须考虑，一要吸引和方便游客，二要方便自己的工作并提高工作效率。从这两点出发，旅行社门市部的布局一般分为门市部入口及等候区、接待与咨询服务区以及后勤工作区。

（1）门市部入口及等候区。门市部入口及等候区如同刚入户的“玄关”，是旅游者走进旅行社门市部所见到的第一个区域，这个区域应该让人看上去感到非常舒服，能够让进来的旅游者产生好感并立即被吸引住。而同时，这个区域又应该具有较强的实用功能，比如可以如下陈设：在门口设立一个小取阅架，放上最新的旅游产品宣传资料，以方便过往行人自由取阅；在门口可设置灯箱店招，以便夜晚吸引顾客；在门上或入户处的墙上贴上大幅、漂亮的旅游招贴画以吸引游客；一套沙发或几把舒适的椅子，以供旅游者在等候门市部接待人员时就座；一张小茶几或小桌子，上面摆放最近的旅游期刊、旅游指南或当地受欢迎的报纸等，供旅游者在等候时浏览和阅读；还应配备纸、笔、废纸篓、烟灰缸等日常办公用具，以利于接待工作；可在角落摆放一个饮水机，以方便等候的游客饮水喝茶；如能设置一个雨伞架和老花眼镜，以方便顾客需要时借用，则更显服务的周到和细腻。

在这个区域进行布局设计时，应保证门市部进出通道的顺畅，等候接待区的位置不应设在其他人员过往的通道上，等候接待区摆放的桌椅不能落在刚进门的旅游者的视线前，以免使他们产生杂乱无章的印象；在入口处可配置一些精心挑选的旅游纪念品、节庆装饰物等，以烘托门市部的气氛；另外，在等候接待区可安装一盏精致的吊灯，摆放几盆绿色植物，甚至设置一个漂亮的金鱼缸，以营造轻松、愉悦的氛围。

（2）接待与咨询服务区。接待与咨询服务区是旅行社门市部的核心区域，必须让顾客看上去感到心情愉快，并产生这里的工作效率极高的心理感觉；而且这个区域的布局应考虑如何更好地提高工作人员的效率，使其更方便和愉悦地工作。所以应从以下几方面加以注意：

墙上醒目处悬挂张贴门市部营业执照和门市部管理及业务操作规程等，让游客产生正规、可靠的印象；要为每位接待员提供一小块各自使用的工作区域，工作人员的座位不能过于拥挤，否则无法保证较高的工作效率；如条件可能，可在各个接待员的工作区域之间设置隔断玻璃，既保证他们在工作时不会受到干扰，又能兼顾视线畅通和采光；接待员的办公桌一般都应朝入口及等候区摆放，这样使得接待员面对门市部的入口，随时可以看到并及时接待走进来的旅游者；办公桌的一侧应摆放一两把舒适的椅子，供旅游者咨询时就座；这个区域内还应配备电脑、直拨电话、收银机、计算器、纸、笔等必要的办公用具，以利于接待工作；还可整齐摆放一些期刊架，上面摆放最近的旅游杂志、旅游目的地介绍、宣传册等；还可在桌上摆放小型绿色植物，用以调节气氛。

（3）后勤工作区。后勤工作区一般不对外开放，除了特殊情况外，不应让旅游者进入这个区域。后勤工作区一般由以下三个部分构成：部门经理办公室、杂物间和卫生间。部门经理办公室：门市部应该设立部门经理办公室。在该办公室里，部门经理可以接待特殊顾客（如有特殊要求的或提出投诉的旅游者）与出纳人员和会计人员处理财务，或者部门后勤人员处理复印、打印、文件存档等工作。通常，部门经理办公室内除了有关工作人员的办公桌椅和接待旅游者的椅子外，还应配备电脑、直拨电话、复印机、打字机、传真机、保险箱、档案柜等设备。杂物间：杂物间主要的功能就是用于存放各种资料和暂时不用的设备等，比如旅行社的旅游产品目录、宣传册、导游地图等各种宣传资料，游客登记表、旅游合同等各种表格，以及存档的相关法律法规文件、旅行社内部的文件等资料，所以这一区域应配置文件架、文件柜等设备，出于消防安全的考虑，还应配备手提灭火器；杂物间平时不常用，可以锁起来的。卫生间：旅行社门市部应设有卫生间，并注意日常的清扫和消毒，保证其干净、卫生，以方便旅游者和工作人员使用。

2. 门市部销售人员的业务素质

门市部是旅行社的窗口，直接反映了旅行社的工作作风和精神面貌，代表旅行社的形象，而这一形象的直接代表就是门市部销售人员，所以在选择门市部销售人员时除了要求他们应具备同旅行社其他岗位上的人员一样的职业道德水准和身体健康条件外，还应要求他们具备以下业务素质：

（1）熟悉旅游市场、精通旅游产品

门市部销售人员首先应具备的业务素质是精通旅游产品知识，熟悉产品的内容及在什么时候、以什么价格能够获得这些旅游产品，还要熟悉旅游市场的情况以及变化，及时而准确地回答旅游者的咨询；另外，门市部销售人员还应该能够准确掌握各种旅游产品的质量、价格、特点等情况，能清楚地了解产品的哪些特色能够满足旅游者的需要，然后如实、耐心地讲解给旅游者，回答他们提出的各种问题，争取他们购买本旅行社的旅游产品。

（2）理解旅游者的需求、尽力满足游客者的需要

门市销售人员必须能够深刻地了解旅游者的需求，为了能够做到这一点，门市销售人员必须具备良好的提问能力和倾听能力，能够从与旅游者的问答中抓住问题的实质，发现旅游者的真正旅游需求，及时地提出合理的、专业的建议和意见，这样才有可能打动旅游者而签订合同。此外，销售人员不但要了解顾客对产品的需求，还要了解并满足顾客对服务的“心理需求”，销售人员不得体的语言或行为会使顾客产生反感而离开，所以，销售人员的礼貌待客、言行举止是至关重要的。

（3）善于推销旅游产品、努力促成买卖成交

门市部销售人员必须具备较强的产品推销能力，在旅游者的咨询过程中，积极主动地向旅游者介绍本旅行社的旅游产品，引导旅游者，尤其要突出本旅行社产品的特色、价格优势等内容，并可与其他的旅游产品进行对比，从

旅游者的角度出发，当好顾客的参谋，并善于抓住稍纵即逝的机会引导旅游者购买产品，努力促成买卖的成交。

（4）头脑灵活反应机敏、具有较高的文字能力

在旅行社门市接待过程中，销售人员是直接与旅游者面对面地沟通和交流，会遇到各种问题，有时候甚至是很棘手的问题自己无法解答，机敏而有经验的销售人员除了及时向部门经理或旅行社总部汇报请示外，还可让旅游者留下联系方式，等有了解答之后及时与其沟通、反馈；另外，销售人员除了回答旅游者提出的各种问题并提供咨询意见和建议外，还要填写各种表格、起草各种业务文件、与游客签订旅游合同，因此，门市部销售人员必须具备较高的文字书写能力以及法律法规意识。

（二）旅行社的人员推销

旅行社的人员推销是通过销售人员与顾客的直接沟通来达成销售的一种推销方式，是旅行社直接销售的主要方式之一。

旅行社的人员推销工作包括销售人员联系和走访在各地的代理人和零售商，有组团可能的各机关团体、企事业单位及有旅行意向的零散顾客；聘请专家为潜在的客户介绍旅游目的地风土人情以及旅行社线路安排等；在销售柜台前直接向游客推销等。推销人员的着装、个人卫生、言谈举止，甚至连回答游客提问的方式方法都可能会影响到公司的形象和游客购买的意向。推销人员在同客户洽谈时应该掌握礼节礼貌、语言技巧、人际交往和社交技巧、推销技巧等基本技能。旅游者对旅行社及其产品的信任，在很大程度上受人员推销的影响，其次才是广告；旅游者购买与否以及购买何种旅游产品主要受人员推销的影响，销售促进则起辅助作用。但是人员推销是成本最高的推销工具，必须有的放矢地使用。

旅行社的产品既是有形的，又是无形的，但其质量却是有标准的。旅行社的人员推销是旅行社产品销售重要的组成部分，而且往往是直接销售的过程。在这方面需要掌握的基本规范要素有以下几点：

1. 礼貌与着装。待客接物的基础就是礼节礼貌，销售人员与顾客是面对面的直接沟通，注意自身的言谈举止，注意使用礼貌用语，自觉树立、维护和宣传旅行社的形象。另外，销售人员着装要整齐，男士不得穿背心、短裤、拖鞋；女士应画淡妆，不得穿过透、过短的奇装异服，销售人员应一律配证上岗。

2. 目光与微笑。人与人相见接触往往开始于目光的交流，在两个陌生人相遇的几秒钟之内，肯定都是在打量和寻找对方的“基本语言和行为特点”，由此可以得出彼此的总体印象和感觉。一个合格的销售人员，他的目光应该是亲切友好而自信坚定，这样可以传达给游客相同的感觉。而作为一个销售人员，他的真诚微笑是一种身体语言，应当给游客传递这样的积极信息：我

就是您要找的人！所谓“面带真诚笑，客人跑不掉”，讲的就是这个道理。

3. 自我介绍。销售人员向旅游者做自我介绍将会增加对方的亲切感和信任感。但是要注意方式方法，只有在与游客目光接触结束之后，并在游客愿意接受业务咨询的情况下，才可以向客人做自我介绍，比较规范的做法是主动向游客递出名片，要站起身来，双手递出名片的同时报出自己的单位、姓名、职务、职责等，在接受对方名片时，应该双手接过，并且仔细看过名片后再收入名片夹，以示礼貌和尊重。

4. 打开话题。在销售人员与游客互致问候之后便可以进行下一个内容——打开正式会谈的话题。这个时候应该尽量使用“职业语言”进行业务会谈，它所起的作用是：我是很专业的、在行的，我是专门为您服务并随时为您做事的。同时要充分利用语言技巧，不让游客产生勉强生硬的感觉，而应让其感觉到我们之间存在着朋友似的友好关系，这样才可以充分地展开话题。

5. 业务洽谈。业务洽谈是旅行社销售人员接待游客的核心环节，包括与游客洽谈、和游客讨价还价等内容。在一般的情况下，想只凭产品宣传册就赢得游客是远远不够的。在会谈中要使游客产生信任感，有一点十分重要，就是在同游客接触时，要从一开始就充分表现出权威性，尽可能地向客人介绍高层次的业务知识，甚至超出游客的期望值，这样游客就很容易相信眼前这位旅游业务权威，接下来的会谈就会容易得多。

6. 签订合同。如果旅游产品能满足游客的需要，在经过业务洽谈和讨价还价后，在双方同意的情况下，由销售人员与游客签订旅游合同，游客按规定交纳旅游费用。这个环节表明交易达成，但要求销售人员熟悉有关法律法规，懂得如何代表旅行社签订合同。

总之，作为旅行社销售人员应当懂得，如果在咨询会谈中顾客对产品的问题在这里得不到回答，就会失去对旅行社的信任和对产品的购买欲望，从而另寻其他旅行社，因此，以上各个环节都很重要，忽略任何一点都有可能导致交易失败。

第三节　旅行社的促销策略

旅行社的促销就是通过与市场进行信息沟通来引起顾客的注意、了解和购买兴趣，树立旅行社及其产品的良好形象，从而促进销售。而旅行社的促销策略是指旅行社在促销目标、促销预算、促销方式和促销效果上进行科学的选择、配置、控制和评价。也就是说，旅行社的促销目的是通过各种方式去告知并说服现有的和潜在的旅游者，其旅游产品是符合他们的实际需求的。

这些方式主要包括媒体广告、宣传手册、公共营销、直接营销、网络营销等。

一、旅行社的促销目的

旅行社在不同时期及不同的市场环境下有不同的具体的促销目的，目的不同，促销的方法就会有差异。例如，在一定时期内，某旅行社的促销目标是在某一特定市场迅速增加销售量，扩大市场份额，则促销组合应更注重广告和销售促进，强调短期效益。如果旅行社的目的是树立本企业在消费者心目中的良好形象，为其产品今后占领市场、赢得有利的竞争地位奠定基础，则促销组合应更注重公共宣传和辅之以必要的公益性广告，强调长期效益。

经营国内游、出境游的旅行社直接面对消费者销售旅游产品，因此广大公众是他们的促销对象，促销的目的是将旅游产品的信息尽可能多地传递给潜在的旅游者，吸引他们的注意并激发他们的购买欲望，这种促销的内容主要是旅游产品和旅行社的信息，如旅游线路的行程、价格、参观游览的景点、文娱节目、住房、膳食和交通工具的情况、旅行社的情况介绍以及订购办法等等。促销的方式主要有刊登广告、印刷和散发旅游产品手册、参加旅游展销会或者是由销售人员直接进行推销等等。

在我国，经营入境旅游产品的国际旅行社往往并不是直接面对国外普通民众销售旅游产品，也就是说，销售对象并不是海外的直接消费者而是客源地的旅游经营批发商。对于我国国际旅行社来说，其产品的促销工作主要是通过海外的旅行批发商间接来进行的，所以，他们销售的产品大多只是部分的产品而不是全部。只有当海外旅行批发商将产品重新整合之后，才会间接地卖给零售商、旅游者。因此，对于我们的国际旅行社来讲，其促销工作主要应包括以下两个方面：一是企业形象宣传，促使更多的外国旅行批发商了解本企业并愿意和自己建立业务关系，目的是为了开辟客户关系，为产品的销售奠定基础；二是产品的促销，即促使外国旅行批发商更多的采购我们的产品并做好推销工作，目的是扩大旅游产品的销售并激发出更多的批发商和零售商。以上这两个方面是相互联系、相互影响、密不可分的，但又各有侧重，在实际工作中应注意把握，灵活运用。

1. 企业形象宣传

为了达到开辟客户关系的目的，应尽可能提高我国国际旅行社在国际旅游市场上的企业形象和知名度，结识更多的对经营中国旅游业务感兴趣的外国旅游批发商。促销的内容应包括本企业的商业信誉、经营能力、经营方针、经营范围、旅游工作经验、服务水平、办事效率，以及与本国各旅游企业的密切关系等等。促销的方式可以采用刊登广告，参加国内外的旅游博览会和展销会，参加国际性的旅游组织及外国旅行商的行业组织召开的有关会议，向国外旅行商分发企业宣传材料，邀请海外旅游商前来考察和洽谈生意等等。

2. 产品促销

我国国际旅行社为了扩大产品销量，就要尽可能使客户了解自己的产品，包括品种、内容、价格、档次、特色等信息，尤其要宣传产品的独特之处及优于竞争对手的长处所在，对产品开发和改进方面的信息要及时向客户通报。促销的方式主要是印制和分发产品目录，参加客源地旅游批发商的促销工作，如联合参加面向公众的旅游展销会，参加由我国政府及旅游相关部门组织的推介会、招商会等，或一起召集旅游零售商进行产品介绍或说明会等。

二、旅行社的促销方式

旅行社促销的主要方式包括媒体广告、旅游手册、销售促进、公关营销、直接推销和网络营销等。在现实工作中，旅行社应根据情况，单独或将几种方式结合起来加以灵活使用。

（一）媒体广告

媒体广告主要包括电视广告、杂志广告、报纸广告、广播广告、户外广告和网络广告等，这些媒体广告在传达率、频率和影响价值方面互有差异。例如，电视的传达率比杂志高，户外广告的频率比杂志高，而杂志的影响比旅游招贴画的影响更大。表4.1中显示了主要的广告媒体及其优缺点的比较。

目前我国大部分旅行社主要采用报纸广告和杂志广告，也有一些旅行社开始利用互联网，在大型门户网站上或是专业旅游网站上发布企业和旅游产品信息的广告，如新浪（www. sina. com）、雅虎（www. yahoo. com）、携程旅行网（www. ctrip. com）、天下旅游资讯网（www. lxly. net）、四川旅游热线（www. gogook. com）、四川旅游信息网（www. sichuantour. com）等等。

表4.1　旅游广告媒体及其优缺点比较

广告媒体	优　点	缺　点
电视	易于接近大众旅游市场 综合视觉、听觉和动作，富有感染力，能引起高度关注 传播范围广，地域可选性强 及时、灵活	成本费用高 展露时间短 对观众无选择、目标性差
旅游杂志	地域、人群可选性强 阅读和保存时间长 印刷效果好，可提供精美的旅游图片	发行量较少，价格费用偏高 时效性差
报纸	灵活、及时 费用相对较低 地域可选性强 对游客的覆盖面大	保存性差 对游客的针对性差 缺少形象表达手段
广播	地域可选性强 覆盖面大 及时	不能保存 对听众的选择性差 表现力差

表4.1（续）

广告媒体	优 点	缺 点
旅游户外广告	直接针对旅游目标市场 醒目、灵活 展示时间长	内容受局限 摆放地点选择性差 费用较高
互联网	覆盖面广，传播迅速及时 费用低 表现力强，高度的互动性，受年轻人的喜爱 信息可及时反馈	广告点击率低 对游客的针对性差 要求一定的技术条件
旅游招贴画	费用低 直观、视觉效果强烈 精美的大幅旅游图片易吸引游客	人群选择性弱、触及面小 表现内容有限

（二）旅游宣传手册

旅游宣传手册是指旅行社用来宣传其提供的产品和服务的小册子，是旅游经销商最重要的营销工具之一，对顾客是否购买旅游产品的影响很大。旅游产品是一种无形产品，顾客购买时无法看到实物，但通过印刷的文字和图片的描绘，旅游产品就成为了一种“有形”的产品，因此旅游宣传手册是向顾客介绍并引导顾客购买产品的重要工具，没有旅游宣传手册进行旅游销售是难以想象的。所以，各个旅行社都不惜工本印刷旅游手册，并通过广告吸引游客到零售商那里索取手册。

1. 旅游手册中应包含的信息

为了满足旅游者了解一般旅游项目信息的需要，旅行社应在旅游手册中注明以下信息：

（1）旅行社的名称、经营范围和项目、经营规模等情况。

（2）产品的目录。

（3）目的地、活动日程和旅行时间、价格等详细情况。

（4）旅游线路图。

（5）所使用的交通工具。乘飞机要说明承运人、机型、舱位等级，是定期航班还是包租航班；乘火车要说明是旅游列车还是普通车型、座位等级；乘汽车要说明是空调旅游车还是普通车型；乘轮船要说明是豪华游轮还是一般客轮以及舱位等级等。

（6）住宿的标准、等级、地点、联系方式等详细情况。

（7）餐饮的标准、内容、地点，是否风味餐（如小吃、火锅、药膳等）等详细情况。

（8）特殊安排方面的详细介绍，如晚间是否观看表演、出席晚会等，以及如何收费等情况。

（9）每个项目的明确报价，如有附加费用应同时说明。

（10）任何可选择或强制性保险的详细情况。

（11）预订的所有细则，包括取消预订的详细规定、预订方式等。

（12）前往目的地所需证件的详细情况，任何危及健康的因素和防疫建议。

（13）旅行社的通讯地址、联系人姓名、销售电话、投诉电话、传真号码、网站地址、电子邮件。

如果此手册是目的地的接待社分发给组团社的，则在手册中一般还要注明淡季、平季、旺季不同的报价，以及各季的具体划分；目的地各种档次宾馆的房价，以便组团社比较价格；火车时刻表及票价、航班时刻表，以便组团社安排往返交通；接待细则，包括费用的结算及有关事项的说明。如果手册是针对普通游客的，以上的有些内容就不必出现。

2. 旅游手册的分发和控制

只有使旅游手册到达目标顾客的手中，宣传才会起作用，但过多的分发，会增加成本，造成浪费。在实际工作中，旅行社主要是根据发出手册的数量与收回订单数量的一定比例来决定手册分发的数量：一般每发出5~10份手册应收回一份订单，而专项旅游经营商可能要发出25~30份手册才能获得一份订单。如果哪家旅游零售商的预订情况总是低于这个数字，旅游经营商就应请该零售商做出解释。经营商还将根据零售商的业绩来决定给零售商以什么样的支持，优秀的零售商想要多少手册就可得到多少，而对差的零售商，经营商也许只愿意提供一个文件副本或少量手册。

（三）销售促进

销售促进，也称作销售推广，它是对同业或是消费者提供带有馈赠性质或奖励性质的促销方法。旅行社销售促进的对象有三个：消费者、零售商和产品推销人员。与之相应，销售促进也分为三类：

1. 针对消费者的销售促进活动。针对旅游者的销售促进活动，目的在于吸引新顾客，抓住老顾客。其手段通常有赠送纪念品、宣传品、礼品、或赠送折价券，以及减价和进行抽奖等。例如，为了推销某条线路，旅行社向旅游者赠送旅游地画册、纪念品以及在这条线路上的定点商店享受购物折扣的折价券。事后还可以根据回收的折价券副券进行抽奖，把奖品邮寄给旅游者。

2. 针对零售商的销售促进活动。针对零售商的销售促进活动，目的在于扩大和增加经营商的产品同顾客之间的渠道。其手段主要有提供额外的佣金和超额奖励、邀请考察旅行、给予推广津贴、提供宣传品、联合开展广告活动、提供广告津贴等。

3. 针对推销人员的销售促进活动。针对推销人员的销售促进活动，目的是调动推销人员的促销积极性。常用的方法有奖金奖励、销售集会（通常在娱乐场所和餐桌上举行）、礼品奖励、旅行奖励和销售竞赛等。

（四）公共营销

公关营销是通过发展企业与公众、社会之间的良好关系，建立、维护、改善或改变企业和产品形象，以此来营造有利于企业的经营环境和经营态势。旅行社的公关营销活动主要包括两个方面：

1. 针对新闻界的公关活动。新闻报道具有可信度高、迅速扩大知名度和宣传成本低的优越性，因此要充分利用新闻媒体开展宣传促销活动，不断寻找新闻和制造新闻。例如定期向新闻界提供新闻通稿、邀请电视台新闻记者进行线路考察和全程报道、在展销会的同时召开记者招待会。

2. 针对公众的公关活动。旅游业是向顾客提供面对面服务的行业，所以旅行社的工作人员在向顾客提供服务的同时，也带有某种公关性质。通常可以采用资助公益事业、赞助社区活动、出版杂志刊物等方式与公众沟通。

（五）互联网营销

互联网作为信息双向交流和通信的工具，已经成为众多商家青睐的传播媒介，被称为继报纸、杂志、广播、电视之后的新一代媒体——数字媒体。旅行社不仅可以利用网络广告传播范围广、交互性强、成本低的特点为企业和产品作宣传，还可以建立自己的网站，开展往来营销和电子商务。目前我国已有 300 多家旅行社开设了自己的网站，如中国国际旅行社（www. cits. com. cn）、中国旅行社总社（www. ctsho. com）、中国青旅的青旅在线（www. cytsonline. com）等。

互联网营销具有以下的一些特点和优势：

1. 无形化。互联网有跨时空、覆盖全球，以多媒体形式双向传送信息和信息实时更新等特点，是其他媒介无法比拟的。信息时代给传统市场营销带来了发展的契机，其无形化的特点尤为突出，主要表现在书写数字化、传递数字化、经营场所不受地点限制和支付手段高度电子化等。

2. 标准化。网络营销行为的标准化包括商品信息标准化、商品交易标准化、市场建设标准化和市场监督标准化。

3. 个性化。网络不仅是一种新的销售渠道，网上销售还正向一对一的个性化发展。国外许多旅游网站，如 Expedis、Previewtravel、Travelocity 等都提供个性化的定制服务。用户登录网站后，网站会提供一些功能选项，记录客户的基本信息、信用卡信息和旅游需求，如用户最希望何时开始旅游；最想搭乘哪个航空公司的哪个航班，经常飞行的次数；最喜欢租用哪种汽车；最愿意住什么饭店等。这些信息反映了旅游线路的选择标准，服务器在存储了这些信息后，根据这些信息帮助客户寻找相关的服务信息，当没有找到满意的解决方案时，客户可以委托监控和跟踪，有符合标准的信息出现时，及时告知客户。

4. 低成本。网络营销给交易者双方带来的经济利益上的好处是显而易见的，主要表现在降低了搜寻成本、谈判成本、广告成本、咨询成本和结算成本。

此外，互联网营销还可以使企业及时得到顾客的意见反馈，掌握顾客的需求；及时提供企业最新消息和新闻；打开国际市场；提供24小时服务；开发潜力无穷的新顾客群等。

案例1：

“千年爱一回”的旅行社产品

案情：1999年12月，成都某知名旅行社推出了一个引人注目的企划——成都至海南“千年爱一回”的新婚旅游团。旅行社计划在1999年12月31日夜这个千年之交的夜晚，参加旅游团的新婚夫妻在“天涯海角”举行盛大的集体婚礼。旅行社在成都某知名报纸上发出了广告，宣称将给参加旅游团的新人们一个美丽迷人、终生难忘的新婚纪念。成都市民李先生和相爱多年的女友吴小姐为之心动不已，海南一直是他们梦中的天堂，他们渴望在千禧之年到来的时刻，让天涯海角见证他们真挚的爱情，祝福他们美满的婚姻。1999年12月25日，李先生和吴小姐报名参加了该旅行社组织的由20对新人组成的新婚旅行团。12月29日，旅行团从成都出发，31日来到三亚，20对新人期待着千年钟声敲响的时刻在天涯海角互许终身。遗憾的是，旅行社安排租借的婚礼服迟迟未到，准备的篝火晚会也久久没有点燃，在千年钟声敲响的时刻举行婚礼的计划化为泡影。婚礼的不顺利给20对新人心头留下了深深的阴影。2000年1月3日，旅行团回到成都，李先生和吴小姐等新人向有关部门投诉旅行社违约，要求旅行社承担赔偿责任。

点评：在本案中，成都某知名旅行社推出的旅游产品——成都至海南“千年爱一回”的新婚旅游团，是经过精心策划和包装的，并且通过当地知名报纸发布广告直接销售，足以吸引李先生和吴小姐这样相爱多年、计划结婚的新人，特别是在千禧年到来的时刻，在天涯海角这个具有纪念意义的地方共结同心，并且期待旅行社安排的活动让他们的婚礼成为今生美好的记忆，这样量身定做的产品足以打动深居内陆且追求浪漫的新人们的心，使其纷纷购买该旅行社的这一产品。应该说，成都这家旅行社抓住时机，推出适销对路的旅游产品，并且受到市场的认可和欢迎，前期的产品营销策略是成功的。但遗憾的是，该旅行社在注重策划宣传的同时，忽视了计划安排，由于缺乏经验，忽略了细节，导致了产品的重头戏——千禧婚礼以糟糕收场，游客不仅没有美好的回忆，而且婚礼的不顺还给他们的心理上造成阴影，直接引起游客的投诉，致使这一旅游产品营销最后归于失败。

通过本案例，我们可以进一步加深对旅行社产品营销的认识和理解。旅行社产品营销是"生产——销售——服务——反馈——生产"这样一个循环的过程，其中任何一个环节都至关重要，任何一个细节都不能马虎，仅仅做好前期的策划、宣传、销售是不够的，还必须做好后期的安排、服务、反馈等环节，只有这样，旅行社才能在激烈的市场竞争中立于不败之地。

［资料来源］刘敢生．旅游服务纠纷精选案例分析［M］．北京：中国旅游出版社，2004：96.

案例2：

RT旅行社迅猛发展的原因

案情：RT是美国罗森布鲁斯旅行社（Rosenbluth Travel）的简称，它是美国费城一家典型的家庭企业。在1980年至1998年的近20年间，RT由一家名不见经传的地区性旅行社一跃成为全美五大旅行社之一，其销售额由1980年的4000万美元猛增至1998年的26亿美元。RT的成功主要取决于两个方面：就外部环境而言，RT的成功得益于其经营者准确地预见了航空管制取消对美国旅行社行业的影响，并充分把握住了这一变化为之提供的发展机会；就内部环境而言，RT的成功取决于其经营者创造性地将信息技术作为其战略的基础和核心，使其技术条件一直处于行业领先地位。当然，RT经营者独特的经营哲学对于RT的成功是必不可少的因素，但信息技术的应用却是RT经营战略得以实现的技术保证，是其取得成功的关键所在，对世界范围的旅行社同行都具有很强的示范效应。RT的成功受到很多因素的影响，它留给我们的启示也是多方面的，如准确把握时机，正确选定目标市场，并不遗余力地满足目标市场不断变化的需求；又如RT企业文化中"员工至上"的思想等等。但RT对信息技术的创造性运用和信息技术在RT成功中的决定性作用或许会给我国迅速发展的旅行社行业留下更多有益的启示：

首先，信息技术可以帮助旅行社更好地满足顾客的需要，有利于市场的开拓。RT准确地预见到美国航空管制取消对旅行社来讲是千载难逢的机会，迅速推出了READ－OUT订票系统，该系统按票价高低排列航班顺序，比以前按时间顺序排列更加符合顾客的要求，从而为旅行社争取更多客源；另推出全新USER－VISION系统使客户足不出户就能及时得到与其旅费支出有关的全部信息，方便客户的经营决策，从而使顾客更加倾向寻求旅行社的专业化服务。

其次，信息技术有助于提高旅行社的经营效率。如VISION系统用于旅行社内部核算和客户情况报告，为旅行社及其客户进行经营状况分析提供了快速准确的信息支持；USER－VISION系统使有关预订的全部信息在一天之后就能传递到客户手中；PROVISION系统为RT所有的营业点提供顾客所在公司的相关政策和旅行者档案，减少了信息的重复录入；ULTRAVISION系统具有在VISION系统基础上同步进行纠错的功能。以上各系统的应用都使企业的经营效率得到显著的提高。

再次，信息技术为旅行社实现规模扩张和规模经营提供了可能。旅行社业务的特点决定了旅行社对相关信息具有很强的依赖性，而信息技术无疑可以帮助旅行社提高信息使用效率，并由此极大地提高旅行社的业务操作能力和经营效率，从而使旅行社业务规模的扩张和规模经济的实现变得现实可行。RT的发展过程同时还表明，当旅行社业务运行中信息技术的含量达到一定程度时，旅行社必须达到一定的业务规模才能够回收其在信息技术设备和开发方面的投入；与此同时，旅行社也只有达到一定的业务规模，信息技术才能发挥出自身的优势，使企业获得规模收益。

最后，信息技术可以使旅行社获得竞争优势。RT根据旅行市场和客户需求状况的变化，率先开发并使用新的信息技术为其获得了时间优势，而RT在信息技术支持下的规模经营又为它获得了信息技术方面的成本优势，这就使RT能够在最大限度追求效率和效益的公务旅行市场始终保持竞争优势。

点评：中国旅行社经过20多年的发展，已经具备了一定的行业规模和经营基础，在信息技术运用方面也取得初步的进展，但在行业整体经营中依然存在大型旅行社没有实现规模经营、中小旅行社缺乏明确市场定位以及市场秩序混乱等问题。旅行社技术含量低也是造成我国旅行社行业低水平运作的重要因素。目前我国旅行社在信息技术应用方面的差距主要表现在信息技术普及程度低、与相关部门和旅行社之间的联网系统尚不发达以及与世界上影响巨大的计算机系统缺乏足够的联系等方面。与此同时，我国旅行社行业要想在不远的将来实现大型旅行社集团化、中型旅行社专业化和小型旅行社通过代理实现网络化的目标也离不开信息技术的支持。因此，对我国旅行社行业信息技术应用的现状具有清醒的认识，并充分运用信息技术提高旅行社运行的技术含量，获得旅行社竞争优势，这是我国旅行社从RT的成功中所能获得的启示。

［资料来源］杜江，戴斌．旅行社管理比较研究［M］．北京：旅游教育出版社，2000：233.

案例3：

“告别三峡游”变成真？

案情：1998—2001年，国内的许多旅行社，特别是长江沿岸的重庆、宜昌、武汉等地的旅行社联合海外旅行商，在经历了1992年、1996年两次炒作的轰动效应上再添一把火，推出了“告别三峡游”的海内外旅游产品营销主题。作为一种市场销售主题它在当时的情况下提出，虽然存在着极大的不科学性，但从商业炒作的角度看，确实起到了很好的促销效果，一时间，“告别三峡游”成为不少旅行社的主推产品，市场反应极为强烈，人们在旅行社的宣传攻势下，纷纷加入了“三峡游”的行列，中外游客形成的滚滚人潮源源不断地涌向这一黄金旅游区域。但在大江已经截流的今天看来，当时的这一做法不可避免地产生了一系列负面效应：一方面人们对“告别游”产生了歧异的理解，以为大江截流后三峡就没有什么可看的了，甚至到今天，这种观点的影响仍然存在。另一方面，爆发性的轰动效应给长江三峡沿线的接待能力以突然袭击，有限的接待能力导致了旅行社产品质量的急剧下降，甚至是混乱不堪，最终损害了游客的利益和长江三峡的整体形象，导致长江三峡旅游业出现了大幅度整体下滑，旅游景点门可罗雀，90%的游船停泊港中，旅行社也随之惨淡经营，不少旅行社纷纷反思：难道是我们自己在“告别三峡游”吗？

点评：上面这个案例说明，旅行社的产品促销在旅游营销中的作用不可小觑。成功的促销策略能造就旅游企业的辉煌，而短视的、失败的促销却会使最好的旅游资源无人问津。总结起来，旅行社产品促销的作用主要有：刺激旅游需求，扩大旅行社产品的销售；突出产品特点，强化竞争优势；树立旅行社的良好形象，提高抗风险的能力；提供市场信息，沟通供需关系等等。旅行社在产品营销过程中，眼光要放得长远，切勿患上“营销近视症”，既要把注意力放在产品上，也要把眼光放在市场需要和变化上，在产品营销策略上要有远见，更不能一哄而上，这样才不会使自身经营陷入困境。

［资料来源］刘敦生．旅游服务纠纷精选案例分析［M］．北京：中国旅游出版社，2004：69.

本章小结

这一章主要讲述了旅行社产品的营销过程，也就是旅行社将其产品怎样推销给客户，达成交易的过程。这一环节对于旅行社来讲是至关重要的，特别是在竞争激烈的现实环境中，这一环节的好坏往往就已经决定了旅行社的成败。

实训题：

1. 就你所熟悉的本地旅游市场，特别针对校园旅游市场，设计一个暑期夏令营的旅游产品，并且估算价格费用；然后试着向你周围的潜在游客（同学、老师等）推销自己的产品；最后评价效果。

2. 在课堂上，情景模拟旅行社门市部的销售（可参考本章的第二节）：由扮演销售人员的同学向“游客”直接销售前一题中自己设计的产品，最后由其他的同学讨论、评价。

3. 扮成普通的游客，去附近的旅行社或旅行社的门市部咨询旅游产品，打听线路、报价、特色服务等情况，然后带回课堂加以讨论、评价。

4. 通过你能想到的各种途径，收集尽量多的旅行社产品，然后选择出两三个带到课堂加以说明、讨论：

（1）说明来源：互联网、广告、门市部、旅交会……

（2）发现并说明该产品的特点：卖点、吸引人之处、价格优势……

（3）大家一起讨论、评价，最后评选出“十佳旅行社产品”，并为持有十佳产品的同学授予“最佳发现奖”。

第五章
旅行社外联部业务

导学提示：

外联部是旅行社举足轻重的一个部门，本章通过外联部的机构设置，促销策略，计价、报价及业务洽谈等几方面，全面阐述了外联部的结构和主要职能，使同学们能更系统了解外联部的机构，外联部经理及外联部销售人员的岗位职责和素质要求有哪些。

重难点：

外联促销策略和计划，外联部销售计价方法和报价的方式，客户计划操作步骤和销售渠道，外联部管理。

知识培养：

掌握外联部、外联部岗位职责、旅行社产品价格、客户计划等基本概念，掌握外联部的机构设置和工作特点，外联销售人员的主要工作和要求，外联客户计划及管理原则等相关知识。

能力培养：

了解旅行社利润的核算，在实际工作中灵活运用各种计价方法和计价策略，能够快速对外报价，提高工作效率。能直接而有效地按计划发现和培养客户，并完成旅行社的销售任务，达到外联营销的目的。通过本章学习能对外联部及旅行社内外的其他相关部门和单位有所认识，能够开阔思路，形成自己工作的独特风格。

实训要求：

能够对外快速报价，并具备一定的销售技巧，在自己的实践中能协调好外联部和旅行社其他部门的关系。

第一节 外联部概述

一、外联部的概念

外联部是我国经营国际、国内旅游业务的旅行社中设置的一个重要的经营部门，也称市场销售部。外联部主要负责旅行社的生产和销售任务。因此，外联部的任务是通过了解和掌握市场的需求动向，在利用信息的基础上，开发、设计旅游线路，促销旅游产品，将产品销售给旅游中间商或旅游消费者，由此招徕客源。

具体地说，它包括旅行社与旅游客户进行业务联系、信息推介、洽谈、出售旅行社产品，乃至达成合作意向或协议等；其职能是将各种旅游信息资料有机地组成旅行社产品，出售给旅游中间商、其他旅行社或旅游者，由此实现买卖双方的市场供求关系。

（一）外联部的机构和设置

旅行社应该根据实际情况设置外联部机构，一般要求具有科学性、实用性，并且有利于开拓和发展市场。外联部的机构设置应该能充分发挥它的基本职能作用，即以它的基本职能为依据来设置机构。一般可分为市场、销售、计划三大版块，每一版块中又包含各自的具体内容。外联部基本机构如图 5.1 所示。

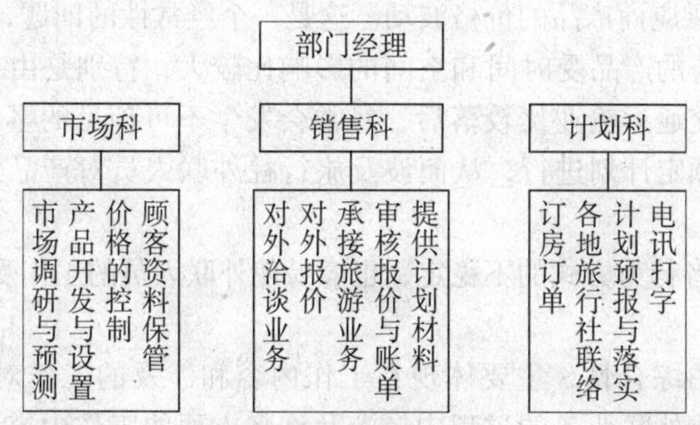

图 5.1 外联部的基本机构

图中表示的是外联部的基本结构，这并不是说对每个旅行社都适用，但这个结构基本上将所有的市场销售部业务都列在其中了。各旅行社可根据本身的规模、发展方向、客源对象以及当地社会、经济及旅游市场状况进行最合理的组合。

（二）外联部的工作特点

外联业务具有综合性、复杂性、超前性、时效性和经济性五个特点：

1. 超前性

外联部门是旅行社的先行官，它的几项主要业务都必须有一定的提前期。

为销售更多的旅游产品，招徕更多的客源，必须事先了解市场的需求，收集信息，对市场进行调查、预测，根据市场情况采取相应的对策。

要根据市场的需求，了解各条线路、景点、餐饮、住宿、交通和风土人情，预先设计出适销对路的旅游产品，并加以宣传和推销。

为保证产品质量，必须事先作好旅游团队的计划预报和落实工作。

以上工作都需要外联人员必须注意市场的发展趋势，不断完善专线产品，提出新的旅游线路，以便在工作中处于主动地位。

2. 时效性

由于外联工作面对的主要是竞争激烈、瞬息万变的旅游市场，因此时效性很强。应加强横向关系的交流，及时掌握最新的信息。从旅游业的特点来看，不抓时机就会失去很多客源。外联人员在工作中要特别注意适应一些行业的特征，注重时效。特别是海外、外地客户的咨询、报价，必须在 24 小时内给予回答，这是国际惯例。

3. 复杂性

由于国内外旅游市场竞争的日益加剧，使得外联业务日趋复杂，主要体现在：

(1) 旅游业的多变性容易造成旅行社外联人员的判断失误，增加了业务操作难度。

(2) 旅游供应商产品的价格波动。这是一个经常性的问题，交通、餐饮、住宿等旅游必备的产品受时间和空间的影响比较大，特别是由于我国旅游业起步比较晚，交通运输业比较落后，经常会发生不可预见的事件，使旅行社的工作不能按预定计划进行，从而波及旅行社外联人员对产品价格和质量的把握。

(3) 旅游者行为方式的不稳定，也容易使外联人员的工作受到干扰。

4. 综合性

外联业务的综合性，主要体现在工作内容和涉及的工作对象上。首先，外联人员在完成外联业务的过程中，涉及许多方面的工作内容，包括市场部分、销售部分和计划部分，每一部分的工作都有其各自的特点。

5. 经济性

外联部门主要是组织提供客源，是旅行社最重要和最直接的盈利部门，外联业务的每一环节都会影响旅行社的收益。因此，为提高旅行社的经济效益，外联业务应该抓好下列环节：(1) 价格的制定必须合理，既要有效益又要有竞争力，两者缺一不可。(2) 报价必须仔细，稍有疏忽，就会造成较大的经济损失。(3) 签订合同必须认真，各项条款都要仔细斟酌，避免主客双方的权益受到损害。（4）加强信用管理，协助财务做好收款工作，必须一团一清，杜绝欠款现象。

二、外联销售人员的岗位职责及素质要求

（一）外联销售人员的岗位职责

1. 提供信息

外联人员要做好旅游市场调查工作，研究国内外旅游市场的发展动态，及时向旅行社经营决策者提供通过调查和预测得出的结论，如产品质量、客户情况、发展趋势等市场信息，以便决策者作出正确的经营决策。

2. 设计产品

外联人员根据目标市场的特点，认真研究旅游消费者的旅游动机和消费心理，设计有吸引力的旅游产品。同时还要加强与各地接待社的合作，经常与其保持联系，收集当地最新的旅游市场信息，使本社的旅游产品不断更新、完善。

3. 推销产品

外联人员最重要的职责就是与旅游客户进行业务洽谈，签订旅游合同，同时还要负责承办国内外旅游团体或旅游中间商的委托代办业务，并且积极参加旅游展销、促销活动，做好对外旅游宣传工作，树立良好形象，招徕更多的客源。具体内容有以下几个方面：

（1）详细了解旅行社的营销计划。对旅行社的实际情况了如指掌，以便于接待访谈。

（2）对旅行社的各种宣传资料准备充分，能够草拟销售文件，向客户推销旅游产品。

（3）清楚客户的确认，对团队的预定及旅行社的小预定信用政策均有详细的了解。

（4）能对产品现状及潜在客户的信息准确把握，随时可以进行专项调研。

（5）完成访问报告、销售进展情况报告，并就有关问题作出解释和分析。

（6）使用现代销售电子系统及档案系统。

（7）对外联部在旅行社损益表中的收入与支出项目所起的直接作用作出分析和解释。

（二）外联人员的素质要求

现代的外联销售人员是开拓产品销售市场的先锋，他们的素质关系到旅游企业促销工作的成效，关系到旅游企业的形象和旅游者需求的满足，一个合格的外联销售人员必须具备以下几个方面的素质：

1. 政治思想和职业道德

（1）遵纪守法，具有良好的政治思想素质和良好的道德品质。外联人员

的一言一行都代表着企业形象，因此外联人员应具有忠实于企业，忠实于每一位旅游者的品质。

（2）具有强烈的敬业精神。外联人员要有积极的进取心，要勇于推销事业，具有不畏艰难、全心全意为旅游者服务的敬业精神。

2. 知识水平

外联人员必须有旺盛的求知欲，牢固掌握外联销售知识。他们必须掌握的知识有：文化知识、市场知识、企业知识、产品知识、用户知识。外联销售人员必须具有将这些知识娴熟地运用到推销工作中的能力，成为任何问题都问不倒的“万事通”。具有旅游市场和销售等业务知识和政策法规知识，对企业和工作忠心耿耿。

3. 工作能力

外联销售人员应该具备较强的创造能力、社会能力、应变能力、语言表达能力。只有这样，外联销售人员在推销工作中才能及时地解决各种复杂的问题，面对困难游刃有余。外联销售人员应该机敏干练、善于对外联系，有良好的沟通能力和交际能力；善于收集和分析商业情报。

4. 良好的气质与修养

外联销售人员在推销旅游产品时，也在推销自己，推销着旅行社的形象。他通过适度的举止、端庄的仪表、从容的态度，表现出良好的素质与修养，以赢得消费者的信任，从而达到推销旅游产品的目的。

5. 学历、经历、职称、培训与身体素质

（1）学历：一般应具有大专毕业或同等学力水平。

（2）经历：从事旅游接待和销售工作两年以上。

（3）职称：初级以上专业技术职称。

（4）培训：经过本岗位资格培训，取得“岗位资格培训证书”。

（5）身体素质：身体健康，精力充沛。

（三）外联销售的要求

1. 对外联人员的销售要求

（1）遵守旅游职业道德的岗位规范。

（2）佩戴服务标志，服饰整洁。

（3）熟悉所推销的旅游产品和业务操作程序。

（4）向旅游者提供有效的旅游产品资料，并为其选择旅游产品提供咨询。

（5）对旅游者提出的参团要求进行评价与审查，以确保所接纳的旅游者要求均在组团社服务提供能力范围之内。

（6）向旅游者/客户说明所报价的限制条件，如报价的有效时段或人数限制等。

（7）计价收费手续完备，账款清楚。

2. 外联销售成交后的注意事项

（1）告之旅游者填写出境旅游有关申请表格的须知和出境旅游兑换外汇有关须知。

（2）认真审验旅游者提交的资料物品，对不适用或不符合要求的及时向旅游者退换。

（3）妥善保管旅游者在报名时提交的各种资料物品，交接时手续清楚。

（4）与旅游者签订出境旅游服务合同。

（5）收取旅游费用后开具发票。

（6）提醒旅游者有关注意事项，并向旅游者推荐旅游意外保险。

（7）将经评审的旅游者要求和所作的承诺及时准确地传递到有关工序。

三、外联部经理的岗位职责及素质要求

（一）外联部经理的岗位职责

（1）在总经理的领导下，全面负责外联部的工作。

（2）组织拟订、报批并实施本企业市场开拓、产品开发、宣传促销和产品销售计划。

（3）组织制定企业销售渠道策略，组织人员对国内外客户进行考察、选择与管理；负责组织业务洽谈、签订业务合同，开展业务合作。

（4）确定本部门的经营管理方式，编制岗位职责。

（5）负责经营业务洽谈。

（6）负责经营成本的控制。

（7）及时反馈信息。

（二）外联部经理的素质要求

1. 政治思想和职业道德

（1）拥护党和国家的方针政策，有一定的政策水平。

（2）有强烈的事业心。

（3）遵纪守法，廉洁奉公。

（4）重合同，守信用，维护企业信誉。

（5）顾全大局，团结协作，热心服务，讲求效率。

2. 良好的气质与修养

外联部经理在开展内部管理工作和推销旅游产品时，也在推销自己，推销着旅行社的形象。他通过适度的举止、端庄的仪表、从容的态度，表现出良好的素质与修养，以赢得下属的尊重和消费者的信任，从而达到推销旅游产品的目的。

3. 知识水平

（1）业务知识：掌握市场学原理和旅行社市场销售管理的业务知识；掌

握主要客源市场和我国主要旅游产品的基本知识；了解国际金融、公共关系、心理学、价格、外汇管理、保险、财会、礼仪礼节等知识；掌握国内外通航的发展动态和计算机管理及使用知识。

（2）政策法规知识：掌握有关旅游政策与法规，熟悉经济合同法、海关法、反不正当竞争法、消费者权益保护法等法规。

4. 工作能力

外联部经理应具有较强的工作能力，主要体现在以下几个方面：

（1）分析判断能力：能根据上级部门的要求，结合市场销售部业务实际情况，提出与业务有关的市场销售决策并实施。

（2）开拓创新能力：具有强烈的市场意识，能根据国内旅游市场的需求变化，做出迅速反应，开发旅游资源，创新旅游产品，发展多种形式的旅游商品经营。

（3）组织协调和社会活动能力：能在总经理的授权下，组织安排好本部门内的业务工作和完成交办的重大任务，能协调部门内和部门外各方面的工作关系。

（4）业务实施能力：能对国内外旅游市场进行综合研究及做出科学的经济活动分析，并能制订切实可行的业务实施计划。

（5）语言文字表达和外语能力：能审编旅游商品广告书册，并具有较强的专用应用文和业务报告的写作能力，有较强的口头表达能力。熟练掌握一门外语或方言，最好会英语，能流利地进行外联业务洽谈，熟悉中外文化差异、艺术经典和历史演变。

5. 学历、经历、职称、培训与身体素质

（1）学历：具有大专毕业或同等学力水平。

（2）经历：从事旅游接待和销售工作五年以上。

（3）职称：中级以上专业技术职称。

（4）培训：经过本岗位资格培训，取得“岗位资格培训证书”。

（5）身体素质：身体健康，精力充沛。

第二节　业务洽谈与合同签订诀窍

业务洽谈是外联工作的主要内容之一，是旅行社外联人员与旅游客户进行业务联系，商讨交易条件等，最终达成一项令双方都能满意的协议过程。

业务洽谈一般有两种形式，即面对面的洽谈和利用通讯工具进行洽谈。无论哪种洽谈，目的都是为了建立业务关系或就某种产品达成购买意向。要达到目的，就需要按一定的诀窍进行。

一、准备充分

与客户的洽谈，关系重大，成败往往取决于一线之间，所以绝对马虎不得，事先一定要作好充分准备。首先是确定人员，一般应由我方直接面对该客户的外联经理或业务主管主持谈判，并准备好产品及报价资料，按照客户的预先要求做好几种谈判可能的实施方案。与客户谈判之前，应尽量从各个方面了解谈判对手。其次是要知己知彼。这种了解包括三个方面：一是了解谈判对手所代表的旅游产品的历史、现状、经济实力、组团能力、声誉、是否与自己的竞争对手合作等；二是了解谈判对手本人的经历、能力、权限、嗜好、惯用策略等情况；三是了解相关的国家法律、政策等方面的情况。尽可能做到知己知彼，才能掌握谈判过程的主动权，对谈判的内容和发展做出正确的判断。第三是制订方案。在作好上述两个方面工作的基础上，旅行社业务谈判人员要制订出谈判方案。根据对方市场需求、竞争状况、对方可能采取的谈判策略，谈判人员要制订出谈判中的上、中、下策方案以及在谈判中的进退幅度和交换条件。

二、谈判方式

在谈判过程中，旅行社业务谈判人员应根据事先拟订的谈判方案，在互惠互利的前提下，通过友好、坦诚、认真的协商，争取达成产品购买协议。方式如下：

谈判开始后，我们应先将所编制的旅行社产品向对方作详细介绍。并就对方提出的问题做出细致的解答，使得对方能够在较短的时间内熟悉产品的内容、特点、销售价格、购买方式、付款条件等情况。在介绍完产品之后，双方应就旅游产品的细节、价格、购买和付款方式等具体问题逐一商讨，最终在双方均有所调整并达成一致的时候实现购买，此时我方要不失时机地与对方签约并收取预付金等。

（一）洽谈行为技巧

1. 选择好洽谈的时间、地点。这一点对洽谈效果有很大影响。在时间上应避开身心处于低潮的时候，如中午或下午下班前，在连续紧张工作之后人们的思绪比较零乱；或在休息日后第一天早上，人们在心理上可能仍未进入工作状态；或在傍晚 4—6 点，此时人一天的疲劳在生理、心理上已经达到顶峰，心情极为焦躁疲惫。

2. 要有自信心理。洽谈不仅是实力的较量，同时也是心理的抗衡，自信是洽谈成功的关键因素。外联人员在业务洽谈中首先应有自信心理，给客人以可信赖的感觉，冷静地控制自己，分析形势，把握时机，善于应用各种谈判技巧达到目的。

3. 认真观察分析。要积极倾听对方的发言，做到主动耐心，察言观色，并能注意细节，及时反馈。充分理解对方的要求和意愿，并有针对性地予以答复。善于倾听和思考，才能捕捉有益的信息，抓住对方的要领，正确得出观察分析结论，掌握主动权。

4. 学会等待与沉默。洽谈中等待与沉默也是不可缺少的。随着洽谈的深入，对方的经验、风格等会显露得逐渐明晰，我们可有针对性地适当调整洽谈策略。而在一定的时候，等待与沉默也是洽谈中心理抗衡的一种表现，当对方承受不住时，就会妥协。当然也可以运用一定的技巧和礼仪，主动打破僵局以掌握谈判的主动权。

5. 机智和风度。在洽谈中，要时刻注意冷静地控制自己的激动，尤其要避免表现出愤怒或严厉指责对方的行为，机智、冷静、风趣、不失风度永远是谈判制胜的法宝。

（二）洽谈语言技巧

洽谈语言应当以协商性语气为主，适当运用礼貌以求达到风趣、得体的效果，具体表现在洽谈上就是提问、应答和拒绝的技巧。

1. 提问技巧

首先要注意提问的时机，提问前应先取得对方的同意，或是在对方发言的间隙之间与结束之后，或是在对方发言的前后。当要提出一些敏感性问题时应先说明提问理由，以示对对方的尊重。其次提问的语气和态度应表现得彬彬有礼、温文尔雅，避免使用威胁性、讽刺性、盘问式或审问的语气。三是可采取多种方式。一种可采取引导式，即提出答案具有强烈暗示性的问题，以此引导对方赞同自己的观点，一般以反意疑问句的形式出现。另一种是澄清式，即针对对方的答复重新措辞，使它得到进一步的证实或延伸，表现出提问者对对方答复的重视，或要求对方进行更确切的回答。还有一种是封闭式，即能带出一定答复的问句，多用于提问者想获得特定的结果或确切回答的场合，往往具有一定的强迫性。

2. 应答技巧

由于洽谈有很强的竞争性，冷场、对抗是常有的，这时需要运用一些幽默风趣的语言来融洽气氛。因此要学会灵活用语，并能适时转移话题。此外，应答时还应先弄清楚对方的真正意图，如只需局部作答的问题，则无需和盘托出；如果是些不值得回答或不便回答的，也不要不作答，可以"顾左右而言他"，或用一些行得通的原因作借口。

3. 拒绝技巧

洽谈免不了拒绝，但拒绝应根据不同对象、不同要求做出不同的选择。如当对方的要求过分时，可用提问拒绝法；当面对过去合作不愉快，但现在仍纠缠不休的客人，可用借口拒绝法；当自己仍不能接受其全部条件时，可用赞赏拒绝法。总之，拒绝时不可使用教训、挖苦、嘲弄的语气，尽量不使用批判性的词汇，更不能勃然大怒。

第三节　客户计划操作

一、客户计划的含义及分类

（一）客户计划的含义

计划工作包括选择任务和目标，以及完成任务和目标的行动。换言之，计划是一个组织要做什么和怎样做的行动指南。

旅行社外联通过制定合理的计划并按照计划决定工作步骤和方法，可以减少资源浪费，更好地实现企业营销目标。旅行社在市场营销管理中，常会遇到很多不可控因素，因此，客户计划工作显得十分重要。

（二）客户计划的分类

客户计划可分为很多种类，在企业不同的发展阶段，为了实现不同目标，企业需要制定不同的计划与之相配。

1. 长期计划与短期计划

长期计划时间一般在 3 至 5 年以上，短期计划则一般在一年之内。长期计划是短期计划的汇总，而短期计划则是长期计划的分解。

2. 客户战略计划与客户作业计划

客户战略计划指的是应用于整体组织，为组织设立总体客户目标和寻求组织在所对应环境中确定客户地位的计划，客户作业计划则是规定总体客户目标如何实现的细节计划。在时间上，客户战略计划趋向于覆盖较长时间段，而客户作业计划一般是在较短的时间的计划。在外联客户经营管理中，战略计划与作业计划都占据较重要的地位。战略计划决定旅行社客户的发展方向、发展目标与市场定位等根本性问题，而作业计划则保证旅行社客户的日常接待、营销等业务的正常进行。如旅行社外联工作中大量存在的日、周、月接待计划都是客户作业计划的一种。

3. 客户指导性计划与客户具体计划

客户指导性计划只规定方针，不确定行动方案；客户主体计划有明确的目标，包括具体行动方案。指导性计划灵活性较强，一般是总体计划，具体到部门、个人，为了实现既定目标，就有必要制定详细的具体计划。

企业的计划是必不可少的，外联客户计划同样在外联工作中必不可少，而且是十分重要的，它同样有自己的具体内容和要求，这就是目的和使命、目标及实现的策略和手段、工作的实施和步骤、总体的规划和预算等。

二、外联客户计划工作的步骤

1. 描述宗旨

计划工作要正确理解并贯彻企业的宗旨，通过计划制订出行动方案以最终实现组织宗旨。因此在制订客户计划时，必须对旅行社营销使命与宗旨有一个清楚的了解，并做出准确描述，让参与计划制订与实施外联人员都能理解企业精神，才能有利于计划的顺利制订与实施。

2. 评估状况

客户计划工作的另一要旨是一定要认清企业所处现实状况。现实状况是企业计划的起点，也是制订计划的重要依据。要通过分析本旅行社所处市场的内外部优势、劣势、机会、威胁，对企业状况做出准确定位。只有通过主客观两方面的正确估计，才能制订出有效的客户计划。

3. 确定客户发展目标

这里指的是确定客户发展计划的目标。对组织宗旨、现状未来发展计划有了清楚的认识，就相当于清楚了前进的方向与起点，依据这两者就可以决定在某一阶段可以走到哪里，即希望通过计划实现哪些目标。多数情况下，目标不是单一的，而是整体目标、部门目标等构成的目标体系，往往还包括产品、市场、人力资源、管理规范等具体方面的内容。

4. 制订方案计划

方案计划是企业的行动路线，要清楚地告诉实施者要什么、怎么做、由谁做、何时做、何处做等具体问题。在编制计划时，要确定几种可供选择的可行性方案。

5. 评价、挑选备选方案

它是指依据一定的标准对几种备选方案进行评价，而后从中选择出最优的可行方案。在这一环节，尤为重要的是选择合适的评价标准。评价标准的差异会直接影响决策结果。此外，对不同要素所赋予的权数对结果也有明显影响。面临种种方案，决策者往往难以选择。有时分析与评估表明有两个或两个以上方案可供选择，在这种情况下，也可将一个方案确定为首选方案，其他方案确定为后备方案，这样可以增加未来工作中的弹性与主动性。

6. 编制预算

为实现客户计划目标，外联必须有相应投入，必须在计划开始时就对投入规模心中有数，做出资金准备。有的外联不重视预算，经常出现计划半途而废的情况。预算环节是计划工作的最后一步，也就是用数字方式表现计划。

二、外联客户计划及管理原则

1. 灵活性原则

在计划中加进灵活性，可以减少因市场变化或突发事件带来的风险。这个原则要求在制订计划时留有余地。这样，当意外事件出现时，可以根据现实状况及时进行调整。客户计划的灵活性原则必不可少，因市场和人事变化的不可控制因素太多，变数太大，因此灵活性要求就更强。

2. 限制因素原则

这一原则强调的是客户计划编制者要充分认识影响计划实现的主要限制因素，依据这一要素最终选择方案。根据限定因素原则，计划的最终实现状况往往是由最主要的限制因素决定的。这一原则也被称为“短边原理”，即木桶的盛水量是由其最短边决定的。在旅游业涉及的诸要素中，也往往存在着“短边”，如旅游旺季的交通就是制约的一个瓶颈，编制计划时一定要努力识别这些要素，努力解决限制问题。

3. 许诺原则

许诺原则是指客户计划的期限应当延伸至适当远，以便在此期限内能够实现当前的许诺。根据许诺原则，计划时间的长短应取决于实现计划中许诺任务所需要的时间。计划时间太长或太短都是无效的。管理人员不是计划未来的决策，而是计划当前决策对未来的影响。因此，如果外联经理实现许诺所需的时间比合理的计划期还长，就要适当减少计划中的许诺内容。

三、客户计划的内容和实际操作

（一）客户战略计划（长期计划）的内容和实际操作

在明确企业总体市场目标或使命的基础上，客户战略计划就需要外联专门的组织机构和人员来围绕总体计划，进行客户计划制订并实施，这是达成具体目标的保证。外联部实施客户计划组织机构有分客户作业型机构、市场作业型机构、销售+计划作业型机构、产品分类作业型机构。

1. 分客户作业型机构

即在外联部经理下面设外联业务经理若干名，每个业务经理下又有业务员若干名，每个经理分管几个母系统客户，而每个业务员下面又分管若干个子客户，这样，就形成一个战略客户大网络。（如图 5.2 所示）

2. 市场作业型机构

即是把客源按客源国家或地区的目标市场来分成几块进行管理，如欧洲一块、美加一块、东南亚一块（又分印度尼西亚、马来西亚、新加坡和泰国等），而每一个国家或地区又依据目标市场再接着按城市细分为如曼谷、清迈等。（如图 5.3 所示）

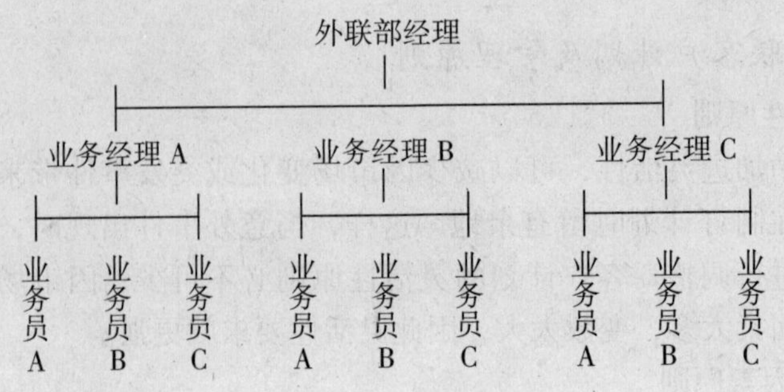

图 5.2　分客户作业型机构

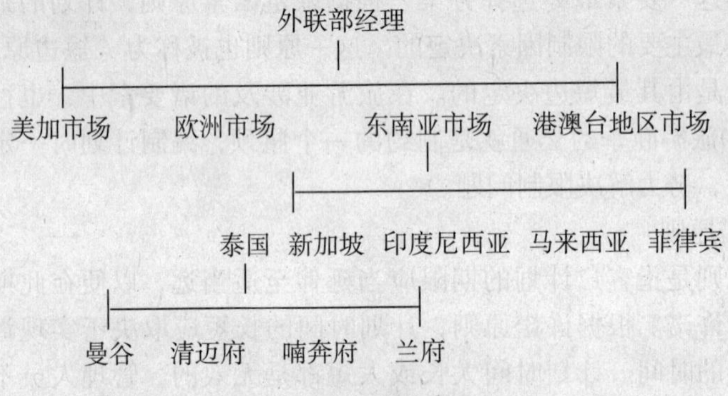

图 5.3　市场作业型机构

3. 销售 + 计划作业型机构

即把销售部分和团队计划作业部分开，分设销售业务岗位和计划业务岗位，各司其职，销售业务员负责线路的制作推销工作，之后交计划业务员进行房、车预订及各地联络。(如图 5.4 所示)

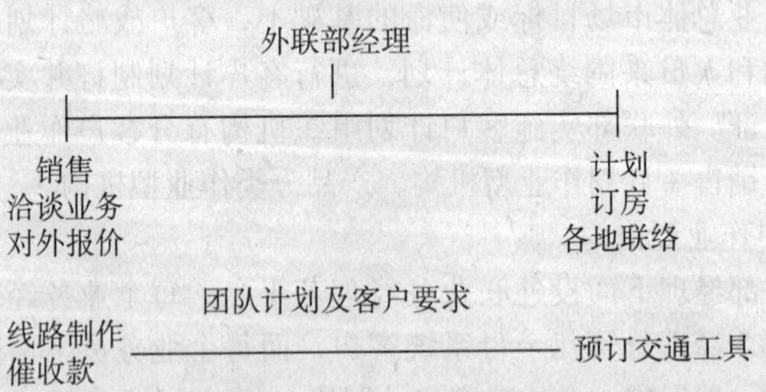

图 5.4　销售 + 计划作业型机构

4. 产品分类作业型机构

即按消费者需求和产品类型进行客户计划作业分类和管理。如观光类、度假类、探险类、科学考察类、商务和会议类等。这样有利于外联业务人员在客户计划方面的专业化，并与各类旅游需求客户保持良好的关系。(如图 5.5 所示)

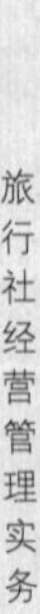

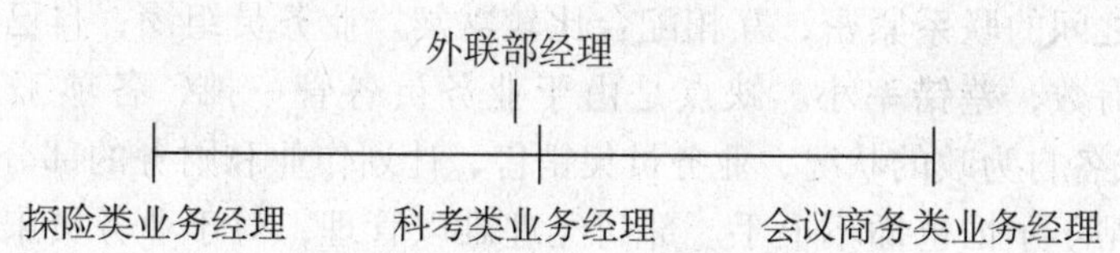

图 5.5　产品分类作业型机构

以上四种客户计划组织机构，各有优缺点，它属于客户战略计划或客户长期计划在组织机构方面的一个部分，它只能围绕旅行社总体市场目标，并根据本企业主客观具体情况进行选择或补充、修改，以最有效的方案去实施整个客户计划，选择、确定出合适的组织方案，形成一个长期客户计划。这样的组织方案和客户计划一经确定，便应有一个相对长的工作连续性，因为市场也即客户培育不是短时间可以完成的，其中任何的变化和中途停止，均会造成不可估量的损失，所以确定前可多方斟酌，一经确定便应长期执行下去。

当然，对客户计划中的组织和机构也可采取风险相对小的传统保守做法，或者有的旅行社也很难以一种模式来实施，所以我国大型旅游公司更多的是将客户计划组织分为三大类，即市场一块、销售一块、计划一块，每一块又包含着各自的具体内容。（如图 5.6 所示）

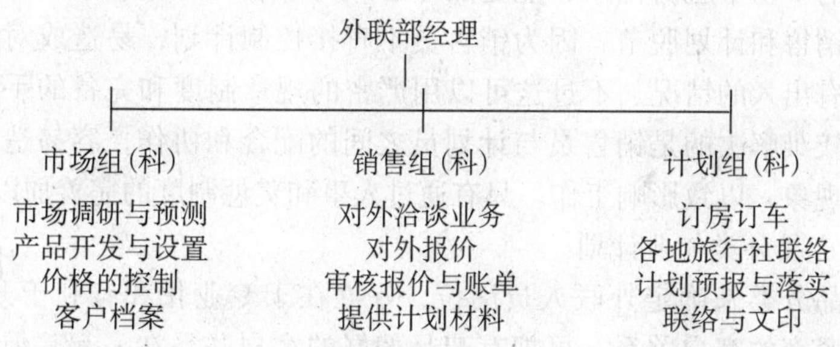

图 5.6　大而全的组织机构

这种大而全的组织结构基本上将外联销售业务都列在其中了。各旅行社外联部只能根据本企业的具体情况如企业规模、发展方向、客源对象及各方面的因素进行最合理、最有效的组合。

（二）客户作业计划（短期计划）组织

前面谈到，作业计划组织是围绕战略计划总体目标如何实现的细节（具体落实到每个人）的计划。

1. 客户作业计划组织类型

（1）分客户作业计划

部门经理——业务经理——业务员，每个人各司其职，有自己分管的客户和业务范围，每人对自己的业务从客户开发、管理到业务洽谈、落实计划直至审核账单、催收款项等全部包揽。这种作业类型在组织上的好处是业务员与客户之间的联系紧密，互相配合比较默契。业务员组团，自己落实计划心中比较有数，差错率小。缺点是由于业务员各管一摊，各项工作“一手管”，造成各自为政的状况，业务员集销售、计划作业和财务的部分工作于一身，别人帮不了忙也插不上手。部门经理难以管理，对于业务员来说因为所有事都要做，而其主要精力在团队计划作业方面，整天被一些琐碎之事缠身，很难再去做市场和销售方面的工作，使客户计划难以有效实施。目前我国很多旅行社仍采用的外联组织机构基本属于这一类，这也是成为我国旅行社小、散、弱的原因之一。

（2）分市场作业计划

把市场按国家或地区分，其作业方式与前面分客户作业计划相同，故其利弊也大致相当，略有不同的是分市场的作业法，业务员对其负责的市场情况熟悉更专业化，缺点是在某一市场特别旺或淡时，易造成各块业务景气严重不平衡，各块之间互相不交流、不支持的情况。

（3）销售＋计划作业计划

将销售和计划分开，各司其职，销售业务员只负责销售，计划只负责预订联络等。好处在于销售员和计划员各司其职，专业化程度使销售员能够从具体琐碎的事物中脱身出来，能更加专心致力于客户开拓和维系，但不利的是容易将销售和计划脱节，因为销售员不直接控制计划，易造成对客户的承诺有时会有出入的情况。不过这可以用严密的规章制度和完备的手续来杜绝漏洞。比较难解决的是销售员与计划员之间的配合和协作，容易造成两者之间的扯皮现象，以致影响工作。只有通过人事和奖惩制度的完善加以解决。

（4）产品分类作业计划

按产品分类来确定外联人员岗位，好处在于专业化和有利于开拓市场，建立更为紧密的客户关系，可把有产品偏好的客户联系在一起。但不利的是客户变动大，因任何一个消费者均不可能永久地只偏爱某种产品，容易造成客户计划的偏执和狭小等。

2. 客户作业计划人员的基本职能

（1）外联部经理的职能

应全面掌握旅游市场动态，抓好新产品的开发与新产品市场开拓；努力扩大客户量；组织与重要客户的业务洽谈和参与重大的公关应酬；检查各业务员的工作效率与质量；协调各部门各科之间及本部门与其他部门之间的关系，搞好本部门的业务及思想工作；调动全部门的积极性，对本部门各个环节进行有效的管理。

（2）市场业务的职能

进行市场调研与预测，进行产品设计以及提供决策依据。负责价格的控制，一方面是本旅行社销售价，要求根据市场情况提出合理而有竞争力的价格；另一方面与各协作单位签订有关协议，以获得采购方面最优惠的价格。制作宣传册子和宣传广告，搜集国内外旅行社、饭店、交通、旅游其他设施的相关资料，并建立信息资料库，以便随时提供使用。

(3) 销售业务的职能

积极推销本社的旅游产品，负责对外洽谈与报价业务。承接旅游业务。对客户进行有效的管理和密切的联系，向客户提供有关信息。对已销出的旅游线路以及客户订单，及时制作行程计划表和要求等提供给计划业务员落实。及时做好团费的结算工作，注意汇款和催款。建立客户档案等。

(4) 计划业务的职能

负责对预报团队的吃、住、行、游、购、娱等计划给予具体落实。即根据销售人员提交的团队计划和要求，做好各种预订和变更处理，负责与客户（组团社）和接待社的各项联络。确认、建立团队联络档案，团队计划的变更联络等。

(三) 客户计划管理

1. 客户的选择

选择与自己合作的客户（这里主要指异地旅行社及集团购买消费者），主要应该考虑以下三个因素：

一是客户实力。指合作旅行社的人力、物力和财力。我们所需寻找的合作伙伴（客户），虽然不是说经济实力越强越好，但也不能是“皮包公司”。这种公司没有固定的经营场所或无旅行社的合法经营手续，除了名片上的头衔外便是一无所有或所有极少，容易造成团队拖欠款的呆账和死账，这方面的教训是深刻的。

二是客户素质。这是合作旅行社负责人应该具备的良好基本素质，如为人可靠、开拓进取、合作谅解、善于经营等。寻找客户，但不能让个别投机钻营者利用我们急于求成的心理和一时的轻信造成不良后果，与信誉好的客户合作，才能产生良好的效果。

三是资金信誉。资金信誉指的是按时付款。作为海外旅行社，应当在团队抵达前半个月将团款汇到接团社的账户上。国内组团社应将团款提前十天汇到接团社账户上，这就是“先付款，后接团”的原则。但是近几年来组团社对接团社拖延付款的情况屡见不鲜，尤其有的组团社在与接团社建立合作初期，尚能按时付款，但之后便开始拖延欠款，这是需要引起注意和防范的。那些“重合同、讲信誉”的旅行社是值得进一步加强合作的客户。资金信誉是与客户合作最重要的信誉，外联业务人员应该通过各种渠道对合作客户的情况尽可能地了解和掌握，以免处于被动境地。

2. 建立客户档案

了解客户，加强与客户的联系和合作是外联客户计划操作的重要内容，只有建立完整的客户档案，才能提高客户计划操作在市场开拓和营销上的效率。其作用表现为：

可以使外联无论在市场作业还是计划作业上随时了解客户的历史与现状。通过综合、分析、比较，了解问题，预测未来，探索扩大合作的可能性，并对不同的客户确定不同的对策。如对公共客户，应有公共客户的策略；对大的客户应有特殊的条件和优惠；对一些小客户，如认为有发展前途，可加以重点培养。

建立客户档案内容如下：

(1) 姓名、年龄、简历情况、婚姻状况、家庭成员等；

(2) 公司全称、起办时限、注册资金、经营方式、信誉；

(3) 与我国旅游合作从何时开始，与哪些旅行社联系过；

(4) 每年来华团队批数、团队等级、特点；

(5) 曾几次来华，主要目的，与哪些旅行社联系过。

3. 及时向客户提供信息

与客户保持联系，首先就是要向客户及时提供信息，包括我方的新产品及报价，各相关产品的价格变动以及我方的情况变动等。其次是向客户了解其他各方面的信息，如对方的客源情况、市场需求、市场价格变动等。做好双方信息交流，从我方来说，可围绕新开放的游览区域、新增加的特殊项目、新的服务设施、新的交通情况（特别是飞机航班、铁路车次的改变）等及时向客户通报。对并非紧急的信息，可以用邮寄的方法传递，以降低经营成本，对有极高价值的信息，如价格的变化及交通的变化等，可用传真、电子邮件的形式。

（四）客户的维持巩固和发展策略

客户的发现、选择和培养都不是容易的事，需要外联部的经理和人员用心和依靠客户工作计划来完成。同样，客户的维持、巩固和发展，更需要有客户计划的实施来保证，才能使旅行社获得固定的客源。对客户关系的维持、巩固和发展，可采用多种计划管理策略。

1. 客户分级制度策略

凡是和旅行社发生过交易关系的个人和组织都是旅行社的客户。根据他们对利润的贡献能力可以将其分为不同的等级，从而可给予不同的优惠政策。

分级标准为：消费量、消费者、消费额、消费频度、消费等级（经济等、标准等、豪华等）、为旅行社创造的利润总额、利润率、顾客所在地区、推荐新顾客数量和结果等。

2. 维持客户策略

(1) 定期研究客户消费情况的变化

可以通过对客户满意情况的定期询问和了解消费者市场，以获得客户满意度的变化情况，掌握市场动态，及时对自身经营做出调整。这样可及时解决双方合作中的矛盾，消除隔阂，以巩固合作基础。

(2) 分析变化的主客观原因

客户情况的变化来自主、客观两方面的原因。主观方面，由于客户自身原因比如组织内部的变化、身体原因等；客观方面，有消费潮流的变化、其他旅行社的竞争、相关群体的影响等。外联人员了解到原因后应提出相应的解决方案。

(3) 对流失客户再分析

外联人员应对那些停止与我社合作而转移去与竞争对手合作的客户进行访谈，了解其中原因，是因为价格还是服务？或者产品没有适应顾客需求的变化？一种正在上升的流失率通常表明顾客满意率的下降。对流失客户除采取挽留措施外，还应当记录在案，包括原因、采取的手段和效果等，以便改进客户计划管理。

(4) 重要客户的培育方法

重要客户是指知名度高，对我社有特殊贡献以及多次购买本社产品的回头客等。这些客户是旅行社的宝贵财富，除了要给予价格上的优惠外还可以提供一些特殊优待，对他们的建议和要求应充分重视，定期举行一些联谊活动，让他们感到受重视，这是推动其继续作为本社客户的有效方法。此外，还可以采取下列三种方法：

①增加客户的财务利益。对某些忠诚的客户，支付相同的价格可享受更好的产品。最通常的做法是对经常性的顾客或大量购买的顾客给予优惠性奖励，包括累计优惠和数量优惠。这类做法可以建立起顾客对本社产品的偏好。但是竞争对手同样也会以此方法争夺客户，所以我们应当运用增加公关销售和增强顾客良好印象的方法强化自己的竞争优势。

②增强顾客的良好印象。通过了解顾客的需求，提供专门化与个性化的产品与服务，以此建立与客户的良好关系。如由专门的外联业务经理对某些客户进行定期联系，详细了解他们各种需求信息，熟悉他们的名字与个人喜好等，并有针对地保持与之良好的关系。

③与客户建立稳定的联系。如免收部分费用、免费提供通讯设备、建立联系机构与客户进行长期而稳定的沟通等，从实体上强化与客户的关系。这种方式适用于公司、机构等自组团体市场。很多旅行社通过与大公司和政府部门等建立固定联系，使自己成为大公司旅行业务的代理，这是非常成功的做法。

3. 顾客投诉处理策略

顾客在旅游活动中认为自己合法权益受到损害时，往往会采取行动来保护自己的利益，以求获得物质上和精神上的补偿。这种行动通常表现为投诉。对于客人投诉，是不能忽视的，很多回头客都是在投诉中得到满意答复之后成为忠诚的顾客。

投诉包括显性投诉和隐性投诉，表现形式不同因而处理方法也不同。处理的目的是为了了解顾客的需求，改进自己的服务与管理。

(1) 显性投诉的处理方法

当顾客以书面或口头方式向旅行社和有关部门进行投诉时，是显性的投诉。投诉的原因是多方面的，但投诉的心理不外乎三种：求补偿、求尊重、求发泄。只有了解顾客投诉的原因和心理，才能有针对性地进行处理。

旅行社外联在处理投诉时需注意：一是高度重视；二是仔细倾听，并保持冷静，做必要的记录；三是尊重客人，及时调查了解；四是迅速答复，采取相应的处理措施。若当场无法答复，则应向客人说明答复时间，不可拖延；五是记录在案，以备必要时核对；六是积极改进。旅游者投诉的地方，一般是旅行社管理相对薄弱的环节，旅行社应对旅游者投诉的方面及有关方面进行积极改进。

(2) 隐性投诉的处理方法

相比于显性投诉，更多的是隐性投诉。根据国外的调查，只有占不满意顾客总数的5%以下的人才会投诉，大多数人只是简单地转移到别的旅行社去，自己或者影响别的顾客不再回头或购买，因而隐性投诉的破坏力更大。对隐性投诉，一般企业不重视也无从了解顾客不满意的原因。

通常每次购买旅游产品后，消费者非常满意和极端不满意的人在所有人中都是少数，更多的人处于两者之间。非常满意的人一般会成为忠诚顾客和回头客，极端不满意的人容易产生显性投诉，而中间的人则会成为游移群体，即使不满意也不会成为显性投诉。对于他们，旅行社应当予以重视，了解他们的意见，努力争取他们成为回头客。可以通过顾客意见调查表和定期走访等多种方法主动与之接触，了解他们的意见，变隐性投诉为显性意见。也可以通过设立投诉电话，来了解这部分顾客的真实意图。

案例1：

赢得客户的关键

案情：对客户的询问是外联业务中常遇到的日常工作。每当电话铃响，应有人立即接听，在耐心周到的同时，还应做到快且准。

快，就是回复对方的询问和报价时要凭借熟练的业务水平迅速答复，即使不能立即答复的，也不可超过24小时。速度往往代表旅行社的作业水平，一定要争分夺秒。

有这样一则例子：北京一家旅行社与客户商定至云南的旅行计划，但细节方面（景点情况、住宿、餐饮及价格）吃不准，于是立即打电话给云南合作的地接社询问，但接电话的业务员一时不能给北京方面准确回答。之后，该业务员仍不能及时回复，北京方面只好另打电话给云南别家旅行社，并将地接交给了这家旅行社。这样的事在旅行社业务工作中屡见不鲜。因为每一个客户能与之合作的旅行社不只你一个，谁动作慢，谁的客户就将丧失。

准，就是回复客户准确无误，不虚报，不放空，不变化无常。回答客户的询问，不能模棱两可、似是而非，如“大概”、“可能”、“差不多”、“也许”等，只会让客户对你失去信心。另外，承诺的事不能随便改变。如：一个日本豪华团将启程前往中国扬州，日方旅行社将该团用餐等细节与扬州地接社进行了商定，并提出一系列要求，如第一餐为扬州菜，第二餐为鲁菜，第三餐为川菜，第四餐为安徽菜，第五餐为湘菜，最后告别餐为沪菜。对这样的要求，扬州接团社外联经理不敢肯定答复，只说尽量满足，而日方坚持必须按其要求办。事后该外联部经理也未督促落实，弄得该旅游团怨声载道。对此，日本方面组团社决定今后再也不跟扬州这家接团社合作，好端端的客户竟如此失去。

点评：商场如战场，必须争分夺秒，必须准确无误。想到没有做到，一切等于零；做到了却慢半拍同样功亏一篑。在激烈的市场竞争中，客户是上帝，是衣食父母，这点始终要牢牢记住，否则你将失去客户，失去市场。

［资料来源］杨晨晖．外联部操作实务［M］．北京：旅游教育出版社，2005：150.

案例2：

责任到人、制度作业

案情：工作中，往往出现销售与计划脱节的矛盾。销售不问计划，而计划不管销售，常互相扯皮，导致客户的不满意，如何改进值得思考。

某旅行社外联部实行销售与计划分开操作。这样可以使两块工作更专业化和提高两方面的业务效率，但在实际工作中经常发生很多脱节的情况，请看这则例子：计划业务经理称，已按客户要求将航班改签后延一天，但实际上是应该后延两天，可机票已出票了，再做必然带来困难，这是谁的错呢？销售业务经理说他通知计划经理说的是两天，可计划经理说他听到的是后延一天，两人扯皮不休，后来旅行社便作了一个新规定，凡旅行社内部之间业务来往，一律“责任到人，签字为凭”，此后再未出现过类似的问题。

点评：为防差错，销售与计划应良好配合。旅行社内部管理应有各种责任落实措施，在外联部应有一份“客户计划表”，销售应将客户要求一一标明，而计划则应在表格中将各项计划落实情况一一表明，落实一项，标明一项，就可避免差错和工作遗漏。外联客户工作应慎之又慎，对客户的意见要充分重视。只有加强内部管理，责任到人，制度化、标准化操作才可避免差错，赢得客户。

［资料来源］杨晨晖．外联部操作实务［M］．北京：旅游教育出版社，2005：149－150.

案例3：

作业细心、注意条理

案情：每一个外联业务经理的桌上，往往各种卷宗堆积如山，处理各种琐碎事务的经理们经常忙得不亦乐乎，有时，为了查找一个电话号码或一份计划，浪费很多时间。这里提供了一个最简单的窍门，将客户分门别类进行细分，实施条理化管理即可。将自己经常联络的客户建立档案，分一、二、三类客户，将他们的姓名、地址、通信方式、企业情况及与我方合作情况等信息存入电脑，同时将每一位客户通过量体裁衣为其设计的产品列于其后，注明"对×××社（公司）的报价及线路"。并将所有关于该客户的资料附于其中，做到一客户一档案，以便随时备查和调用。

点评：客户计划就是按规范化、标准化、程序化进行操作，只有熟练的客户计划操作，才能使琐碎的工作有序并提高效率。

［资料来源］杨晨晖．外联部操作实务［M］．北京：旅游教育出版社，2005：149.

第四节　外联部的管理

一、计划操作和管理

（一）计划操作的重要性

1. 基本概念

万事"预"则立，而"预"就是计划，有计划才有明确的奋斗目标。面对日趋成熟的旅游市场，制订有效的经营战略和实施计划管理，是旅行社立于不败之地的有效法宝。作为旅行社的重要业务部门，外联部根据旅行社的经营战略，确立自己的工作计划，并采取相应的行为执行计划，是保障旅行社经营战略实现前提条件。计划，是旅行社外联经营的重要组成部分，从静态的角度看，是指对未来的一定时期内市场经营活动的预见和设想；从动态角度看，是指在进行市场调查的基础上，结合科学的预测手段，对一定时期内的经营行动做出全面决策的一系列活动。

计划管理，是按照旅游市场客观规律的发展要求，通过编制计划、组织计划的执行和控制、保证完成企业预先制订的发展任务，不断提高企业的经营效益，是实现管理目标的一种科学方法。计划操作，是根据计划的内容和计划管理的要求上有步骤、有准备地执行计划，以达到顺利完成工作任务的系列活动过程。

2. 计划操作的重要性

计划的重要性不言而喻，为每一个经营者所重视，但是有好的计划，没有好的执行，计划也只能是一纸空文。作为旅行社，必须时刻关注市场动态和游客消费结构的变化，及时做出反应，才能够在市场竞争中生存发展，计划的制订，特别是工作计划的制订难度大、动态性强、要求执行迅速，这些都使得计划操作的重要性更加突出：

（1）计划操作是旅行社企业经济健康发展的重要保证。旅行社的各部门只有按照企业整体计划的各项要求，按质、按量、按时完成，才能保证整体计划的圆满完成。计划操作正是保证按质、按量、按时完成计划的前提和基础。

（2）计划操作是发挥企业员工主动性、积极性的重要手段。计划的制订不仅仅是旅行社少数上层决策人员的事，而计划操作则更需要全员参与，通过明确的分工与协作，计划操作可以保证每一个员工都能够积极主动地按计划要求完成本职工作。

（二）工作计划的制订与执行

1. 工作计划的制订

工作计划是外联部日常工作的基本大纲，是在未来一定时期内部门内部管理和外部营销的基本预测和设想。工作计划的制订是一个严肃科学的过程。作为日常工作的指导和经营管理的参考，工作计划制订的水平如何，不仅关系到部门能否顺利实现经营指标，而且直接影响到旅行社的企业经济发展。

（1）制订工作计划必须考虑的相关因素

①计划的相关性

首先，外联部作为旅行社的业务部门，其工作计划与其他部门计划、与旅行社整体经营计划有着密不可分的联系，必须与之统一协调；其次，相关性也反映旅行社必须在国家有关旅游行业的政策、法规的指导下进行经营服务活动；最后，外联部的工作计划的制订，还涉及同行业或相关行业的协作与交往，从业务的角度看，必须顾及这些相关行业的有关的部门的工作容量。

②计划的连续性

事物的发展运动，都有其自身运动的规律，同一事物的过去、现在和未来，一般说其共同规律和本质是在不同条件、不同形式下具有相互连接、延续的性质。工作计划的连续性，一方面为制订旅行社的发展计划提供了科学的预测依据；另一方面，也是外联部的日常工作保持持续健康的发展状态。

③计划的市场适应性

市场经济条件下，一切都要按照市场的规律来办事，旅行社在制订计划的时候，关键是要进行市场调查，掌握大量的市场信息，制订开拓旅游新产品的发展策略，并采取促进产品销售的广告、公关、价格、竞争等有效手段，并了解、掌握旅游者的新需求，及时推出新产品，则是制订工作计划、参与市场竞争的一个重要方面。

④计划的可行性

外联部的工作计划，应该反映企业科学决策的预见性和企业员工的拼搏精神，还应建立在企业人、财、物现状，上一次工作计划完成情况和市场变化的客观实际的基础上，既考虑到计划目标是否可以达到，又要避免不能科学预测员工的潜在能力而把指标定得过低。

⑤计划的时效性

国家旅游局规定各地旅行社不能经营异地旅游业务，外联部作为旅行社的出游服务中心，工作计划的主要内容之一是制订组团接待服务计划，即根据自己编制的销售计划组织客源，然后根据日程安排，向各地接待社通报客源情况，由其他地方接待社组织接待，组团社向地方接待社报接待计划一般为年度、季度、月度预报，预报时间越长，其准确性就越低，所以，外联部也应该充分考虑到地方接待社接待计划的协调统一，按年度、季度制订相应工作计划，按月度调整和修改工作计划，尽可能准确、及时、高效、全面地预测和反映组团接待服务情况。

（2）外联部的工作计划的构成

外联部的工作计划由服务采购计划、市场销售计划、接待服务计划、作业控制计划、质量监督计划等内容构成。

①服务采购计划

服务采购，一般是指旅行社为组合旅游产品，而以一定的价格向其他旅游企业，或与旅游业相关的其他服务行业和部门购买相关服务项目的市场经营行为。

旅行社产品是一种特殊性的服务产品，是为满足旅游者在旅游过程中的所有需要而提供的各种有偿性服务。在旅行社产品中，除了诸如导游服务等少数服务项目是由旅行社本身提供外，其余的与旅游“吃、住、行、游、购、娱”六大要素有关的多数服务项目，均来自其他旅游部门或服务行业。从某种意义上讲，旅行社产品质量的高低直接取决于上游供应商单项服务产品的质量。因此，旅行社往往通过选择一定数量的供应商并与之建立战略合作关系，以期保证其服务质量的稳定。通常情况下，服务采购工作是旅行社计调部门的一项重要业务，但是，计调部门的服务采购计划往往全面涉及旅游六大要素，外联部为了突出产品特色，加强产品销售能力，完成市场销售计划，也应该有所侧重地制订相应的服务采购计划。通常情况下，根据工作计划的需要，外联部服务采购计划主要反映包机计划（专列计划）、广告宣传计划等对销售影响较大的内容。

②市场销售计划

外联部市场销售计划是为了用于市场开发、组织客源和产品销售，是旅行社接待服务活动的基础。销售计划的主要内容包括各种旅游产品和服务项目。在确定销售价格的基础上，通过各种渠道确定销售对象，预测销售及所需费用、销售收入和销售利润。其作用是规定计划期间内的经营目标，掌握所需耗费的资金，确定具体销售策略，为旅行社的接待安排提供可靠的依据。

③接待服务计划

旅行社的接待服务计划包括地方接待服务计划和组团接待服务计划。外联部作为出游服务中心，主要制订的是组团服务计划。外联部的接待服务计划着重从接待人员的安排、餐厅用餐、饭店住宿、景点游览、行程交通、安全对策等方面进行设计，通过出团通知书的形式表现出来。

④作业控制计划

作业控制计划是对旅行社各部门、各工种人员在贯彻执行业务计划的过程中，进行执行性、操作性控制的计划，在发达国家的旅游企业早已普遍应用，被认为是企业管理不可缺少的一项计划内容。由于我国计划管理起步较晚，水平较低，许多旅行社对作业计划制订还不够重视。外联部的作业控制计划主要是针对门市销售人员、外联业务员、客户档案管理员的操作控制计划。

⑤质量监督计划

服务质量工作是对旅游业的生命线，是旅游业发展的关键，特别是我国加入 WTO 后，旅游业竞争日趋激烈，服务质量已成为企业竞争的主要阵地。国内外的实践经验证明，运用质量管理的基本理论和方法结合旅行社工作的特点进行综合治理，是旅行社切实提高服务质量的有效途径。

旅行社的质量就是旅行社提供的产品质量，主要表现为旅游服务在使用价值方面适合并满足旅游者的物质和精神方面需要的程度。

旅行社的质量包含三个方面：一是旅行社产品设计质量，即最主要的是要求旅行社设计出能满足不同层次旅游者需求的线路和节目，吃、住、行、游、购、娱等项目供应标准要质价相符；二是旅行社人员的实际接待服务质量，即旅行社的门市和导游要通过热情周到、谦和礼貌、舒适方便和迅速及时的服务，使旅游者得到物质和精神方面的满足；三是旅行社的环境质量，即主要是旅行社的业务、采购、接待和财务部门，以及景点、饭店、餐厅和车队等协作单位的工作质量。

外联部的质量监督计划必须涉及旅行社质量的全部内容，体现旅行社全面质量管理思想，对游前、游中、游后三个阶段以及部门全体员工工作态度、工作语言、工作技术、工作项目等内容进行质量监督，结合国家有关法律、法规和 ISO9000 质量体系在旅行社质量管理中的应用，围绕突出质量教育、加强信息反馈、完善合同制度、主动规避风险几个方面建立科学、系统、可持续的质量监督计划。

（3）编制外联部工作计划的方法

编制外联部工作计划必须运用科学的方法，考虑到 PDCA 循环的同时，还可以采用综合平衡法、定额法、比例法和动态法等方法。

PDCA 循环被美国管理学家戴明最早应用于企业计划管理，所以又被称为戴明环，其中 P 是 PLAN（计划）、D 是 DO（执行）、C 是 CHEEK（检查）、A 是 ACTION（总结处理），基本原理是做任何一项工作，首先要有个设想，根据设想提出一个计划，然后根据计划去执行、检查和总结，最后通过“四个水平、八个阶段”的工作循环，一步一步地提高水平，把工作越做越好。

同时，在编制外联部工作计划时，还可以采用综合平衡等方法。

①综合平衡法，就是外联部在制订工作计划的过程中，要充分考虑与旅行社各部门，其他相关部门各项计划指标之间，在数量上确定一个合理的比例关系，使外联部的工作计划涉及的指标能够建立在稳定可靠的基础上。需要指出的是，在运用综合平衡法制订计划时，必须考虑到整个市场是处于一个动态变化的复杂环境中，而且需要平衡的各种比例关系也很多。在这种时候，首先要分清主次，把握先后。同时，还要看到，在旅行社日常经营活动中，不平衡的现象是经常出现的，是绝对的，而平衡是暂时的，是相对的。因此，对工作计划的平衡只能是力求各项指标最大限度地接近临界点，但绝不能满打满算，不留余地，否则一旦出现特殊情况，引起市场的波动，则是很容易造成部门工作的被动。

②定额法，就是在确定市场经营指标的时候，以某一数额为基数指标，然后以此为基础，并按照一定的递增比例进行推算，最终确定一项新的计划指标的方法。例如：外联部在确定组团数量的时候，可以根据部门原有的定额水平，通过市场分析和科学预测推算出来，并成为实现新的经营目标的衡量标准。

③比例法，就是以旅行社业务经营史上某一比较稳定时期的各项指标间的关系为基础，结合计划编制过程中所产生的各项变动因素，来推算工作计划执行期内各有关计划指标的一种方法。例如：按照历年在第一季度组织散客团出游目的地的接待人次的比例，并根据计划初期已经完成的散客组团人次，可以比较准确地推算出到该年计划期末时，可能达到的散客组团总人数的规模。

④动态法，就是以某项计划指标在历年发展变化的基本趋势或平均增长的速度为基础，确定工作计划期内该项计划指标增长速度或预测其变化趋势的一种方法。例如：根据旅行社历年组团出游目的地的接待人次变化情况，结合实际经营的获利水平和游客意见反馈，确定主要的组团旅游目的地，并设定通过组团到该目的地出游在经营计划期末应该达到的利润指标值。

（4）外联部工作计划样式参考

①外联部工作计划（内部管理文件样式参考）

某国际旅行社有限公司

出游中心（外联部）2004—2005 年度工作计划

一、计划期：2004 年 1 月—2004 年 12 月

二、计划内容

（一）产品开发

2004—2005 年度在继续进行×××、×××、×××等传统产品的市场挖掘的同时，根据市场调研和客户座谈信息反馈，计划开发×××、×××、×××等新产品，具体开发事项由×××负责，需要网络中心、导游部、包机部的协助。同时根据市场情况和 2003—2004 年度经营情况，对经营有下降趋势的×××产品进行创新，计划从几个方面调整，力求使该产品重新成为公司的主要产品，如果在创新后达不到预期目标，则计划取消该产品的销售。该项工作由×××负责。（后略）

（二）市场销售

2004—2005 年底计划完成销售×××万元，其中，×××、×××、×××等产品各计划销售×××元。（后略）

（三）接待服务

2004—2005 年底计划完成组团×××个，其中：黄金周组团××个、大型团队××个，力争组织××人以上散客团××个。（后略）

（四）质量监督（略）

（五）员工管理（略）

三、执行与检查

计划经批准后于批准日执行，同时按照要求制订阶段性的季度工作计划，由总经理办公室××检查执行情况并及时通报修改。（后略）

××国际旅行社有限公司

出游中心（外联部）

2004 年 1 月

② 外联部接待计划（与地接社联系文件样式参考）

接待计划主要由旅游团（者）的基本情况和要求、旅游日程表和团员名单三部分组成。拟写接待计划首先要核实以下项目：①团号、团名、海外组团社名称；②旅游团人数及要求的旅游服务等级和方式；③入出境口岸、日期、航班、车次或船次时间；④旅游线路及游览城市；⑤住房及早餐安排要求；⑥城市间交通工具安排要求；⑦旅游团名单，最后确认人数，及成员的性别、年龄、职业、国籍、护照号码等；⑧特殊参观要求。

在以上事项得到确认后，可以按以下内容拟写接待计划：①按旅游线路

所经城市的先后，排列出各地接待单位，并注明印发份数（每份送单位一式j份）；②注明旅游线路；③注明旅游团的类别（游览团、参观团、学习团、考察团、专业团、重点团等）；④注明服务等级（团体标准A等或B等、10人以下标准A等或B等）；⑤注明住房的预订方式（游客自订、本社代订、委托接待社代订或其他），用早餐情况（饭店及早餐结算方式）；⑥注明风味餐标准、次数；⑦注明旅游团（者）出境机票情况（OK/OPEN）；⑧注明全程导游人数、姓名、性别及返程票的日期、航班、车次等，如无全陪人员注明“该团无全陪，请在下站接待社联系”字样；⑨注明旅游团（者）的航班、车次、船次的抵离时间；⑩注明加收费用的服务项目，如超公里，特种门票，游江游湖，风味餐标准、次数，专业活动及次数等；⑪注明旅游团（者）详细名单，包括姓名、性别、年龄、职业、国籍及护照号码等；⑫注明组团社名称、地址、电话、传真及联系人姓名。

2. 工作计划的执行

工作计划制订后，如何加强计划的执行力度，不仅关系到外联部能否全面落实计划内容、顺利实现计划目标，而且直接影响旅行社的企业部署和经营战略。采取科学有效的方法来执行计划，也是部门计划管理的一项重要内容。

（1）责任到人，归口管理

加强计划执行过程中的归口管理，是实现目标的根本途径。计划管理主要有全程控制法等方法。

①全程控制法

企业计划的制订，仅仅是计划工作整个过程的开始。计划制订后的关键是执行控制。执行控制的重点应放在：一是通过思想政治的教育，把部门全体员工的心凝聚起来，围绕企业计划这个共同的奋斗目标，正确处理好国家、集体、个人三者的利害关系，这是创造利益的无穷力量。二是通过各项规章制度，把员工的工作规范、行为规范都纳入工作计划的轨道，严格做到企业规范的要求。三是通过计划管理与经济责任的紧密结合，把计划指标分解到个人，层层以经济责任制度保证企业总体计划的实现。四是通过会议汇报研究、现场视察指导和反馈信息等控制手段，及时掌握工作计划实施的进程，并对计划执行中出现的问题予以及时解决。

②定额管理法

计划管理中所实行的定额，亦即计划定额，是指在一定条件下所投入的人力、物力、财力和消耗上所规定的数额和标准。这是工作计划管理中十分重要的基础工作。外联部定额的名目，有投入服务的劳动定额，有服务质量的达标定额，有各种物资的消耗定额，有营业收入款项定期到位定额等等。企业的总体计划目标确定后，必须层层实施分解后的总体计划，量化定额到部门。部门工作计划实施的整个过程，就是对量化定额随时进行检查，加以督促的过程。定额管理是保证总体计划实现的一个重要措施。

③比例确定法

外联部工作计划设定的组团接待人数、营业收入和利润收益等指标之间一般是有一定规律可循、成一定比例的。根据这个比例，可以随时从统计数字中了解到部门业务发展的情况是否正常，哪些地方失常了，可以及时注意纠偏。比例法是保证外联部工作计划完整顺利实施的一个重要方法。

④原始记录和定期统计报表工作法

旅行社各项业务活动都应该按规定做好原始资料记录工作，外联部业务繁杂琐碎、涉及旅行社内外的方方面面，更需要有健全完善的原始资料记录随时备查，这是统计工作的基础和依据。统计报表工作是一定时间内对各项经营服务在数量上的综合计算工作，它所形成的报表是经营服务的重要信息反馈，是管理者调节、指导和控制计划实施的重要依据。原始记录和统计报表应该做到完全真实性和高度准确性，违反这个要求，必然给管理者决策带来严重的后果。

（2）健全规章制度，保障计划实施

没有规矩，不成方圆，外联部工作计划的完成，必须依靠各项规章制度来保证。一般情况下，旅行社都会有一系列的规章制度，这些规章制度的制定和完善是用于保证经营工作顺利进行的。其中，旅行社用于保障工作计划实施的规章制度有考勤制度、定额管理制度、劳动管理制度、责任考核制度、成绩评估制度、奖惩制度、统计分析制度等。计划的执行是计划管理的主体，这关系到旅行社制订的经营目标和计划的实现。工作计划一经确定通过后，就要按岗位职能和部门的内部分工，将各项计划指标逐级落实到个人。并要求部门每个人都要根据部门工作计划制订出自己完成工作计划的具体有效措施，把工作计划变成每个职工的行动纲领和奋斗目标。在工作计划执行中，外联部的管理者要用细致的思想工作和强有力的组织措施来保证各项制度的落实，真正使制度起到保证工作计划执行的作用，同时还要把执行计划和个人的责、权、利结合起来，运用经济杠杆充分调动广大职工的积极性、主动性和创造性，推动各项计划指标的完成。外联部应该建立健全的规章制度包括：

①建立健全员工的考勤、考核、奖惩制度和各项业务操作规程。

②开展上岗前的业务培训、新进人员由老员工带教实习、合格上岗、淡季培训安排。

③确定业务人员的职责：广告宣传、咨询接待、业务洽谈等；明确业务人员必须掌握的业务技能；了解各条线路、景点、餐饮、住宿、交通和风土人情；加强横向关系的交流，及时掌握最新信息；完善专线产品，扩大新的

旅游线路。

④协助财务做好往来账款登记清理入账工作，必须一团一清，杜绝欠款现象。

⑤制订工作程序及服务规范；树立服务意识和“宾客至上，信誉第一”的宗旨；团队结束后，团队资料集中归档。

⑥召开服务质量座谈会，做好跟踪服务和信息反馈，必要时请主要客户代表定期参加；建立客户档案。

（三）督促与反馈

外联部对工作计划的实施进行检查、监督与信息反馈，是计划管理的职能之一，也是全面计划管理的重要组成部分；是检查各项工作是否符合计划规定的要求和目标，并可以及时采取有效措施，保证计划工作顺利进行的重要手段和方法。通过对计划执行情况的督促和信息反馈，管理人员可以对计划执行情况进行分析、总结和评比，同时还可以判断计划是否符合实际情况，作为以后调整和修改的一项依据。监督计划实施最好的方法就是检查计划执行是否按照规定的时间完成、完成的质量如何，检查各项计划指标和历史同期相比较增减情况和原因，计划执行中是否采取过有效的措施以及所取得的效果。督促与反馈的方法可以通过会议检查等形式实行。

1. 会议检查

通过定期或不定期召开部门的各种会议，了解部门工作人员的各种工作情况，或不定期地召开各类座谈会、进行重点客户回访，听取来自客户的意见，研究分析计划的执行情况和存在的缺陷，及时解决执行计划中所出现的问题。

2. 统计报表检查

即通过对企业各种统计报表进行监督，检查计划执行情况的方法。这种方法以数据资料为依据，可以精确地反映计划执行的进度，能够充分暴露在计划执行过程中的各项指标之间是否失调或存在问题，但是数据资料有时候会受到市场宣传、游客偏好、员工的工作态度、业务水平、产品设计等情况的影响产生波动，统计报表检查方法不能够准确反映出其变化的主要原因，还需要配合应用其他方法进一步分析原因。

3. 管理信息系统（MIS）实时监控

管理信息系统是为管理者提供所需信息的各种信息传递方式的总称。时至今日，计算机技术已经被广泛地应用于企业经营与管理领域，并发挥着重要的作用。管理信息系统作为计算机科学、管理科学、系统科学和现代通信技术的综合，除了具有数据处理功能，还具备特有的预测、计划、控制和辅助决策的功能。通过其将企业经营中的部门管理要素（人、财、物、信息）按照逻辑方式组合的职能子系统的集成，形成了企业管理的虚拟环境，即通过各种数字方法、数学模型和存储在计算机的大量企业管理数据，管理者可以及时推导出有关问题的满意解答，为管理决策提供辅助的参考。同时，由于现代通信技术的应用，特别是网络技术的推广普及，计划指标和日常经营数据可以通过管理信息系统的处理，在企业内部管理网络系统中传递，这样任何一个得到授权的管理者都可以随时随地检查计划执行情况，监测和分析经营状态，实现对计划执行的实时监控，并且可以通过计算机发出指令，指导经营工作、修改经营计划、处理管理事务、进行信息分析和整理。

二、产品质量管理

质量管理是旅行社经营管理的一项重要内容，也是提高旅行社市场竞争力、保证旅行社健康经营的根本手段。从旅行社整体来说，质量管理就是对旅行社产品质量、旅行社服务质量和旅游环境质量实施管理。而对于外联部来说，则主要是确保旅行社产品质量，因此，外联部的质量管理主要围绕产品质量进行。旅行社的产品质量，主要表现在两个方面：一是旅游线路安排的旅游项目是否合理，是否齐全多样，符合多层次多方面旅游者的需求；二是质价是否相符，游客是否感到安全方便。

为了加强旅行社产品质量的管理，必须注意解决产品服务等方面的问题。

（一）信誉至上

信誉是交易双方遵守诺言、对交易的产品或服务与支付方式和金额均表示认可或满意的能力。信誉是企业经营的基础，信誉至上，也就是要在经营中本着诚实守信、公平公正的原则，从旅行社的持续经营和旅游者的角度出发去考虑，恰当应用经营策略和手段、建立信用行为、规范旅行社经营活动。社会的发展需要稳定，发展市场经济不仅需要一个安定和谐、健康有序的环境，更需要个人与企业、企业与企业、企业与社会之间相互依赖、相互诚信。旅行社作为提供旅游产品和服务的企业，在满足旅游者心理和精神愉悦的同时，注重信誉对企业本身也是一种良好的企业文化和公共形象，对企业的市场竞争具有重要的辅助作用。

1. 把保证质量和满足游客要求放在第一位，建立以质量和服务为依托，规范科学和制度化的产品服务管理体系。在产品设计方面，应注意在原有线路的基础上，不断开拓新的景点，避免旅游线路中的不必要的重复和往返，以减少旅游者因过多的线路重复或往返而产生的厌倦情绪；要设计出符合旅游者各种需求、适销对路的高质量产品。做到人无我有，人有我特，不断推出旅游业的名、特、优、新产品。同时，在产品的宣传和营销中，避免不切实际的夸大宣传和只顾揽客不服务的问题。

2. 建立相应的产品服务控制系统，控制好吃、住、行、游、购、娱等各个环节，保证旅游产品质量。旅行社产品质量主要体现在每条线路上的若干具体服务工作，但是这些服务工作不是由旅行社本身直接提供，而是广泛依赖风景区（点）、饭店、餐馆、交通部门，以及金融、通信、保险等各个协作单位。因此，要与这些单位处理好关系，通过档案管理来及时了解与各方面的合作情况，建立售前、售中、售后的全方位服务体系。

（二）产品服务

产品服务是旅行社围绕其产品所进行的一系列物化劳动和活劳动的统称。在现代旅游市场竞争中，旅行社也许难以控制产品销售价总额、物价上涨率、广告花费成本等变量，但是相对而言，产品服务则是企业的可控因素。只要紧紧把握住与旅游者接触的每一个环节，成功处理与旅游者每一次正面接触，旅行社就抓住了产品服务质量管理的关键。

1. 建立旅游服务圈概念，创新思维模式，用旅游者眼光去理解、分析产品服务质量的内涵

所谓旅游服务圈，是指旅游者经历关键时刻的一个圈。这里的关键时刻，是指旅游者光顾旅行社的任何一个部门的那一个瞬间。对旅游者本身来说，一个完整的旅游服务圈必然包括自己有可能与旅行社的一线服务人员发生正面的接触的所有瞬间，但并不一定都有旅行社的一线员工的参与。必须说明的是，就是在关键时刻的这些节点上，旅游者对旅行社所提供的产品与服务，进行了解、消费和评价。

从产品服务质量管理的角度看，引入旅游服务圈概念的意义在于，提供一种逆向思维的方式，帮助外联部每个员工跳出固有的思维模式，站在旅游者的立场上，用旅游者的眼光去理解、分析旅行社产品服务的种类和内容，以便更深刻地了解旅游者在各个关键时刻对旅游活动期望的反映，改进旅游产品服务管理方式，促使旅行社产品服务进一步贴近旅游者的实际需求。旅游者每光顾旅行社一次，旅游服务圈就会运转一次，当然，这种运转并不一定都是从开始到结束形成一个完善的过程。这是因为每一个旅游者从产生旅游动机到付诸消费行动都会有很大的差异，绝不会是一个完全相同的模式。反映在旅游服务圈中，有的旅游者可能会中途结束，有的会在某一个或几个环节上重复，还有的会省略某些服务环节。但不论怎样，旅游服务圈概念对提升产品服务质量管理水平，尤其是加强外联部业务人员的服务意识也是大有作用的。

2. 引入 ISO9000 质量体系，建立健全标准化产品质量管理模型

众所周知，ISO9000 质量体系主要是通过制度标准来保证服务质量的方法。在制造业中已被广泛地运用，而旅行社运用 ISO9000 质量体系还在起步阶段。随着中国加入 WTO，中国的旅行社企业进入国际市场，旅行社迅速接纳 ISO9000 系列标准，运用 ISO9000 质量标准对企业进行系统化、程序化、标准化的管理刻不容缓。

ISO9000 系列标准，是国际标准化组织在总结过去传统产品检验、测试及

质量控制工作的基础上，从根本上改变了过去的传统做法，对企业产品的设计、开发、生产、安装、服务和管理全过程实行标准化质量检验的控制体系。

通过运用ISO9000系列标准可以有效提高旅行社产品服务的质量信誉，促进旅行社按照国际标准建立和完善质量体系，更好地保护消费者的利益。ISO9000系列标准主要是通过制度标准来保证产品服务质量的方法。ISO9000包含了设计、生产、安装、服务的各个阶段的20个要素，最适合于旅行社采用，其中4.3条款规定了合同评审，4.4条款规定了产品设计控制，4.14条款规定了纠正和预防措施，4.16条款规定了质量记录的控制，4.17条款规定了内部质量审核，4.18条款规定了人员培训，这些条款的规定有效地保障了旅行社产品服务的质量。而IAO9004—2专门为服务企业的服务质量和如何建立服务质量体系进行了科学的阐述，对旅行社产品服务质量的稳定有着重要的指导作用。

（三）售后服务

所谓的售后服务，是指在旅游者结束旅游活动之后，旅行社继续向参加过旅游活动的客人提供一系列的后续服务，目的在于主动了解客人对旅游活动组织和安排的反映，解决客人在旅途中可能遇到的问题，以及加强同客人的联系。

售后服务对旅行社建立一定数量的具有忠诚度的老顾客群以及吸引潜在顾客都是极为重要的。美国《旅游代理人》杂志曾经就一些旅行社的常客不再光顾原来旅行社的原因作过一次系统的市场调查分析，其市场调查的结果令人深思。

从调查结果可以得知，总共有82%的游客是因为投诉和缺乏良好的售后服务原因，直接导致他们离开原来的旅行社，转而寻找新的旅行社进行旅游服务的购买活动。旅行社售后服务的重要性在此已得到明确的印证。基于这样的认识，加强旅行社的售后服务管理工作进一步细分为反馈跟踪、客户联络和投诉处理三个方面。

1. 反馈跟踪

从理论上讲，旅游服务圈的运转应该是一个不断重复循环的过程，但是，在真实的环境中，有相当一部分旅游者并不选择同一家旅行社，除了旅行社产品供应能力的限制外，还存在旅游者潜在需求没有得到满足的问题，也就是说，旅行社没有能够及时把握旅游者对产品的反馈信息并及时调整。从旅游者消费行为的角度分析，旅游者的再次购买决策取决于上一次其在旅游消费中所获得的满意程度。进行反馈跟踪服务，可以向旅游者提供延伸服务，了解旅游者的需求变化并寻找产品开发的突破口。

2. 客户联络

据哈佛大学商业杂志的一项研究报告指出，再次光临的顾客可以为企业带来24%~80%的利润，而满意的顾客带来8笔潜在的生意，其中可以成交一笔，一个不满意的顾客会影响25个人的购买愿望，争取一个新顾客的市场成本是留住一个老顾客成本的6倍。加强客户联系可以通过即时性服务、问候性服务、推介性服务、沟通性服务等方式进行。

3. 投诉处理

投诉是旅游者对旅游产品供给表示不满的行为。根据国家旅游局于1991年6月发布的《旅游投诉暂行条例》规定，旅游者的投诉权利是受到国家法律保护的。从时间上看，投诉的处理属于旅行社系列服务工作的收尾阶段，是对所有服务缺陷进行"补台"的最后机会。对投诉的处理主要有了解投诉者的目的、分清投诉对象、设定解决策略、调查了解、迅速答复、记录在案等一些做法，在处理投诉时要提高员工的工作责任感，通过培训使之掌握处理技巧，才能够确保投诉获得满意解决，挽回旅行社的声誉。

三、客户的管理

客户是旅行社重要的经营基础和生产资源，狭义的客户是指旅行社的客源即旅游者。广义的客户是指与旅行社有经济和业务来往的供应商、其他服务机构和旅游者。旅游业是一个高关联度的产业，旅行社作为提供旅游产品的企业，它所提供的产品又必定受到其他部门或企业的影响，离开交通运输、餐饮、景区（点）、宾馆饭店甚至气象预报等等，旅行社的产品就什么都不是，旅行社也无法正常经营，我们有时候也戏称旅行社为"全求人"，从另一个角度也反映了旅行社的这一特性。因此，如何选择运输工具、选择哪些景区（点）组成线路、选择什么饭店合作等一系列的问题在旅行社经营中就显得十分重要。外联部承担着旅行社对外活动的重要职能。选择与谁合作共同完成旅游经营活动是其重要的业务工作，用广义客户的概念去进行市场开发、产品设计、市场营销、创新产品可以使旅行社时时处处处于主动的位置，当然，科学的客户管理程序是保障实现这一目的的基础。

（一）建立客户档案

档案是旅行社经营的历史记录和经营管理资料的综合，客户档案是旅行社经营过程中与供应商、分销商、旅游者、其他相关部门或企业发生各种业务关系的历史记录。建立客户档案，就是本着科学、系统、延续、客观的原则，将与旅行社经营有密切联系的企业或个人的基本情况以及与旅行社所发生的业务关系情况，采用一定的方法记录并整理的过程。通过客户档案的建立，旅行社可以从中分析并选择稳定的合作伙伴、建立独特的合作模式，形成一定的企业族群。同时，通过建立客户档案，旅行社也可以从中分析出市场发展趋势和旅游者消费偏好的变化情况，从而及时、有效地调整经营策略，规避经营风险，降低经营成本。

1. 分门别类建立客户档案

与旅行社经营业务发生关系的客户有很多，如景区景点、宾馆酒店等是为旅行社提供产品基本要素的供应商，广告公司新闻媒体则是对市场营销构成重要影响的传播途径，机关、企事业单位、社区甚至个人是重要的客源市场，不同类型的客户对旅行社经营起到不同的作用，对客户进行分类是建立客户档案的基础。可以按照供应商、分销商、传媒、消费者来进行分类建立客户档案，也可以按照旅游产品生产的工艺流程建立上游企业、水平合作伙伴、下游企业或消费者建立客户档案。但不论采取哪种方式，准确界定合作性质和一户一册是基本原则。

2. 按照一定的顺序排列客户档案

随着经营的持续，与旅行社发生业务关系的企事业单位会越来越多，客户档案的规模也会越来越大，记录内容会越来越多，查阅起来会越来越有难度。这就要求在建立客户档案的初期充分预见到这一情况，按照一定顺序科学排列客户档案，否则可能会形成客户档案混乱、查找困难的情况。可以采用客户名称字头的英文字母排列顺序，第一位字母相同则选择第二位进行排列，以此类推；也可以采用先分区，即根据客户类型先划分大类，再细分，即在大类内按照一定方式排列。不论采取哪种方式，在排列的同时建立一个快捷查寻的客户档案目录都是必要的。

3. 选择重要客户建立 VIP 客户档案

与旅行社发生业务关系的企事业单位有很多，如果逐一建立客户档案，既费时费力又给查阅带来很大的困难，而其中很多客户可能是一次性客户，为其建立客户档案意义不大又使得管理成本上升，因此选择重要客户建立客户档案是十分关键的。那些信誉度高、规模较大的供应商、具有丰富的旅游新产品宣传经验的传媒、有稳定支付能力热爱旅游的旅游者和企事业单位应该是客户档案中的主体，而那些信誉度不高或者是虽然信誉度高但没有合作愿望的供应商、传媒和偶尔参加旅游活动的消费者就没有必要为其建立客户档案。同时，在客户档案中也要区别对待，为那些对旅行社经营构成重大影响（一般以对经营利润的影响比例来确定，对年度经营利润影响达到5% ~ 15%的为一般重要客户，超过15%的为重要客户）的客户建立 VIP 客户档案，其档案要尽可能详细并及时更新，以确保与其合作的针对性和高效性。

（二）客户关系巩固

单纯建立客户档案对旅行社经营仅仅能够具有一定的参考作用，客户关系的巩固对旅行社的经营起到了更加重要的作用。良好的客户关系是建立在真诚合作、及时沟通的基础上，通过程序化的客户关系巩固，不仅可以使客户档案保持不断更新的状态，而且可能使与客户之间的联系越来越紧密，甚至形成战略合作伙伴关系。

1. 及时回访客户

关系的巩固是建立在密切的联系和信息沟通的基础上，及时采取电话沟通、上门拜访、邀请座谈等形式与客户加强联系，可以有效巩固客户关系。当然，过于频繁的联系有时候也会影响到客户正常的工作和生活，起到适得其反的作用。选择合适的时机和一定的频率是非常重要的，可以选择一些重大节日、每隔一到两个月与客户进行一次联系，上门拜访前一定要事先电话预约。

2. 通过邮寄印刷品保持客户关系

对于旅行社不断创新的旅游产品，客户不可能都会及时了解到，通过印刷新产品说明并在第一时间投递给客户，可以帮助客户了解产品情况，也可以使客户意识到旅行社时刻都在关注他。这种方法也是其他类型企业经常采用的一种巩固客户关系的方法。当然在邮寄印刷品时，要注意：①客户单位名称与联系人或客户姓名一定要书写准确。②印刷品要印制精美，内容言简意赅，附有一定的优惠条件。③一次投递的印刷品数量不宜太多。

3. 组织联谊会或答谢会巩固客户关系

在一定时间选择一些 VIP 客户组织联谊会或答谢会，或以旅行社为龙头、外联部人员为主要承办人员组织一些联谊活动，一方面可以联络感情、巩固客户关系，另一方面也可以了解客户需求的变化，有针对性地及时调整产品。在组织答谢会的过程中，要事先对客户进行认真分析，有针对性地制订活动内容，活动时间和场地要安排得当，活动方式要轻松、高雅、令人回味，可以采用冷餐会或鸡尾酒会 + 文艺节目 + 参与性趣味活动 + 抽奖或赠送纪念品的形式。

4. 设立年度奖励积分强化客户关系

对于一年内为旅行社提供服务或购买旅行社产品达到一定金额的供应商和旅游者提供年度奖励，可以奖励在一定时间内免费享用一定数量的特色旅游产品，以此来强化客户关系。

（三）客户的评估

随着旅行社业务的发展，与客户的关系也会随之发生变化和调整，与旅行社协调一致、共同发展的客户会被保留下来，其他的客户可能会被重新选择继续保持还是终止客户关系。对客户的评估可以帮助旅行社客观分析客户情况，进而决定客户关系的发展方向。

对客户的评估首先是建立在旅行社经营业务需要的基础上，评价客户对旅行社经营利润的影响程度。那些对旅行社经营业绩构成重要影响的客户尤其是要被重点关注的，与这些客户的合作关系如何是评估的主要内容。

第二，客户是否与旅行社经营发展方向协调一致也应该是客户评估的内容之一。随着时间的推移，原来合作密切的供应商可能会由于其自身业务发展与旅行社发展方向不一致而使合作内容越来越少，甚至停止合作；旅游者也会因为消费偏好的转移而选择其他旅行社的旅游产品。对这些客户的评估可以帮助旅行社决定是否调整经营策略和产品方向以便保持继续与之合作。当然，旅行社也会根据自身需要不断寻找和挖掘新的合作伙伴和消费者。对这些客户的评估可以让旅行社了解他们在旅行社经营中所处的地位如何，从而决定采取什么方法更好地处理与他们的关系。

第三，对客户的评估必须有统一的标准，将评估内容设计成表格，采取项目打分法进行评估。尽量参考历史资料和客户档案获得分析数据，避免以个人偏好决定与客户的关系发展方向的错误，克服客户评估中的盲目性。同时，由专业人员集体进行客户评估，避免非专业人员或个人在评估中对数据资料和分析方法不熟悉而造成的误差。

四、部门内部的管理

（一）业务员考评要注意的问题

业务员是外联部日常工作的执行者和操作者，也是外联部工作最重要的环节，业务员工作的态度、工作的效率、工作的方法直接影响到旅行社的经营和发展，必须对业务员进行科学有效的管理，一方面，建立合理的考评制度是非常重要的，另一方面，在考评对还要注意以下问题，以确保考评工作的公正、客观、科学、有效。

1. 防止哈罗效应

哈罗效应就是在考评中，考评者凭主观印象而产生的误差。例如，由于整体印象而影响个别特性的倾向（比如根据被考评者姿容端庄的印象，认为其责任感和合作性也很强的考评倾向）；根据某一特殊的局部印象而得出整体印象的倾向（这与前一倾向正相反）；考评者特别看重某种特殊性，所以当被考评者具备这一特性时就推断其他特性也优秀的倾向等。克服哈罗效应的办法是在选择考评要素时，不选择易观察、不便于单独抽出或不能明确加以定义的要素。克服这种误差，应让考评者认识哈罗效应对考评的影响；应理解各考评要素间的相互关系；对各考评要素应分别考评，不要同时进行考评；对每一考评要素，完成考评所有的被考评者以后再转向下一项考评要素。

2. 防止中心化倾向

即考评者对下一级被考评者所作的结论相差不多，或是都集中在考评尺度的中心附近，致使被参评者成绩拉不开距离。造成中心化倾向原因有：考评者不愿意做出“极好”、“极差”之类的极端评价；考评者对被考评者不了解；考评者对考评工作没信心；考评要素不完整或方法不明确。应采取的调整法有：明确考评要素的等级定义；考评者与被考评者接触时间太短以致对其了解不够时，延期考评；加强考评者的信心。

3. 防止宽大化

即考评者对被考评者所作的评价往往高于其实际成绩的倾向，产生这种倾向的原因有：考评者不愿意严格地评价部下；考评者往往不希望自己部下的成绩低于其他部门员工的成绩；考评要素的评价标准不明确；考评者本身对考评工作缺乏自信心。克服这种倾向的措施有：明确规定考评的内容和考评标准并认真执行；加强对考评者的训练。

4. 防止评价标准主观性太强

没有绩效评价标准，就无法得到客观的工作绩效评价结果，而只能得出一种主观的印象或感觉。

工作绩效评价标准应当建立在对工作进行分析的基础之上，只有这样才能确保绩效评价标准是与工作密切相关的。

5. 防止考评标准好高骛远

工作绩效评价如要具有客观性和可比性，就必须使实际的绩效相对于标准的进展程度或者标准化的完成情况是可以衡量的。可以衡量的绩效标准既包括数量上的标准，也包括质量上的标准。

6. 防止评价者的失误

评价者失误包括评价者个人的偏见、晕轮效应、经常性误差、居中趋势以及害怕出现敌对情绪等。

7. 防止反馈失误

为了使工作绩效真正有效，必须就绩效评价标准或绩效评价工作与员工进行沟通。另外，评价过程也会因评价者持有消极态度（如丝毫不能变通的心态、防御心理以及非建设性的方法等），造成与被评价者难以进行沟通而受到阻碍。

8. 防止工作绩效评价数据的使用有误

工作绩效评价结果在人力决策和人力资源开发方面的使用不当，也是工作绩效评价中经常会出现的一些问题。

（二）业务员考评的措施

要想完全消除以上问题几乎是不可能的，但可以通过一些措施将评价者个人偏见和居中趋势等因素对绩效评价结果的影响量降低。

1. 工作成绩考核

俗话说“言必行、行必果”，对工作成绩的考核，就是对员工行为的结果进行评价认定，也就是考核员工在一定期间内对企业的贡献和价值。

通常情况下，工作成绩考核可以从工作成绩等方面入手。

(1) 工作成绩

①工作量的大小，即工作成绩的数量结果。

②工作效果如何，即工作成绩的质量状况。

③对下属的指导教育作用。

④对本职工作中自我努力改进与提高等。

（2）考核的程序

①明确任务目标标准。在每一考核周期的开始，上级与部下就任务目标进行面谈商定，作为当期的成绩评价标准。

②制订任务完成计划。按照确认的任务目标，制订出具体的完成计划，从工作质量、员工教育和业务改善几个方面落实计划目标。

③进行自我评价。员工根据预定的任务目标和完成计划，对工作任务的完成情况和结果进行自我评价，同时也对自己的自我开发计划的进展情况做出自我评价。

④观察结果的反馈。直接上级（考评者）把在工作过程中自己对部下（被考评者）的观察结果通过面谈形式告知部下本人（其中有工作任务的完成情况、工作态度、表现等），与部下的自我评价结果相对照，以便对部下进行指导和教育。

⑤确定考评评语。直接上级根据与部下面谈的结果，填写成绩评价表，通过间接上级和人事部门的调整平衡，最终形成成绩考评评语。

2. 能力评价

员工的能力包括三个方面，即基础能力、业务能力和素质能力。其中前两种属于能力评价范围，素质能力主要通过适应性考察来评价。

基础能力或技能高低，主要通过书面测验、旅行社内训练科目的成绩、技术职称或专业资格称号的取得等方面了解，评价较为容易。业务能力则较为抽象，评价时可能掺入较多的主观性。为了尽量客观地评价业务能力，只能通过评价工作成绩间接进行。

通过工作成绩考评业务能力的通常做法是：观察过去连续两次或三次工作成绩考评的评语，对于成绩相同或成绩上升的情况，能力评定以工作成绩中较好评语为准，成绩评语有下降倾向的，则参考下述因素予以调整：

（1）是否有本人之外的客观原因影响了工作成绩。

（2）是否因调动工作导致对新工作不熟悉等情况。

（3）除工作成绩之外，企业内外研究、自我开发等方面表现如何。

3. 工作态度评价

工作态度包括工作积极性、热情、责任感、自我开发热情等较抽象的因素。评定这些因素，除了主观性评价之外，没有其他办法可想。员工的工作态度只能由直接上级根据平时的观察予以评价。

在确定了评价项目后，接下来就该是对各评价因素的定义了。旅行社内规定并公布评价标准，既可以提高员工对人力考评客观性、公正性的认识，又可以作为员工日常工作主观努力的目标。

（三）管理制度和条件

制度是旅行社运行方式的原则规定，管理制度是行使经营权、组织旅行社日常经营各种具体规则的总称。包括对材料、设备、人员及资金等各种要素的取得和使用的规定。外联部作为旅行社的主要业务部门，其经营管理制度必须与旅行社整体的管理制度相一致。根据旅行社经营管理的需要将旅行社整体的经营管理制度中与本部门业务有关的制度分离出来，按照系统观念和整体优化的要求，在管理人才、管理思想、管理组织、管理办法、管理手段等方面将计划、组织、指挥、协调、控制、激励等管理职能通过一些具体的操作指导表现出来。其管理制度有：

（1）反映企业经营思想和内外环境变化的部门基本管理制度。

（2）明确领导权的归属、划分及如何行使的部门决策管理制度。

（3）制定人才培养、使用、激励的具体条件要求和内容的部门人力资源管理制度。

（4）制定物料用品、资金使用纪律的部门财务管理制度。

（5）制定工作时间、劳动纪律和福利待遇的部门考勤管理制度。

（6）制定工作标准和行为要求的部门职业道德准则。

（7）其他与部门管理相关的制度规范等。

管理制度的制定必须与部门管理的实际相一致，既不能过高要求，又不能有章不循。同时，在制定管理制度时还要有一定的前瞻性，要充分考虑到企业和部门的发展空间，制度一旦制定，就要保证其严肃性、可操作性和延续性，不能朝令夕改，更不能因为制定过程的不严肃使制度本身存在缺陷，影响今后一定时期的使用效果。

（四）创造良好的工作环境

企业系统的正常运行，既要求具有符合企业及其环境特点的运行制度，又要求具有与之相应的运行载体，即合理的组织文化。从管理学的角度上看，人是社会人，员工工作的效率高低不仅受到管理制度的约束和指导，更重要的是受到工作环境的影响。组织文化是被组织成员共同接受的价值观念、思维方式、工作作风、行为准则等群体意识的总称。旅行社通过培养、塑造这种文化来影响员工的工作态度、引导实现经营目标，远远比单纯依靠管理制度来强制执行有效得多。因此，创造良好的工作环境对旅行社来讲是十分重要的，从某种意义上来讲，这也是我们经常谈到的营建良好组织文化的过程。

1. 选择合适的组织价值观标准

组织价值观是整个组织文化的核心，也是工作环境的基础。选择正确的组织价值观是塑造良好组织文化的首要战略问题。外联部选择组织价值观首先要立足于旅行社的具体特点，根据旅行社的目的、环境的要求和人员组成方式等特点选择适合每一个员工发展的组织文化模式。其次要把握住旅行社组织价值观与组织文化各要素之间的相互协调，因为各要素只有经过科学的组合与匹配才能实现系统整体优化。

2. 强化员工的认同感

在选择并确立了组织价值观和组织文化模式之后，就应把基本认可的方案通过一定的强化灌输方法使其深入人心。具体做法可以是：

（1）利用企业内部一切宣传媒体，宣传组织文化的内容和精要，使每一个员工都能够心领神会，以创造浓厚的环境氛围。

（2）培养和树立典型。榜样和英雄人物是组织精神和组织文化的人格化身与形象缩影，能够以其特有的感召力和影响力为组织成员提供可以仿效的具体榜样。旅行社通过树立职业道德典范、业务标兵等榜样，可以使员工进一步明白组织文化的内涵。

（3）加强相关培训教育。有目的的培训与教育，能够使旅行社员工系统地接受组织的价值观并强化员工的认同感。

3. 提炼定格

组织价值观的形成不是一蹴而就的，必须经过分析、归纳和提炼方能定格。

（1）精心分析。在经过全体员工的初步认同实践之后，应当将反馈回来的意见加以剖析和评价，详细分析和比较实践结果与规划方案的差距，必要时可吸收有关专家和员工的合理意见。

（2）全面归纳。在系统分析的基础上，进行综合化的整理、归纳、总结和反思，去除那些落后或不适宜的内容与形式，保留积极进步的内容与形式。

（3）精练定格。把经过科学论证和实践检验的组织精神、组织价值观、组织伦理与行为，加以条理化、完善化、格式化，再经过必要的理论加工和文字处理，用精练的语言表述出来。

4. 在发展中不断丰富和完善

任何一种组织文化都是特定历史的产物，当组织的内外条件发生变化时，组织必须不失时机地丰富、完善和发展组织文化。这既是一个不断淘汰旧文化和不断生成新文化的过程，也是一个认识与实践不断深化的过程。组织文化由此经过不断循环往复以达到更高的层次。

5. 形成团队工作意识

旅行社工作本身是一项内容繁琐、富有挑战性的工作，外联部的工作更是任务重、变化多、工作时间长，容易产生疲劳和厌烦。同时，旅行社的工作又必须协同完成，任何一个人离开集体的帮助，都无法顺利完成工作。因此，创造良好的工作环境从另一个意义上讲也是要创造良好的团队合作工作模式，让每一个员工都明白自己是团队的一部分，在帮助团队其他人的同时实际上也是在帮助自己，从而能够自觉、自愿地将个人意识融入团队组织意识中，将个人价值观和组织价值观结合起来，形成独特的团队工作意识。

五、外联部与其他部门的关系与协调

外联部作为旅行社的组成部分，与其他部门必须有机组合、协调统一，才能够充分发挥作用。这就好像是一个人一样，四肢、大脑、心脏、血管和其他各个器官负责不同的工作，又相互密切联系与合作，一旦哪个部位失控，整个人体就会出现问题。旅行社各个不同的部门就是旅行社这个机体的四肢、大脑、心脏、血管和其他各个器官，在完成各自工作的过程中，部门之间必然要发生或多或少的联系，了解外联部与旅行社内外其他部门的关系，有助于更好地协调合作，使部门工作更加高效、通畅。

（一）与总经理办公室、计调、接待、财务部的关系

总经理办公室是旅行社处理日常经营管理事务的常务机构，也是各级各类管理指令的存放和传递机构。总经理办公室的日常工作主要是负责向各部门下达总经理的各项工作指令，安排和处理旅行社各种日常事务性工作，接收、登记、转发和保存一系列管理资料和内外往来文件。同时，各部门的工作情况也通过总经理办公室进行汇总整理后上报总经理。外联部与总经理办公室是业务上的指导与被指导关系。总经理办公室将旅行社的各项业务指令定期或不定期下达给外联部，外联部则根据指令安排本部门的具体工作，并及时汇报工作情况。同时，也可以在总经理办公室查阅完成本部门工作需要的各项规章制度和管理文件。

计调部门既是旅行社经营管理的参谋，负责为旅行社业务决策进行信息提供、调查研究、统计分析、计划编制等工作，又是旅行社接待业务的主要协调机构，提供为旅游团安排各种旅游活动所需要的间接服务，包括安排吃、住、行、游、购、娱等事宜，选择旅游合作伙伴和导游员，编制和下发旅游接待计划、旅游预算单等，外联部和计调部的工作既互相补充又互相渗透，外联部获得的市场和产品信息为计调部门的工作提供数据资料，计调部门则使产品内容更加丰富和完善。

接待工作是旅行社的直接生产工作，接待部门主要由前台、导游和客户中心组成。接待部的工作主要是与旅游者进行面对面的业务洽谈和提供导游服务等。包括：根据接待的团队或散客具体情况和要求编制接待计划、组织安排全陪或地陪导游员、协助进行旅行社其他委托业务的登记和办理、提供旅游咨询服务等工作内容。可以看出，外联部与接待部主要是在人员和信息沟通方面有着密切的联系。

财务部是旅行社资金的管理和调度部门，负责旅行社所有的固定资产、流动资金、收入、费用的管理、记录和审核工作，负责旅行社内外各项与资金流动有关的业务，负责与工商、税务等国家有关管理部门的业务往来工作。

财务部是旅行社的重要管理部门，外联部与财务部的关系主要是资金使用方面的业务关系。外联部的各项业务基本上都涉及资金费用的使用，必须通过一定的程序到财务部登记、审核和申领使用，同时，外联部还负责协助财务部门进行本部门业务应收账款的催讨工作和应付账款的支付工作，所有业务资金都必须及时准确记录并与财务部门核对，对业务中未使用完的资金或收到的应收账款应及时上交财务部统一管理，不能私自截流保管或违反国家和企业各项财经管理纪律。

当然，作为旅行社的组成部分，各部门之间只有业务的往来与合作关系，是分工的不同，而没有高低贵贱之分。在与各部门的合作过程中，外联部一方面要积极配合协调工作关系，另一方面也要做好各项工作记录和总结，及时发现和纠正协作中的问题。同时，在条件许可的情况下，安排专人负责与各部门的协调工作，既明确责任，又便于管理。

（二）与各地接待社、组团社的关系

完成旅游者的组织和接待服务工作不仅需要旅行社内部各部门的协作，更需要旅行社其他合作伙伴的共同努力。旅游产品由于其特殊的属性使得其出售的主要是使用价值，即在旅游活动中给旅游者带来的综合体验，产品质量的好坏取决于旅游者在旅游过程中对旅游的认识和判断以及合作伙伴之间的协作密切程度。因此，与其他旅行社的业务联系是外联部的主要工作内容之一。

发团业务是外联部的基本业务，所谓发团，就是把通过各种招徕手段形成的旅游团队或散客输送到经过选择的国内外相关旅行社，并通过他们去完成合同中规定的每位游客在吃、住、行、游、购、娱等方面应得到的待遇，并完成旅游全过程。目前，在我国旅行社发团的实际情况中，存在着以下几种发团渠道：

（1）在国外销售成功后，在国内将一个长线团或几个地团发给国内各相关旅行社接待，如北京某旅行社外联部组到一个德国旅游团，在中国观光15天，途经上海、杭州、苏州、北京、西安、桂林、广州七个城市，按照我国惯例，其中除北京为组团社所在地，自行接待外，其他六个城市均要发团给各地相关旅行社接待。

（2）组织中国公民出境游，将团发给国外某旅行社接待。如组成一个新、马、泰14 日团，可以直接将团发给各地相关旅行社接待，也可以将团发给境外某家旅行社，通过这家旅行社再向其他各家旅行社发团。

（3）国内旅行社通过门市或上门招徕组成团队跨省旅游，将团发给外地相关旅行社接待。

（4）中国旅行社设在国外的分公司或办事机构销售成功，组成团队发给国内总公司或直接发到各有关旅行社接待。

通过以上说明，我们不难看到，外联部需要与相关地接旅行社或组团社相辅相成、密切配合才能够顺利完成组团和发团工作。与这些旅行社在业务来往过程中，要本着长期合作、互利互惠、信息共享的原则，在行程与计划安排、单据递送、往来账款结算、人员安排等方面加强联系和沟通。同时要注意选择管理规范、价格合理、信守合同、服务质量高、重视与本旅行社合作并积极创造合作条件的旅行社建立长期的战略合作伙伴关系。

（三）与其他合作行业和部门的关系

旅行社的业务涉及全社会各个行业的各个部门，其中对旅游活动有直接影响作用的部门或企事业单位就有：交通运输部门、出入境管理部门、园林与环境管理部门、国家各级旅游管理部门、旅游中介服务机构、宣传媒体与广告公司、旅游大专院校和人力资源市场、宾馆饭店和商业部门等。外联部在其业务活动中，也与这些部门存在一系列的业务联系，与这些部门关系的好坏也影响到旅行社业务的正常开展。在与这些部门或企事业单位进行业务交流的过程中，第一要熟悉国家有关政策法规和各部门或单位的机构设置、工作流程；第二要根据不同部门或企事业单位的工作特点，结合旅行社与该部门或企事业单位业务往来的类型进行分析，设计或选择工作方式方法；第三要专人负责专项工作，在业务往来中加强职业修养和交际能力训练，以强化相互之间的信息交流与沟通的质量；第四要做好工作记录和资料的保存、整理、分析工作，力求对每个合作部门和单位都能够做到心中有数，使每项业务工作有条不紊。

案例 4：

客户档案管理

案情：两种管理方法孰优孰劣

A 旅行社是一家经营国内游业务的中型旅行社，经营历史为 5 年。其客户档案由总经理办公室统一管理，规定查阅必须由总经理批准，主要记录的是该旅行社曾经服务过的一些当地机关、企事业单位的基本情况和联系方式。旅行社外联人员经常根据里面的记录拜访这些单位，以求能够保持稳定的业务，但是有时因为某单位当初的联系人工作变动或记录不够详细无法与之进一步地沟通，也向这些单位递送过产品说明，但是收效不好。其中有两家单位都曾经暗示过他们需要什么样的产品，但是外联人员回来简单汇报之后就不了了之，也没有记录到档案之中。B 旅行社也是一家经营国内游业务的中型旅行社，经营历史为 8 年。其客户档案按照客户类型分类登记，统一存放，由总经理办公室指定专人保管，由外联部、计调部和接待部提供信息资料。规定各部门工作人员可以凭工作卡查阅，但每次查阅时要登记查阅人姓名、部门、查阅事由等内容。客户档案主要记录了该旅行社曾经服务过的一些当地机关、企事业单位的基本情况和联系方式，与该旅行社有业务合作关系的相关旅行社、交通运输公司、酒店和景区的基本情况以及合作情况评价资料，旅行社计划发展客户的基本情况也被记录在内。旅行社外联人员经常根据里面的记录调整旅游产品和拜访客户，但是有时因为某单位当初的联系人工作变动或记录不够详细无法联系后，就会向部门负责人汇报并通报档案管理人员，旅行社会采取一定的措施更新信息。每次了解到旅游者需要什么样的产品，外联人员回来汇报后都会利用客户档案中的历史服务资料进行分析，了解市场的变化，将该客户的要求和建议记录到里面。

点评： A 差。理由有：

（1）客户档案内容过于简单，没有多少参考价值。

（2）档案使用过于简单，仅仅起到了一个通讯录的作用。

（3）工作人员工作不认真，没有及时修改档案，特别是客户的要求没有及时记录。

（4）档案管理过于死板，容易引起外联人员因为怕麻烦而放弃使用档案的情况出现。

改进办法有：

（1）放松对档案查阅的限制，只要是有关部门的相关人员凭部门经理的批示就可以查阅，但是要在每次查阅时登记。

（2）提高档案的使用价值，将每次提供的产品情况和反馈的信息也记录到档案中。

（3）保持档案的及时更新，每次发现有关信息有变化就进行更新并记录更新时间。

（4）增加档案的类型和内容，提供一些供应商和其他合作部门的信息。

B 较好。理由有：

（1）档案内容详细，使用方便。

（2）使用和查阅既简便又管理规范，可以有效克服资料泄露可能带来的损失。

（3）档案保持更新，并能够提供基本分析资料。

（4）由多部门提供信息，避免了档案记录的误差。

（5）分类存放，统一保管，专人负责，使档案管理比较科学。

不足之处有：

（1）假如能配套设计一个客户档案的电子文件在内部网络上使用就更好。

（2）还应注意 VIP 客户档案的记录与使用。

案例5：

×××旅行社的日常工作签字表

案情：巧妙利用表格解决计划落实问题

×××旅行社在日常业务管理中发现，由于工作繁琐杂乱，经常在人员交接和工作衔接等方面出现问题，有几次还影响到客人，带来了比较大的麻烦，经过反复考虑后，设计和推行了一个简便快捷的日常工作签字表，并分为内部工作签字表和地接活动签字表，如表5.1和表5.2。

表5.1　　　　**内部工作签字表**

事由	时间	部门	备注	签字

表5.2　　　　**地接活动签字表**

团名		国别		总人数	男	女	儿童	夫妇	其他
全程陪同				电话		身份证号		地方陪同	
抵离	抵	月　日		班机 火车 轮船 汽车		离	月　日	班机 火车 轮船 汽车	
活动日程		月　日 月　日 		上午 中午 下午 上午 中午 下午		早餐 午餐 晚餐 早餐 午餐 晚餐	地点 地点 地点 地点 地点 地点	其他 其他 其他 其他 其他 其他	
住宿	名称		星级		双人间	单人间		加床	其他
车辆	司机		车号			联系电话			
接团部门	组团社		组队标准			联系电话			

点评：较好。旅行社工作繁杂，很容易出现遗忘或其他问题，同时对旅游过程的控制也不太容易，往往是有投诉或其他反映了才采取补救办法。有了这些表格随用随签，能够使工作有条不紊，对今后培训员工和提高工作水平也有一定的参考价值。

案例6：

×××旅行社巧妙利用客户档案开拓市场

案情：挖掘客户档案的用途

××省××市的××旅行社在学习海尔的创业精神后，提出了“海尔是海，××是路”的口号，为每次组团出行的客户建立档案，并分类存入笔记本电脑，由外联和销售人员随身携带“串东家，走西家”，“宁漏一村，不漏一户”地定期上门服务，向客户介绍旅游最新动态，询问出行意向，推荐旅游线路，或为其提供信息服务和设计旅游线路，来了个“现场办公”。这就从市场的“根部”抓住客户的源头，既开发了客源，又培育了自己的市场。同时，也在这种服务中更好地锻炼了员工队伍，及时了解了市场需求。该旅行社就通过这种巧妙利用客户档案的方法成功开辟了多条特色线路，获得了良好的社会效益和经济效益。

点评：优。该旅行社追本求源，以客户档案为突破口，在客户档案上下工夫，再辅之以“上门服务”的营销手段，可谓高人一筹。当然，如果能够再以此为基础进一步形成系统稳定的特色经营，更会锦上添花。

本章小结

通过本章的学习，能对旅行社外联部机构的各种职能做到系统了解，以便在实践中不断学习，提高业务水平和工作技能。

实训题：

1. 实际工作中，外联人员应掌握哪些技能？
2. 若你是旅行社外联人员，应如何提高自己的推销效率？
3. 你是如何认识外联部的工作特点的？如何在实际工作中不断学习，提高业务水平和工作技能？
4. 外联人员应如何树立“服务即推销，推销即服务”的思想？
5. 请拟订一份客户作业计划。
6. 对顾客投诉有何处理方法？
7. 外联部如何创造良好的工作环境？
8. 旅游者一般会对旅游服务的哪些方面进行投诉，如何处理？
9. 如果你作为外联人员，如何与各地接社、饭店、景区、景点处理好关系？

案例题:

1. 旅游促销人员在推销过程中碰到顾客要求将本旅行社与当地某一知名旅行社进行比较时，应如何处理?

2. 小李是成都某旅行社的一名外联人员，最近刚接到一项新的旅游项目。请问，小李应如何推荐旅游项目?

第六章
旅行社计调业务

导学提示：

了解旅行社计调业务的重要性、内容、特点及作用；计调人员的岗位职责；熟悉计调工作业务程序。

重难点：

计调工作的内容及职责；计调业务程序。

知识培养：

围绕旅行社计调工作开展所需要的旅行常识、旅游目的地国家和地区概况及简单的市场营销知识。

能力培养：

人际交往、沟通及应变能力的培养。

实训要求：

熟悉计调业务程序，能编制完整的团队运行计划，能正确填写订票、订房、订车、订餐及其变更通知单。

第一节　计调概述

一、计调部概述

（一）计调业务的内容

计调即计划调度，是旅行社完成地接、落实发团计划的总设计、总调度、总指挥，是旅游行程中的“命脉”。从广义上讲，旅行社计调部业务，既包括计调部门为业务决策而进行的信息提供、调查研究、统计分析、计划编制等参谋性工作，又包括为实现计划目标而进行的统筹安排、协调联络、组织落实、业务签约、监督检查等业务性工作。

从狭义上讲，计调部业务主要是指旅行社在接待业务工作中，为旅游团安排各种旅游活动所提供的间接性服务，包括安排吃、住、行、游、购、娱等事宜，选择合作伙伴和导游，编制和下发旅游接待计划、旅游预算单等，以及为确保这些服务而与其他旅游企业或有关行业、部门建立合作关系等。

简言之，计调是为了完成旅行社接待计划和与之相关的信息统计，承担着与接待相关的旅游服务采购和有关业务调度工作，是旅行社业务的重要组成部分。

（二）计调部的职能特点

旅行社作为旅游行业的中介组织，向游客提供的吃、住、行、游、购、娱等产品，大部分不是自己生产的，而是由其他旅游企业供应的，或者说是旅行社通过向其他旅游服务企业采购的，然后加上自己的导游服务再销售出去的。

1. 选择职能

旅行社通过与许多旅游企业建立采购关系，向游客提供服务，如航空、铁路、车船公司、餐厅、酒店、景点、商店、娱乐场所及各地的接待社。在采购旅游服务过程中，旅行社不可能去干涉其他旅游服务企业的经营管理，但却可以在采购业务过程中发挥职能，在众多的采购对象中选择最理想的合作伙伴，进行优化组合，构成一个最佳服务系统，以保证旅行社的服务质量最优。

2. 签约职能

旅行社在经营中要与许多旅游企业（餐厅、饭店和其他旅行社）及相关行业（交通、景点、娱乐、保险等）发生经济关系，一般通过签订经济合同的形式来保持这种关系的稳定。

旅行社采购业务的签约职能是必不可少的，同时要求具有法人资格的旅行社对外统一签约，以便从旅游供应商那里得到更好的优惠价格。旅行社赖以生存的重要途径，便是通过批量采购获得价格和交易条件的优惠。

3. 联络职能

旅行社从组团、成团到发团，落实旅游计划所涉及的面很广，碰到的问题很多，有一些还是突发事件，而在第一线的导游人员却没有足够的时间和充分的条件来处理途中遇到的棘手问题。这就需要旅行社在经营管理中有全天候的值班联络中心，以便及时、准确、无误地转达及处理各项事宜。如交通运输工具的变更、取消或班次的变化，需要与饭店、餐厅、车（船）队联系并做出相应的安排，使采购的旅游服务保证供应，不至于各站之间发生脱节，给游客和旅行社造成不必要的损失，从而导致游客投诉事件的发生。

4. 统计职能

统计工作是旅行社实现经营目标和提高经济效益的重要保证。其重点是对本旅行社旅游业务进行逐日、逐季、逐年的定量科学分析，绘制成月、季、年的统计表。通过对这些信息的统计和分析，可以检查旅行社的经营业务的实际情况，从而发现新问题并及时设法解决，同时还能了解客源的流向及流量，作为旅行社进行经营决策的依据。

5. 创收职能

计调部门在对外洽谈业务时，根据社会总的旅游供给能力的变化，在协议价的基础上做出价格调整，尽量争取最优惠价格，从而降低旅行社的经营成本，使企业利润增加。虽然计调部一般不是旅行社的直接创收部门（开源），但它能间接创收（节流），增加经济效益。

（三）计调岗位工作职责

计调部门是旅行社工作的核心部门之一，计调部工作直接影响和决定着旅行社的正常工作。为了提高工作效率，增加工作效益，计调工作人员应本着“尽心尽职，求实创新”的态度，履行以下岗位职责：

1. 根据外联部或组团社的成团通知，认真做好团队及其陪同人员机（车、船）票的预订计划并及时报票务部门，提前与票务部门核对并确认所订机（车、船）票，如计划有变更，要及时通知票务部门。

2. 根据成团计划文件要求，提前做好团队的住房预订，并随时了解接待计划的变更，对住房预订进行调整与确认，确保团队用房。

3. 根据团队计划要求，及时与旅游汽车公司（车队）联系用车事宜，提前与汽车公司（车队）核对所订车辆、车型、车号、司机姓名、报到时间、地点等，并通知接待部门，以便联系。如计划有变更，应尽早通知汽车公司（车队）及接待部门。

4. 根据团队在当地的活动日程及餐饮标准，认真做好餐饮预订工作。经常督促、检查团队的餐饮情况，与各餐馆协调解决餐饮中出现的问题，确保餐饮质量。如计划有变更要及时通知餐馆补订、更改或退餐。

5. 为团队安排全程陪同和地方导游。合理调配本社（部门）导游上团，监督其服务质量，按开支规定审查其报账单据。对外借导游，要认真审查、考核，向其讲解带团要求及旅游接待有关规定，提醒其认真按导游工作细则操作，以保证质量。

6. 根据团队人数及抵离时间，安排好行李车和行李员。要加强对行李员的管理，行李送达酒店、机场（车站、码头）的时间，要有明确的规定。对主动索要小费，或因责任心不强，造成行李丢失、损坏、错运、迟到、延误等的，要视情节轻重给予批评教育直至处罚、辞退；对工作尽职尽责，及时挽回损失的，亦应予以表扬、奖励。

7. 认真处理团队出现的问题，提高处理突发事件的能力，防止漏接、漏送等事件发生。

8. 认真审核团队在当地的市内交通费、餐费、门票等费用结算单，如有计划外开支，须经部门经理批准，防止扩大开支。

9. 计调人员要有高度的责任心，掌握最新的旅游信息，遵守旅游法规，公正廉洁，严格按照工作程序办事。积极主动协调与票务、餐馆、车队、接待等部门的关系，团结协作，互通信息。

10. 主动与社内有关职能部门配合，将社内与各旅游汽车公司（车队）、宾馆（饭店）及餐厅、购物点签订的最新年度合同、协议设专人负责保管，建立完整的计调工作业务档案，以便做到统一订房、统一订票、统一订餐、统一购物、统一运送。

二、计调工作的原理

（一）计调部的作用

1. 计划工作。在外联部门招揽到客源之后，计调部门就要开始进行接待工作的安排。根据组团社或本社外联部发来的接团要约，搜集并分析旅游团的各种资料，并结合本社人、财、物的实际情况，编制科学的接待计划，然后下发到接待部门做好准备工作。

2. 联络工作。当计调部门接到外联部门或组团社的接团要约后，就要进行交通、食宿等的预订工作，将本来松散的旅游企业和其他部门统一协调起来，围绕旅游团的运转从而形成综合接待能力。同时，计调部门又是旅游团整个行程的联络站。它要保证行程中各站之间的衔接，避免延误和脱节的发生。

3. 结算工作。旅行社和饭店、餐厅等接待单位的经济结算是通过接待计划和合同来完成的。计调部门保存的资料是团队财务结算的凭证。

4. 参谋工作。计调部门不仅有本社接待旅游团的主要资料，而且有与其他相关旅游企业交往的资料，对这些资料进行统计和分析，就能为旅行社决策层搞好管理和规划提供依据。

（二）计调工作的基本内容

1. 计调业务的内容

计调部业务，就是要根据销售部及各组团社发来的预报进行分类整理、编制计划，并根据销售合同的要求落实好旅游者在当地的吃、住、行、游、购、娱等事宜。

计调部门要编写本社接待任务预报，及时发到接待部、车队、饭店等有关部门，让其提前安排好接待事宜；代表旅行社提前与其他旅游相关企业和相关部门签订业务合同，预订各种单项旅游产品，使旅游者在吃、住、行、游、购、娱等各个环节的服务供给得到保证。

计调部门作为旅游供需之间的媒介，既可以对旅游者的流量加以调节，又可以对旅游供给部门所提供的产品与服务进行导向，还可以与供给部门协调调整价格等。

2. 计调部常用操作法

计调人员要对每个旅游团的接待计划逐项进行具体落实。一般常用的操作方法有两种：

（1）流水操作法，就是由几个业务员，每人负责一项工作。接待量较大的旅行社通常采用此法。其优点为一环接一环，每项业务由专人分工负责，不太容易出错，即使发生差错，也容易发现。

其业务流程为签收接待计划（业务员 A 负责）——订交通票（业务员 B 负责）——订房（业务员 C 负责）——订车（业务员 D 负责）——订娱乐节目（业务员 E 负责）——安排游览事宜（业务员 F 负责）——向接待部下达接团通知（业务员 G 负责）。

（2）专人负责法，就是将与本社相关的旅行社（客户）分成几块，由每个业务员负责其中一块，从接收客户文件起，一直到向接待部下发接待计划为止，均由同一个业务员负责到底。这种方式通常运用在业务量不太大的小旅行社。

第二节　计调业务流程

作为旅行社的核心部门之一，计调部的业务都是围绕旅游接待计划来完成的。因此，作为计调人员应了解接待计划的内容和组成，读懂接待计划。

一、接待计划的内容

一份完整的接待计划应包括团队的基本情况和要求、行程安排、游客名单这三部分内容。

1. 旅游团的基本情况和要求

（1）团号、团名、组团社名称；

（2）人数；

（3）类别：观光团、会议团、考察团等；

（4）服务等级：豪华等、标准等、经济等；

（5）用餐要求：应注明是否有穆斯林、素食者或其他用餐的特殊要求，如摆放刀叉或放公筷、公勺等；

（6）自订和代订项目；

（7）对全陪的要求：是否需要全陪及其姓名、联络方式等；

（8）对地陪的要求：语种、性别、水平等；

（9）组团社负责人姓名及联络方式；

(10) 各地地接社联系人的姓名及联络方式。

2. 行程安排

(1) 游览日期；

(2) 出发城市及抵达城市；

(3) 各城市间交通工具（如飞机、火车、轮船等）及抵离时间；

(4) 住宿情况（饭店、火车或轮船上等）；

(5) 各地所要安排的主要参观景点、餐饮、风味、文娱活动及其他特殊要求。

3. 游客名单

要素：游客姓名、性别、国籍、生日、护照号码（或身份证号码）、用房要求（单间、双间或三人间、连通房、加床等）；若为VIP团队还应注明客人身份，相关接待方（政府部门或组织）联系人的姓名、电话等。

二、计调部业务程序

在读懂接待计划之后，计调人员就要根据接待计划，一步步地落实计划中的各个项目。计调业务程序主要包含以下步骤：接收及编排计划、预订工作及确认、更改计划并确认及归档、统计等收尾工作。

（一）接收及编排计划

计调部在收到外联部或其他组团社的预报后，要及时编号登记，分门别类，并按轻重缓急报送机关部门及机构。

（二）预订及确认

计调部将分类整理好的计划及时发送给交通运输部门、酒店及本社导游部等有关单位及部门，提前做好预订工作。为了确保接待计划的顺利实施，杜绝各种责任事故的发生，计调部要对所有预订事项逐一进行确认落实，这是计调业务程序中至关重要的一环。确认计划必须坚持书面确认的原则，其内容包括：确认项目、确认时间、确认人，这是计调人员需要特别留意的。

确认的具体内容，要围绕接待计划落实吃、住、行、游、购、娱等各个环节是否已按要求准备到位。

1. 行——中心或交通部门确认各段飞机、火车、轮船是否订票，汽车公司或车队确认用车标准及是否使用行李车；

2. 游——需网上订票的景点门票是否已经预订购买，导游是否已安排妥当；

3. 住——饭店销售部确认用房天数和间数（单间、双人间、有无加床及司陪床位）；

4. 食——餐厅确认用餐标准、人数及特殊要求；

5. 购——计调部确认是否有购物限制，如地点、次数等；

6. 娱——计调部确认娱乐节目的安排，如川戏、歌舞表演等；

7. 地接——各地接社确认已收到计划，并按要求安排团队的各项事宜。

（三）更改及再确认计划

团队的接待计划经常都有变化，计调部接到变更通知后应立即无一遗漏地通知各相关单位和部门。变更通知是对原计划的修正，必须及时联系并书面确认，尽量避免影响接待质量，其流程与确认计划相同。通常变更的内容主要有以下几方面：

1. 人数的增加或减少及因人数变更引起的其他相应变更；

2. 抵离时间的变更；

3. 因抵离车次、航班变更，用餐时间及地点的相应变更；

4. 其他内容的变更。

（四）总结收尾工作

计调部工作涉及面很广，虽然完团了，但结算统计等后续工作还有待完成。计调部要将团队接待计划作为原始资料归档收存，建立业务档案，妥善保存，以便查阅，其保存期一般为2~3年。

要建立质量跟踪制度，协助有关部门处理投诉，并注意收集接团过程中的好人好事，鼓励和表彰先进。

为了旅行社的业务发展，计调部还要进行有关经营情况的数据统计工作，并进行科学有效的分析，及时调整经营方针与经营策略。主要包括：

1. 客源统计：将本社各月及一年中接待的人数、天数、各客源国（地）的客源数量及流向，淡、旺季的分布等进行统计，制成图表，与上年同期进行对比，从中找出规律，以供本社决策部门开拓市场。

2. 合作单位情况统计：将与相关合作单位（交通部门、饭店、餐厅、汽车公司、景点、购物点、保险公司等）的业务数据进行全面的统计与分析，掌握本社在一定时期内向该行业或单位输送的客源数量，为今后争取到更优惠的价格提供依据。

案例1：

误机，谁的错？

案情：2005年国庆黄金周，王先生一家三口参加了成都某旅行社组织的昆明—大理—丽江一线旅游。抵达昆明的第二天一早，王先生一家上了旅游车，但被导游告知车坐不下了，让其下车与另一相同游程的团队并团。王先生一家在酒店等了一个多小时后终于上了另一辆旅游车，一路无话。在离开昆明回蓉的当天晚上，吃过晚餐在赴机场的途中，导游提醒客人检查一下机票带好没有，王先生当时并未仔细查看自己的机票。当到达机场时，拿出机票一看，才发现他们三人乘坐的航班比车上其他客人早了一个半小时，结果造成了误机事故。因是黄金周假期的最后一天，返程机票十分紧张，王先生一家人当晚不能乘机返蓉，第二天上不了班，造成了严重后果。回蓉以后，王先生直奔旅游局执法大队进行投诉。旅游局执法大队责成旅行社查明原因，发现该成都组团社门市部在收客时，因同一航班机位不够，给王先生一家买了另一航班机票，且未明确告知他们，昆明的导游明知是散客拼团，但想当然以为同车客人乘坐的是同一航班而未将王先生一家提前送去机场乘机，导致误机。昆明的导游首当其冲，受到客人的责骂，弄得焦头烂额。其实，深究起来，发生误机事故的根源在成都组团社的计调人员身上，黄金周前收客频繁匆忙，工作疏忽未明确告知昆明地接社客人乘坐不同的航班。

点评：很多时候可以说计调工作是旅游团的命脉。因为在整个行程安排中，什么时候到站、什么地点接站、车辆的安排、用餐地点及时间、景点及购物的衔接，这些细节只有计调人员知道，而导游并不知情。细心负责的计调人员在接团前就应当告知导游所有细节，以免出错。

［资料来源］四川省中旅投诉资料汇编.

案例2：

“旅游团”成了“猪仔团”

案情：1999年春节期间，四川某旅行社组团前往香港旅游。但这些游客在香港都不幸无人接待，扫兴而归，成了“猪仔团”。这些被香港旅游界戏称为“猪仔团”的游客，都正式与四川组团社签订了旅游合同并付清了团费。那么，他们为什么会领受到如此“待遇”呢？

原来，这些游客随团抵达香港后，香港地接社却拒绝接待，其原因是因为四川组团社并未预付香港方面团费，因此，香港地接社拒绝给这些游客安排食宿及游览。在与地接社交涉失败之后，领队只得带领游客“未游而归”。游客返川后，向当地旅游管理部门投诉，四川旅游管理部门某官员了解情况后说：“谁要是砸了四川旅游界的牌子，我们就要砸他的饭碗。”

点评：组团社在寻找地接社的时候，应当与地接社签订相关的合作协议，明确团款的结算方式等细节问题，以除后患。

另外，作为旅游团的领队或全陪，在出团前应该了解该团队的资金运作情况，做到心中有数。否则，由于团费的不到位，将直接影响团队的运行和游客的旅游，甚至造成非常恶劣的影响和后果。

因此，旅行社应当加强财务管理，减少团款不到位而导致地接社甩团现象的发生。

［资料来源］周晓梅主编．计调部操作实务［M］．北京：旅游教育出版社，2006：165－166.

本章小结

通过本章学习，掌握计调工作的操作程序，根据实际情况编制完整的出行计划、实际运作等。

实训题：

1. 计调人员对入住的饭店不熟悉会影响带团质量吗？
2. 计调人员应该了解我国主要客源国概况吗？
3. 为了高效准确地计算出团队价格，应该做好哪些工作？
4. 行程、景点、人数及用房数完全一样的全包价团队，是否会有不同的价格，为什么？
5. 计调人员应该加强哪些方面的学习？
6. 编制一份完整的团队运行计划。

第七章 旅行社接待业务

导学提示：

旅行社接待是对已经预订旅游产品的旅游者提供的旅游安排，即为旅游者落实在本地的食、宿、行、游、购、娱等消费活动，这主要是通过导游接待服务来完成的。本章主要介绍导游服务的性质、作用、岗位要求、导游人员的劳务关系及导游接待团队、散客的服务流程。

重难点：

重点是掌握导游接待团队、散客的服务流程；难点是接待服务过程中发生的突发事件的处理。

知识培养：

了解导游服务的性质、作用、岗位要求以及导游人员与旅行社、导游服务公司的劳务关系；熟悉掌握导游接待服务的具体程序。

能力培养：

重点培养学生的导游讲解能力和处理接待服务过程中发生的突发事件的能力。

实训要求：

通过模拟导游讲解、导游实训服务，熟练掌握导游接待服务的具体程序和要求。

第一节　导游服务概述

在旅行社众多业务中，导游工作是不可缺少的组成部分，是旅游接待的中心工作。旅行社围绕旅游团队所做的一切努力，最终都须通过导游服务来体现。导游服务水平的高低，代表着旅行社的形象，决定了游客的满意度，影响着游客的消费行为。

一、导游服务的性质

导游服务是针对旅游者提供的专项服务，具有服务性、经济性、文化性和涉外性四大特性。

（一）服务性

导游工作本质上是服务性工作，是旅游服务工作的一种，它提供的不是有形的物质产品。衡量服务产品质量的重要途径，是接受服务者的客观感受。因此，每一位导游人员都应该认清自己的角色地位，摆正位置，决不能凌驾于旅游者之上，应把为旅游者提供满意的服务作为自己的责任。

（二）经济性

导游工作本质上是一种服务商品，具有一般商品共同的价值和使用价值。我们提倡导游人员不计名利、乐于奉献，但也必须承认导游工作是经济工作，最终是以获取经济利益为前提的。导游人员应该在保证服务质量的前提下，尽可能降低成本，创造利润，为本地区经济发展多做贡献。

（三）文化性

导游工作本质上是文化性工作，它在传播和沟通世界文化、民族文化方面起着特殊的作用。

导游服务的文化性主要通过三种途径体现出来：一是讲解服务，通过直接讲解的方式，向游客介绍本地本民族文化，普及历史、宗教、艺术等文化知识。二是通过自己的一言一行，向游人展示本国本地区文明，体现本民族的风情。导游人员实际上就是国家或地区旅游形象的代表，游客通过与导游人员密切接触，了解当地文化的特征和魅力。三是导游人员和旅游地居民有意或无意会受到外来文化的影响，并将这种文化向本地区传播，形成文化交流的现象。

（四）涉外性

中国人出境旅游团队的导游服务和国际游客来华旅游团队的导游服务，均具有涉外性。由于中外文化背景的不同，造成双方价值观念和思维方式的差异，使涉外接待必须小心谨慎，避免小误会产生大纠纷。

在对外工作中，导游人员应做到：第一，在外国人面前不卑不亢，对各国游客一视同仁；第二，由于中外文化的差异，凡涉及政治制度、道德观念、价值观念及敏感政治问题时，应采取“求同存异”的态度，不可互相攻击、互相指责；第三，实事求是地介绍中国，不要文过饰非；第四，坚持内外有别，不向外国旅游者谈论涉及国家机密的内容，不带外国旅游者到未开放地区或军事禁区参观游览。

案例 1：

送手帕

案情：四川某家国际旅行社，曾在成都订做了一批蜀绣的手帕，名厂名产。每块手帕上都绣着花草图案，美观大方，装在特制的纸盒内，盒上印有旅行社社徽。在我们看来，这是一份很像样的小礼品。一位导游员带着盒装的纯丝手帕，到机场迎接来自意大利的游客。待致完热情、得体的欢迎辞之后，他代表本单位送给车上每位客人两个包装精美的手帕作为礼品。但他怎么也没有想到，此时车上一片哗然，议论纷纷，游客显出很不高兴的样子。特别是一位夫人，大声喊叫，表现出极为气愤的样子，还有些伤感。导游员心慌了，好心好意送客人礼物，人家不但不感谢，反而很生气。中国人总以为送礼人不怪，这些外国人为什么怪起来了呢？原来在意大利和西方的一些国家有这样的习俗：亲朋好友相聚一段时间后，在告别时才赠送手帕，取意为"擦掉惜别的眼泪"。人家兴冲冲地刚踏上盼望已久的中国大地，准备开始愉快的旅行，你就让人家擦掉离别的眼泪，人家当然不高兴。那位气愤的夫人之所以大声喊叫，是因为她所得到的手帕上面绣着菊花图案。菊花在中国是高雅之花，但在意大利是葬仪用花，只有送给死者的物品，上面才有菊花图案。人家怎么能不愤怒呢？真是"送礼人也怪"。

点评：知己知彼，百战不殆。导游员在服务过程中会不可避免地遇到不同的文化冲突。我们不仅要通晓本国和本地区的文化，也要通晓游客当地的文化，并在此基础上为旅游者提供令其满意的服务。

［资料来源］西南民族大学旅游与历史文化学院．导游知识与技能［M］．成都：四川科学技术出版社，2006：170.

二、导游服务的作用

导游服务在现代旅游业中的地位主要体现在：

（一）导游服务是旅行社业务的中心

对游客而言，导游员是旅行社的代表，是旅游产品的提供人。旅行社对客服务的各个部门，如产品设计、线路组合、市场促销、车船机票预订，最终都通过导游服务传递给游客。因此可以说，旅行社各个部门的工作，都是围绕着导游服务这条主线展开的，都是导游服务的幕后主持者。

（二）导游服务是旅行社竞争的焦点

人们常说：没有导游的旅行是最乏味的旅行。导游服务使旅游者增长知识，使旅游活动更加富有魅力，更充满情趣。旅行社的竞争，说到底是导游服务质量的竞争。拥有一流的导游队伍，无疑是旅行社扩大知名度，争取更多客源的法宝，也是旅行社最大的一笔财富。

（三）导游服务是旅行社了解游客意见和建议，改进旅游产品的主要途径

旅游景点、旅游交通和旅游宾馆、饭店等旅游设施，通过旅行社组合成

旅游线路后，作为旅游产品销售给游客。导游人员工作在一线，熟悉旅游产品链中每一个环节的服务质量，了解游客的消费心理，可以及时将有关信息反馈给旅行社，有利于旅行社改进服务方式，提高旅游产品的针对性，推出更具竞争力的旅游产品。

（四）导游服务是旅游者完成旅游活动的根本保证

旅游者来自不同的地区和国度，归属于不同的民族，与旅游地居民在知识、文化、语言、生活等诸方面存在着差异，必须借助导游员的生活服务、中介服务和讲解服务，才能达到与旅游地居民顺利沟通，进而了解旅游地历史文化的目的。因此，导游服务是旅游者完成旅游活动的根本保证。

三、导游服务的岗位要求

（一）思想品德修养

旅游工作是一项需要较高思想意识和政治觉悟的服务性工作，它要求从业人员具有爱国爱企、自尊自强、遵纪守法、爱岗敬业、公私分明、诚实善良的品德。导游人员在业务活动中往往以主人翁的姿态出现，成为国家、民族和地区旅游形象的代表，因此应顾全大局，坚持祖国利益高于一切，在工作中要自觉维护国家和民族的尊严，有自尊心和自信心，要勇于实践、自强不息。

（二）知识修养

导游服务实际上是一项以脑力劳动为主，高难度高智商的知识密集型工作。一名合格的导游员，必须掌握丰富的语言知识、法规知识、历史文化知识、生物地理知识和导游业务知识，才能在工作中得心应手，为游客提供满意的服务。

随着时代的发展，游客的要求也在不断地变化。导游人员只有不断充实自己，才能做好导游工作。高素质的学者型导游，应是今后导游发展的主要方向。

（三）掌握导游服务的原则

导游人员应恪守导游工作的原则，为游客提供物超所值的服务，满足游客物质和精神上的需求，使客人的权益得到保护，让客人在得到充分尊重的同时，获得美的享受。

1. 宾客至上、超值服务的原则

宾客至上是服务行业的座右铭，是服务工作中处理各类问题的出发点。旅游服务是服务业的龙头产业，导游提供的不是有形商品，而是无形的服务。服务的特点是价格有限、价值无限。一位合格的导游人员应力求提供超出游客期望值的导游服务，让游客高兴而来，满意而归。

2. 维护游客合法权益的原则

保障旅游团队行程顺利、旅途愉快的前提是时时处处为游客着想，自觉维护游客的合法权益。国内外所制定的旅游法律法规，其宗旨也在于保护游客的合法权利和人身财产安全。导游人员应学法、懂法，带团过程中遇到问题才能客观公正地加以处理，使客人的利益得到尊重，客人的权益得到保护。

3. 规范化服务与个性化服务相结合的原则

导游工作的服务标准基于《导游服务质量》以及《旅行社国内旅游服务质量要求》，这种规范化服务程序已经不能满足游客的需求。个性化服务是针对每一个旅游团、每一位游客的不同情况而提供的。导游人员只有将规范化服务与个性化服务结合，才能使每一位游客的个性需求尽量得到满足和释放，使客人获得更高的满意度。

（四）仪表与心态

导游人员衣着打扮要符合职业身份，服装要整洁得体，举止应端庄大方，表情自然、诚恳。同时，导游人员还必须具有积极的人生观，随时向客人传递健康向上的情绪，使团队永远保持着团结友好、互助友爱的精神。

四、导游人员的劳务关系

目前，我国的导游人员一般归口到旅行社或导游服务公司注册管理。

1. 在旅行社注册的导游

原则上旅行社以专职导游为主，这类导游与旅行社签有正式的用工合同，享受旅行社提供的基本工资和劳保福利。

一般在旅行社注册的导游可分为三种情况：

（1）有固定工资收入，主要是语种导游，接团时给予补贴。

（2）无固定工资收入，主要是临时导游，靠接团时的回扣、小费作为收入。多为语种团队。

（3）无固定工资收入，主要靠接团时的回扣、小费作为收入，需给旅行社缴纳接团费，每团每人上交50元以内，根据团队情况而定。多为华语团队。

2. 在导游服务公司注册的导游

导游服务公司以社会导游为主，这类导游由旅游接待单位临时聘用从事导游工作。但随着旅行社改革的深入，已出现部分旅行社将自己的导游划归导游服务公司，或者旅行社其他业务人员兼职导游业务的现象。

在导游服务公司注册的导游人员每人每年交纳导游服务费300元，保险费300元（其中：人身意外保险150元/年，接团质量保险150元/年）。由于团队接待时发生质量问题，责任往往很难确定，导游服务公司与保险公司发生争议，难以协调，因此，目前接团质量保险暂停。

目前，导游队伍中还存在少数无证的“野马”导游，在带团过程中引发了诸多质量问题，引起游客强烈不满，严重影响了旅游形象。因此，旅行社全行业应积极努力封杀“野马”导游，保证游客的合法权益，维持良好的旅游秩序。

第二节　导游接待服务程序

一、导游接待服务

（一）导游接待服务的范围

我国导游接待服务的范围包括两大类：导游讲解服务与旅行生活服务。

1. 导游讲解服务

导游讲解服务主要包含景点导游讲解、车船沿途导游以及参观会见时的口译服务。

2. 旅行生活服务

旅行生活服务包括接客、送客、旅途生活照料及上下站联络等工作。

（二）导游接待服务的程序

所有的导游员，包括地陪、全陪、领队、景点导游人员等，其工作程序大体来说基本相同。其整个工作过程大致可分为三大步骤：

1. 接团准备工作——包括熟悉接待计划、落实接待事宜、各项准备工作（物质准备、语言和知识准备、形象准备、心理准备等）。

2. 接团服务——包括旅游团抵达前的服务安排、旅游团抵达后的迎接服务、导游讲解服务、参观游览服务、生活接待服务（住宿餐饮服务、社交活动、文娱活动、购物服务等）。

3. 送站服务——包括送行前的业务、送机（车、船）服务与收尾、总结工作。

（三）导游出团程序

1. 与旅行社签订合同的导游

（1）导游人员接受旅行社的委派，在接待旅行团队前，前往旅行社领取“四川省旅游团队交接表”、“团队运行计划表”、“旅行社团队购物停站签单表”、“旅行社服务质量跟踪调查表”、团款及团队相关资料；

（2）按照接待计划为游客提供导游服务。

2. 与导游服务公司签订合同的导游

（1）前往导游公司领取“订立劳务协议通知单”及“岗位责任评分表”，每次各五份，公司加盖公章，并作好登记工作。

（2）导游员领取“订立劳务协议通知单”后应妥善保管，不能丢失。

（3）导游上团时所持“订立劳务协议通知单”上必须盖有导游管理公司和旅行社（或旅游公司）总部或旅行社分社公章（鲜章），以接受省、市旅游执法部门的检查。特别强调：旅行社营业部、门市部的章无效。

（4）导游出团前必须将盖好公章的“订立劳务协议通知单”及“团队运

行计划表”传真至公司，公司工作人员做好记录，以备存查。

（5）当领取的“订立劳务协议通知单”及“岗位责任评分表”（五份）用完后，须交回导游公司，并再领取五份。

附：

表格一：订立劳务协议通知单

订立劳务协议通知单

注册编号（　　）

订立劳务协议通知单　　　　No ______

经平等协商，______旅行社（分社）现聘请××号导游管理服务公司注册登记的导游人员______担任导游。导游证号______，接待团号______。双方带团任务和劳务报酬等内容协商一致，依法订立了劳务协议，聘用时间自____年____月____日至____年____月____日止。旅游线路为______________。

注：聘用期间，导游员必须服从聘用单位的管理，严格按照《导游管理条例》提供优质服务，违者由聘用单位按照相关的法律法规进行处理，聘用方承担聘用期间由导游原因产生的一切经济和法律责任。本通知单一经涂改视为无效，旅行社门市部、营业部盖章无效，导游员上团执本通知单传真件或复印件无效。

××导游管理服务有限公司（盖章）　　旅行社（分社）（盖章）

电话：　　传真：　　联系电话：

年　　月　　日

表格二：旅行社团队运行计划表

旅行社团队运行计划表

团名		人数		组团社			全陪	
抵离时间 第一次	月　日　时　分由　乘　航班/车次抵						地陪	
抵离时间 第一次	月　日　时　分乘　航班/车次赴						驾驶员	
抵离时间 第二次	月　日　时　分由　乘　航班/车次抵						车型	
抵离时间 第二次	月　日　时　分乘　航班/车次赴						车号	
行程安排	早餐地点	游览景点及时间	午餐地点	游览景点及时间	晚餐地点	购物点	自费项目	住宿酒店
月　日								
月　日								
月　日								
月　日								
备　注	游客自主决定是否参加自费项目。							
旅行社投诉电话		各级旅游执法（质监）机构投诉电话					（区号）+96927	

表格三：旅行社服务质量跟踪调查表

旅行社服务质量跟踪调查表

团　　名		人　数		全　陪	
地　　陪		车　号		驾驶员	
游客意见	非常满意	满　意	基本满意	不满意	
日程安排					
导游服务					
餐饮质量					
住宿标准					
娱乐项目					
交通保障					
购物安排					游客签名
旅游安全					
其　　他					
备　　注	一、为了切实保护游客的合法权益，加强对旅游经营者特别是导游人员的监督管理，特制定本表。 二、团队抵达时，由导游将本表分发给每位游客。 三、导游不得随意更改团队运行计划。 四、导游不得向游客索要小费。 五、游客如对表中所列项目不满意，可向各级旅游执法（质监）机构投诉，投诉电话：96927 投诉地址：　　　　　　　　邮政编码：				

表格四：旅行社团队购物停站签单表

旅行社团队购物停站签单表

团队名称			人数	
日　　期	商店名称	购物起止时间	导游签名	旅客代表签名
月　　日				
月　　日				
月　　日				
月　　日				
旅客代表身份证号				
联系电话				

二、团队与散客的接待服务

（一）团体旅游的接待过程

1. 编制旅游接待计划

旅游接待计划是根据游客的要求，旅行社制定的在团队游览过程中，为游客提供一系列接待服务的计划。

编制接待计划时，必须按照组团社下发的总计划的要求、标准，同时要掌握时间准确、路线合理、活动内容丰富多彩等几个原则。具体的内容包括：

（1）除组团社发来的团名、团号外，还应为该团重新编排地接社的团名、团号。

（2）计划中要写清楚团队的人数（男、女、夫妇）、国别、抵离日期、服务标准及所需导游翻译语言的种类。

（3）该团抵离本地所乘的航班号、车次、时间及去向。

（4）所需房间总数，是否有自然单间。

（5）该团团长、全陪、领队的姓名和性别。

（6）所住饭店的名称，三餐标准，有无特殊要求。

（7）游览景点，用车地点、时间，购物活动，文娱活动等。

本地区旅游接待计划编制完毕并报部门经理审阅、签字后，及时发给计调、接待、财务等部门。计调部则根据此计划预订饭店、离开本地的机（车）票、安排汽车和行李、订餐等；接待部门则根据要求安排适宜的导游员。

接待部的导游在接到接团通知单后，应仔细看旅游行程计划表。游览行程表应标明团队每天的早餐、出发时间，有景点浏览的先后顺序与时间安排，有进定点商店的时间安排，送团的各项时间安排。导游员根据旅游行程计划表上规定的时间准时接团、送团，要依据游览行程表与旅游车司机密切合作，接待好旅游团队。

2. 准备接待阶段

（1）选派适当的接待人员

接待部门经理在接到旅游计划表后，根据旅游团的情况介绍和所提出的要求，选择适当的导游员承担接待任务。例如，专业团的陪同要求外语水平高，又有专业知识；老年团的陪同要求工作细心，熟悉革命历史文化知识，并具有一定的医学常识；中年妇女团的陪同要求年龄相仿，对商店购物比较在行。总之，要根据旅行团的特点，选派相应的导游人员，方能取得理想的接待效果。

（2）检查接待工作的准备情况

接待部门的经理应注意检查承担接待任务的导游员准备工作的进展情况和活动日程的具体内容。对于进展较慢的导游员，应加以督促；对于活动日程中的某些不适当安排，应提出改进意见；对于重点旅游的接待计划和活动日程，应予以特别关注；对于经验较少的新导游员，则应给予具体指导。总之，接待部经理应通过对接待工作准备情况的检查，及时发现问题和堵塞漏洞，防患于未然。

3. 实际接待阶段

（1）请示汇报制度

旅游团队接待工作是一项既有很强的独立性又需要由旅行社加以严格控制的业务工作。一方面，担任旅游团接待工作的接待人员特别是导游人员应具有较强的组织能力、独立工作能力和应变能力，以保证旅游活动顺利进行。那种动辄就请示汇报，不肯主动想办法解决，总是遇到困难绕着走的人，是不能够胜任独立接待旅游团的重任。另一方面，凡事不请示、不汇报，特别是遇到旅游接待计划须做出重大变更的情况也不请示，擅作主张，甚至出了事故隐匿不报的做法也是极端错误的。为了加强对旅游团接待过程的管理，旅行社应根据本旅行社和本地区的具体情况，制定出适当的请示汇报制度。这种制度既要允许接待人员在一定范围内和一定程度上拥有随机处置的权力，以保证接待工作的高效率，又要求接待人员在遇到旅游活动过程中的一些重大变化或发生事故时及时请示旅行社相关管理部门，以取得必要的指导和帮助。只有严格执行请示汇报制度，才能保证旅游团的接待顺利进行。

（2）抽查与监督

接待部经理或总经理等在事先未招呼的情况下，亲自到旅游景点、旅游团下榻的饭店或旅馆、就餐的餐馆等旅游团活动的场所，直接考察导游人员的接待工作情况，并向旅游者了解对接待工作及各项相关安排的意见，以获取有关接待方面的各种信息。通过这种现场抽查和监督可以迅速、直接地了解接待服务质量和旅游者的评价，为旅行社改进服务质量提供有用的信息。

4. 总结阶段

（1）接待总结制度

为了达到提高旅游团接待工作效率和服务质量的目的，旅行社应建立总结制度，要求每一名接待人员在接待工作完成后对接待过程中发生的各种问题和事故、处理的方法及其结果、旅游者的反映等进行认真总结，必要时写出书面总结报告，交给接待部经理。接待部经理应认真仔细地阅读这些总结报告，将其中的成功经验加以宣传，使其他接待人员能够学习借鉴，并将接待中出现的失误加以总结，并提醒其他接待人员在今后的工作中尽量避免犯同样的错误。通过总结，达到教育员工、提高接待水平的目的。

此外，接待部经理还可以采用其他方式对旅游团接待过程进行总结。例如，旅行社接待部经理可以采用听取接待人员当面汇报、要求接待人员就接待过程中发生的重大事故写出书面总结报告、抽查接待人员填写的“陪同日志”、“全陪日志”、“领队日志”等接待记录的方式。通过这些总结方式，旅行社接待管理人员能够更好地了解旅游者接待情况和相关服务部门协作情况，及时发现问题，采取改进措施。

总之，旅行社接待管理人员通过总结旅游团接待情况，不断积累经验，以便进一步改进产品、提高导游人员业务水平和完善协作网络。

（2）处理旅游者的表扬和投诉

处理旅游者对导游员接待工作的表扬和投诉是总结阶段中旅行社接待管理的另一项重要内容。一方面，旅行社通过对优秀工作人员及其事迹的宣传，可以在接待人员中树立良好的榜样，激励旅行社接待人员不断提高自身业务素质；另一方面，接待管理人员通过对旅游者投诉的处理工作，既教育了被投诉的导游员本人，也对其他接待人员有警示作用，避免大家在今后的接待工作中再犯类似的错误。

案例2：

提供的服务标准与合同不符

案情：国庆期间，山东某女士通过当地的组团社参加了成都—九寨沟—黄龙四日游，与组团社签订了《旅行社组团标准合同》，就旅游路线、主要观光景点、交通工具、用餐及住宿标准等达成一致意见。该女士依约交纳了团费2000元。组团社按该旅游团的人数、选种及服务项目内容、标准等事宜与地接社四川某国际旅行社有限责任公司达成接待协议。该旅游团在四川当地游览的过程中，由于恰逢国庆节大假期间，到九寨沟、黄龙景区旅游的游客人数剧增，而景区的接待能力有限，致使该旅游团在住宿、用餐、交通工具、景点游览等方面存在服务质量问题，达不到合同约定的标准，引起游客的严重不满。问题发生后，地接社与地陪做了大量的补救措施，在从景区回成都的途中提高餐饮标准，沿途住宿提高了档次，还利用空余时间增加了市区的游览景点，并向全团旅游者公开致歉。大多数游客表示谅解，而该女士仍不满补偿措施，提出投诉，要求双倍赔偿。

点评：

1. 旅行社与旅游者之间签订的《旅行社组团标准合同》是合法、有效合同，旅行社必须按合同的规定为旅游者提供旅游服务，而在上面的案例中，接待社未按合同要求为游客提供服务，是地接社违约。

2. 尽管接待社在过程中为将事情解决，单方面也作了补偿，在吃、住方面的接待提高了档次，游览景点也增加了，并赢得了多数游客的谅解，但未签订任何的书面材料，因此就算旅行社在游客的旅行过程中付出了额外的服务，也不能减免责任。

［资料来源］陈锋仪，王莉霞，库瑞．旅行社经营与管理案例分析［M］．天津：南开大学出版社，2004：90－91.

（二）散客旅游接待服务的程序与标准

1. 自助散客旅游接待服务的程序与标准

当自助散客电话或信函咨询或来到旅行社散客部或门市柜台时，接待人员应予以热情的礼貌接待，应询问清楚对方的要求，向对方宣传、展示本社的服务项目、旅游商品，说清收费标准，开展促销工作。此阶段的服务关键是热情，必须使客人有宾至如归的感觉。

如自助散客决定委托旅行社提供某一项或某几项服务时，接待人员应讲清该办的手续、对方的权利与义务、监督投诉电话，应请对方填写有关表格、签署委托合同，并在查看对方证件后收清有关费用（如是电话联系或信函咨询应请对方尽快来旅行社散客部或门市柜台办理手续、交纳费用）。此阶段的服务标准是清楚、准确，不容发生错误。

送走顾客后，接待人员应将合同及时转至散客部有关经办人员手中，立即根据合同开展采购工作，并按合同要求提供规定的旅游服务。此阶段的服务标准是及时与讲究信用，按合同办事。

如合同规定提供导游服务，应派出较灵活的导游员，以适应自助散客要求多、易变的特点。导游员接到任务后，应根据合同向自助散客提供规定的导游接待服务，其单项服务标准与团队接待大同小异，只不过服务项目要少得多。

2. 旅行社散客团旅游接待服务的程序与标准

作为旅行社团队的旅游接待，接散客团与接标准团队的程序与标准大同小异，都有接团、带团、送团三大程序，也都有十项具体业务：上团准备、迎接服务、饭店服务、餐饮服务、景点讲解服务、参观会见服务、购物促销、加点与夜生活、其他服务、送客服务。但在下列方面有所区别：

第一，由于散客团的行程及包价程度常与标准团不同，灵活性特强，所以在准备工作阶段，导游员特别要弄清该散客团所购买的旅游商品中究竟包含哪些计划内服务项目，要核实是否已付费。

第二，导游员应在接站牌上写上客人姓名。

第三，在许多城市，旅行社 9 人以下的入境散客团与内宾团一样，多不派行李车。这样，地陪在机场就不必寻找行李员，送机前在饭店宾馆也不必布置出行李。地陪应协助游客提行李乘坐旅游车前往住处或机场。所以地陪在准备工作期间应提醒旅行社租较为宽松的旅游车。

第四，散客团一般均无领队、全陪，送机时，地陪应自带本团机票，在机场协助游客办理行李托运手续，并将行李牌、登机牌直接交给客人。

第五，接待 3 人以下小型散客团，导游讲解宜采用对话形式进行。

第六，接待散客团应特别重视与客人商谈日程，如有变动应及时通知旅行社相关部门。如变动牵涉到费用或组团社与地接社的利益，地陪不能擅自做主，应请示旅行社决定。

第七，对旅行社接受的小包价散客团，导游员应重视广告促销工作，争取该团购买本旅行社的更多计划外可选择性服务项目。

第八，无论是接、送还是游览，地陪均应事先弄清本散客团是用专车还是与其他小团并团合乘一辆车。如需并团，应弄清由哪位导游员跟车。有时也会出现并车不并团的现象（即同车转移，到景点后分团导游）。如旅行社安排并团，导游员要安排好开车到不同宾馆饭店接客的顺序与时间，通知客人与司机，准时前往接客。

第九，对小包价散客团，地陪应在送行前提前一天与客人取得联系，以确认送站时间和地点。

3. 组合旅游团旅游接待的程序与标准

组合旅游团的接待程序与标准旅游团基本相同。但由于客人抵达当地的时间各不相同，一般不需接机（车、船），地陪只需按合同规定的时间前往事先指定的饭店集中游客，然后开始统一旅游行程。即使有些游客要求接机（车、船），也多由旅行社另外指派的专人前往机场（车站、码头）迎接，与地陪无关。

组合旅游团在结束当地游览后，有在当地散团的，也有要求送机（车、船）的。由于组合旅游团的客人有时来自同一城市，有时来自四面八方，如属于后者，送客将是极为复杂繁忙的工作，有时需要由旅行社调派多人多车方能完成任务。

案例3：

案情：某导游带一个20人的旅游团去九寨沟、黄龙四日游，到了第三天，从九寨沟出发到黄龙，途中经过川主寺的时候，导游告诉各位游客：因途中要翻越4000多米的山峰，有身体不好的同志请租或买氧气袋（瓶）。有位中年男性游客一直坚持自己身体很好，没有做准备。当旅游车上山到海拔超过3500米时，这位游客的脸色发青，嘴唇发紫，呼吸困难。导游急忙叫司机停车，做紧急处理，其他游客租了氧气袋未用上的也捐献出来，给这位游客戴上，待这位游客神色好转，让司机将车掉头回川主寺找医院进行检查，并跟其他游客宣布取消黄龙景点，回程。

点评：

1. 导游在带团过程中，遇到有危害游客人身或财产安全的情况应提前予以警示。

2. 游客身体遇到危险情况，导游要关心，了解其身体状况，根据情况做出相应的措施。

3. 当游客高山反应强烈时，该导游采取了紧急抢救措施，并送游客去最近的医院检查，这个是非常正确的。

4. 该导游因为一个游客而私自改变了旅游行程，这是错误的。可在将游客送到医院后，请全陪或领队留下，带领其余的游客继续旅游行程。

案例4：

案情：某国际旅行社一个门市部将在自己门市部报名的游客35人组成一团，租了一辆40座的金龙旅游车，预订了旅途中的餐饮、住宿，借了一名导游帮忙带团前往景点旅游。由于这名导游是花了1050元买的团，于是千方百计多进店购物，结果到第3天为止总共进了大大小小7个店。按计划，第4天回程途中要游览都江堰，下午送游客返回成都。导游在第4天的时候又将游客带进都江堰的购物点2个，只剩30分钟让游客游览都江堰。游客非常愤怒，回成都后集体去旅游局投诉。

点评：

1. 门市部没有法人资格，只能为游客提供咨询、签订旅游合同，不能组织团队旅游。

2. 门市部收取导游的买团费是不被允许的。

3. 根据四川省旅游局的规定，导游带团期间一天只能进一个购物点。

4. 因导游带团的错误，进购物点的时间过多严重影响了正常的旅游行程，侵犯了旅游者的正当权益。

本章小结

本章为全书的重点部分，第一节主要介绍了导游工作的性质、作用、岗位要求及分别与旅行社、导游服务公司的劳务关系，第二节主要介绍了导游接待团队和散客的服务流程。

实训题：

1. 当你拥有导游资格证时，选择挂靠旅行社或导游服务公司分别需要什么条件和手续？

2. 针对当前导游队伍的现状，谈谈你的看法。

3. 模拟导游讲解：学生在实训室进行现场模拟导游讲解练习。

4. 景点实地讲解：组织学生到某些景点进行实地导游讲解训练。

5. 跟团实训：学生到旅行社跟随旅游团队进行实训。

案例题：

阅读下面的案例，进行讨论。

1. 北京游客王先生参加由四川某旅行社组织的峨眉、乐山大佛两日游，该团系由不同交费标准的散客构成，同车游客有不同的住宿标准。按照合同约定，王先生应当住宿三星级宾馆标准间，但在实际行程中，导游却擅自改变计划，强迫其住宿 4 人间，游客不从，在王先生的强硬态度下，导游才罢休，但仍然安排游客住宿普通双人间。次日，当游程结束返蓉后，按照合同约定，该社应当将王先生送回成都某酒店。但是，导游却安排游客在距离该酒店约 10 公里处下车，并谎称该地距离酒店很近，游客经询问出租车驾驶员时，方知被导游蒙骗，遂愤而投诉。

讨论：（1）谈谈你对上述案例的看法，对该旅行社和该导游应如何处理？

（2）散客接待与团体接待有什么不同？就散客接待谈些自己的看法。

2. 导游擅自增加旅游项目

四川某旅行社接待由 25 位外省游客组成的旅游团赴九寨沟、黄龙旅游。出团当日，该社导游安排游客前往行程计划中没有的某寺庙参观，游客在此烧香、请佛被宰数千元。事后，导游收受寺庙回扣 650 元。行程第三日，导游又带游客至计划外的某商店购买牛肉，并收受回扣 250 元，引起游客强烈不满。团队返蓉后，游客向旅游执法部门进行投诉。

讨论：（1）该导游带团过程中有哪些违规操作？

（2）对旅行社及导游应作何处理？

第八章
旅行社综合管理（一）

导学提示：

旅行社综合管理主要涉及到信息化管理、人力资源管理、客户管理、质量管理、财务管理、经营风险管理、战略管理等方面的内容。它们是旅行社经营管理实务的后勤配套保障部门，其工作质量的高低直接关系到旅行社各项业务活动能否顺利开展，能否获取预期的经济效益和社会效益。

本章主要围绕旅行社信息化管理、人力资源管理、客户管理、质量管理进行阐述。旅行社要利用各种信息技术手段，建立旅游管理信息系统；加强旅行社员工的招聘、培训、绩效评估、激励，做好对重点岗位的人力资源管理；实行客户分级管理，建立客户数据库，进行有效的客户关系管理；采用全面质量管理，提高旅行社质量特别是服务质量的管理。

重难点：

重点是旅行社信息化管理、客户管理、质量管理。难点是旅行社信息化管理、质量管理。

知识培养：

掌握旅行社信息化管理知识及其信息化管理系统的运用；掌握旅行社员工的招聘、培训、绩效评估、激励知识，做好对重点岗位的人力资源管理；掌握客户关系管理知识；掌握全面质量管理知识。

能力培养：

较高的旅行社信息化管理系统的运用能力；较强的旅行社员工管理特别是重点岗位员工的管理能力；较好的旅行社重点客户管理能力；较高的旅行社质量管理特别是接待服务质量管理能力。

实训要求：

具有一定的旅行社综合管理理论知识，熟悉信息化管理、人力资源管理、客户管理、质量管理的一般方法，了解旅游业的业务运作程序和模式，具有较强的旅行社经营管理实务操作能力。

第一节 信息化管理

随着电脑进入家庭，因特网的普及，信息技术和互联网显示出强大的生命力和经营优势，数字化、网络化、信息化成为了21世纪的基本特征。作为21世纪的朝阳产业和支柱产业，旅游业将会扬弃其传统的经营方式，转而大量采用信息技术，通过互联网进行产品推介、网上咨询，提供旅游服务预订、旅游线路安排等服务。因此，旅游业必须接受信息时代的检验，并迅速适应信息时代的挑战

一、信息技术与旅游业

信息网络技术产生于20世纪中叶，是计算机软硬件技术和现代通讯技术相结合的产物，利用信息网络技术可以极大地提高搜寻信息、整理信息、传递信息和保存信息的效率。信息技术的商业应用主要体现在计算机网络的应用和数据库应用方面。应用的范围包括市场调研、产品开发、供应链管理、市场开发、客户关系管理等，其中计算机网络的应用又以国际互联网后来居上，成为主要的应用手段。互联网的服务主要有电子邮件、档案传输、网络论坛、远程登陆、电子公告等功能。

现代信息技术种类繁多，如计算机预订系统、电子货币交易系统、电视会议、可视图文、电子小册子、计算机管理信息系统、航空电子信息系统、数字化电子网络、移动通讯等。20世纪50年代开始，美国航空公司就开始用计算机作为预订系统，到1993年世界发达国家中电脑预订系统的拥有率：德国100%、法国99%、西班牙75%、意大利75%、英国60%。

据统计，1997年美国全国网上交易额9亿美元，其中旅游收入约占三成，达2.76亿美元。到1997年底，美国共有56%的旅行社接受因特网或加入商业性网络服务，在上网的旅行社中，有42%在网上建立了自己的主页，占旅行社总量的25%，到1999年末，占总量42%的旅行社在网上设立主页。CNN公布的数据显示：1999年全球约有8500万人次以上享受过旅游网站的服务。

1981年中国国际旅行社开始用计算机作文字处理，主要用于对旅游者的流量控制、财务管理、数据统计、汇总等。1993年，以国旅总社为中心，建成了由西安、桂林、广东、浙江、南京、无锡和苏州等国旅集团成员企业及海陆空公司、铁路、汽车公司、饭店、餐馆和商店等相关组成的国内第一个以旅行社为龙头的跨地区、跨行业的经营性电脑预订网络。上海春秋旅行社旅游网络设立了以中心旅游城市分社为主的一级网络、以分社销售点为主的二级网络，覆盖了全国的主要旅游城市。网络涉及了旅游线路、报价、订房、

订餐、订票、订车等；操作时，顾客通过旅行社服务人员进入网络，达到将要去的景点临近的分社网络，即可完成各种旅游项目的预订，各种价格、费用更是一目了然。1998年10月，英特中国旅游网（CNTA）为中国各家旅行社进入网络经营提供了方便，旅行社可以利用网络开设主页，向每一位造访者推销产品，提供服务，大大地降低了成本，提高了效益。中国青年旅行社的“青年在线”网站更是成功建立了旅行社“B－to－C”的电子商务平台；也有部分旅行社还在国际互联网上建立了自己的主页，如国旅总社的“http：//www. cits. net”、中旅总社的“http：//www. ctsho. com”、“http：//www. gzl. com. cn”等。网上促销逐渐成为旅行社和旅游者之间进行信息沟通的桥梁，增强促销效果。同时，旅行社也充分利用了旅游信息管理系统，对旅行社的劳资、财务进行管理，对固定资产、库存物资进行管理等，大大提高了工作效率。

但是，我国旅行社的信息化管理还处于起步状态，明显落后于发达国家。表现在：

第一，我国旅行社的计算机主要局限于初级使用上，主要处理文字及有关数据。

第二，旅行社员工不能人人都使用电脑，利用效率不高。

第三，旅行社同业联网范围有限，主要是小范围的联网。

第四，国内目前拥有计算机和上网终端的以单位为多，家庭拥有计算机的数目增加幅度大，但上网的绝对量还很小。

第五，旅行社的规模小、经营分散、集团内部管理比较松散。

第六，我国网络硬件条件限制了网络经营的大力发展。

二、旅行社的信息化管理

所谓旅行社的信息化管理是指旅行社在旅游领导部门统一组织和规划下，广泛运用现代信息技术，深入开展和有效运用旅游信息资源，提高旅游服务质量和旅行社的经营效益。

（一）树立管理创新的思想

旅行社必须适应互联网时代对旅行社经营管理的发展变化，逐步淡化自己的传统职能，逐渐将作为中间商的提供咨询服务、票务服务、设计和推销旅游产品等业务，与信息时代的信息处理方式结合起来，谋求提高自己的经济效益和效率。但目前我国旅行社中实施信息化管理的企业还不多，管理思想落后是其中的主要因素之一。为了实施信息化管理，旅行社必须创新管理思想，借助信息技术将管理思想、管理组织、管理方法和手段进行信息革命，充分发挥信息技术和信息资源的优势，不断提高旅行社的经营管理能力。

（二）加大教育培训员工的力度

旅行社必须加大对全体员工进行信息化管理的教育和培训，要求员工掌握旅游信息的获取、制作、分析、加工、传递和运用等内容，充分利用旅游信息服务旅游业的发展，提高旅行社的综合效益。

（三）建立旅游网站或者旅行社主页

旅行社必须利用互联网，建立自己的旅游网站或者旅游主页，方便旅游者迅速浏览选择各种有用的旅游信息。因此。旅行社应该集中大量的旅游信息，并进行分类编辑。旅行社可以根据旅游目的地信息，设计成专门的网页。如中国旅游资讯网、华夏旅游网、携程旅游网等，专门提供旅游咨询、在线行程预定和支付，整合了旅游服务资源和技术服务资源，为游客提供了个性化的服务。

（四）做好售后服务

旅行社充分利用互联网，做好售后服务，保持顾客和市场份额不断扩大。如客人返程后第二天电话问候，或在网上对客人致以问候，给客人送意见征询单、明信片等；旅行社还可以利用计算机建立客户档案，加强与客户之间的联系，进行售后服务跟踪等。

（五）提高内部运作效率

旅行社充分利用电子邮件和电子订单进行网上采购和预订，不仅节约大量的时间、人力和联络费用，而且减少了经营过程可能出现的误差，并及时进行有效的调整。另外，旅行社还可以利用互联网建立内部管理信息系统，建立统一的顾客档案库，及时掌握旅行社、分社、销售点的销售情况，实行资源共享；建立财务管理系统，控制各营业的营业收入；建立网络远程培训课程，及时进行员工培训；建立导游人员和各类管理人员的资料库；促使旅行社的内部管理信息畅通，管理透明度增大，经营水平得到提高。

三、旅行社的信息管理系统

旅行社管理信息系统是指采用电子计算机，运用现代化的管理思想和方法，对企业管理和决策工作中的信息进行收集、存储、加工、分析，以辅助日常业务处理、决策方案的制定和优选等工作，以及跟踪、监督、控制、调节整个管理过程的人机系统。

（一）旅行社管理信息系统的结构模式

1. 基于旅行社业务功能的信息系统结构

主要负责进行企业的工作职能，包括财务管理信息系统、生产管理信息系统、营销管理信息系统等职能信息系统。其中营销管理系统主要包括市场信息子系统、市场调查子系统、内部数据记录子系统、促销子系统和价格子系统等。旅行社的工作职能包括产品开发、产品促销、产品销售、采购业务、接待业务，以及财会、人事、行政管理等，可以设为国际旅游管理、国内旅游管理、出境旅游管理以及其他业务管理等系统。如上海春秋旅行社管理信息系统：

表 8.1　　基于旅行社业务功能的信息系统结构

国际旅游管理	散客销售系统（房餐车旅游的独立预订，经远程通讯终端接到各柜台直接预订） 自组团销售与接待系统 地接团管理系统
国内旅游管理	前台子系统（为柜台业务人员使用） 后台子系统　1. 具备审核柜台收客情况 2. 预留名额处理 3. 柜台收客流量控制和满客处理 4. 新旅游路线制定等功能
出境旅游管理	线路制定 买单收客处理 顾客状态分析（如何时拿护照，签证是否合理） 订金收费处理
其他业务管理	管理信息系统（出境旅游管理） 票务管理系统（预订离程机车票与联运票、出票） 陪同管理系统（陪同安排、查询） 综合业务及运作中心管理系统（为业务管理协调部门设计，如总值班室等） 车务管理系统（车辆档案、车辆调度） 办公室管理系统（文档管理、物品管理） 财务管理系统　1. 银行出纳 2. 核算 3. 报表处理等 人事档案管理系统（采用通用系统） 基础信息库系统（价格、旅游资源信息等子系统）

2. 基于组织管理功能的信息系统结构

主要分为作业控制、管理监督和战略规划三个层次的子系统。如上海春秋旅行社专设有总经理管理系统，总经理可直接了解企业外联报价、单团、部门、客户核算、营业收入、财务报表、客户欠款等情况。另外，为了适应竞争的需要，在战略规划层还产生了决策支持系统（DSS）、战略信息系统（SIS）、竞争情报系统（CIS），这代表了信息系统未来的发展方向。

（二）旅行社管理信息系统的成本构成和开发途径

1. 旅行社管理信息系统的成本构成

表 8.2　　管理信息系统的成本构成

开发成本	分析与设计费用	系统分析——软件开发成本 系统设计 编程与测试
	系统实施费用	硬件购买与安装——硬件成本 系统软件配置 数据收集 人员培训 系统转换
运行维护成本	管理费用	人员费用 消耗材料费 固定资产折旧费 技术资料获取费
	行政费用	
	维护费用	硬件维护费 软件维护费 数据维护费

2. 旅行社管理信息系统的开发途径

(1) 购买现成的软件，如小型企业信息系统、财务管理系统等，进行企业的软件二次开发，满足企业的专用性。

(2) 委托开发。有实力的旅行社和开发单位进行较长期的合作开发。

(3) 联合开发。旅行社有一定技术、希望开发锻炼技术队伍、方便今后维护可以进行联合开发，降低开发成本。

(4) 自主开发。可在专业公司的指导下，进行适合本旅行社的特点的管理信息系统开发。

旅行社应根据自身规模、资金状况、业务范围、经营环境等综合决定采取何种开发途径。

(三) 旅行社网络操作模式 (见下页)

(四) 建立旅行社管理信息系统的步骤

1. 系统分析

(1) 初步调查分析

旅行社围绕管理信息系统的目标，对旅行社的现状、管理体制、环境、企业人员对新系统的态度等进行总体调查，并进行可行性分析，提出可行性报告。

(2) 详细调查分析

主要调查旅行社各部门、环节对信息的要求与使用能力，对组织结构、工作流程、信息流程进行深入分析，并根据旅行社的实际情况提出管理信息系统说明书。

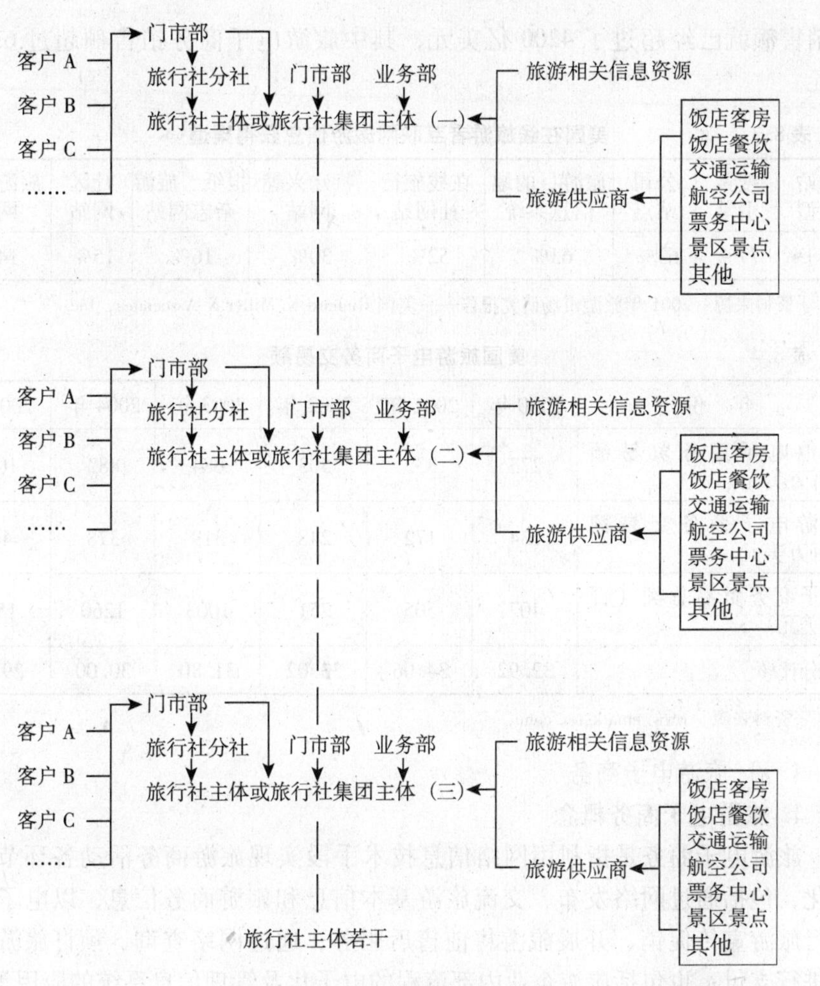

图 8.1　旅行社网络操作模式

2. 系统设计

（1）总体设计

总体设计即谋求建立系统的模块结构。

（2）详细设计

详细设计即为了设计每一具体模块的运行方式，主要包括子系统的输入/输出设计、文件设计、编码设计、规范设计、防护性设计等。

3. 系统实施

主要是程序编码与调试、系统转换与运行、运行评价等。

四、旅行社信息化管理的趋势

旅游活动和电子商务的结合是旅游业未来发展的主要方向。据 CNN 数据显示：全球电子商务连续 5 年以上以 350% 的速度发展；2000 年全球电子商务销售额就已经超过了4200亿美元，其中旅游电子商务销售额超过630亿美元。

表8.3　　美国在线旅游者互联网旅游信息获得渠道

网站类型	搜索引擎	公司站点	旅游目的地信息系统	在线旅行社网站	特殊兴趣网站	报纸、旅游杂志网站	社区网站	旅游导游网站
访问率	77%	63%	63%	52%	30%	16%	15%	14%

［资料来源］2001年旅游市场研究报告——美国 Richard K. Miller & Associates，Inc.

表8.4　　美国旅游电子商务交易额

年　份	2000年	2001年	2002年	2003年	2004年	2005年
其他电子商务贸易额（百万美元）	273	333	503	684	882	1094
旅游电子商务交易额（百万美元）	134	172	248	319	378	462
电子商务贸易总额（百万美元）	407	505	751	1003	1260	1556
百分比%	32.92	34.06	33.02	31.80	30.00	29.69

［资料来源］www.emarketer.com.

（一）旅游电子商务

1. 旅游电子商务概念

旅游电子商务是指利用网络信息技术手段实现旅游商务活动各环节的电子化，包括通过网络发布、交流旅游基本信息和旅游商务信息，以电子手段进行旅游宣传促销、开展旅游售前售后服务；通过网络查询、预订旅游产品并进行支付；也包括旅游企业内部流程的电子化及管理信息系统的应用等。

2. 旅游电子商务体系

旅游电子商务体系主要是在网络信息系统的基础上，由旅游机构（旅游目的地营销机构和旅游企业）、使用互联网的旅游者或潜在旅游者、旅游信息化组织、电子商务服务商和提供物流和支付服务的机构共同组成的信息化旅游市场运作系统，并受到旅游产业经济环境、技术环境、社会环境和法律环境等影响。

（二）我国旅游电子商务的发展现状

我国从1996年开始建立旅游网站，目前已经有5000多家具有一定咨询服务的旅游网站，主要提供旅游中吃、住、行、游、购、娱等网上咨询服务。

1. 旅游产品直接供应商的网站。如北京建国饭店、上海东方宾馆、四川九寨沟景区等建立的网站。

2. 旅游中介服务商即在线预订服务商的网站

（1）传统旅行社的网站。如广东省口岸旅行社的休闲中华（http：//

www. Leisurechina. com）、上海市的春秋旅行社（http：//www. china - sss. com）等。

（2）综合性旅游网站。如中国旅游资讯网（http：//www. chinaholiday. com）、自助旅游网（http：//taste. yeah. net）等。

3. 地方性旅游网站。如四川天府导游（http：//www. bta. net. cn/leisu/tfdy/）、崇州旅游网（http：//www. chongzhoutour. com）等。

4. 政府背景类 ASP（应用服务供应商）网站。主要以国家“金旅工程”公共商务网、金旅雅途网为代表。

5. 旅游信息网站。如西部旅游信息网等。

6. 门户网站的旅游频道。如新浪、搜狐等。

通过互联网，中国旅游电子商务的网站日益强盛起来。如广州的“国旅假期”推出旅游线路拍卖、中国旅游热线（http：//www. cnto. com）优惠预订机票、中国旅游商务热线（http：// www. ctcol. com）推出“百万市民看广州”纪念卡等，而中国旅游资讯网的每月营业额更是达到250 万元。

（三）我国旅行社信息化的前景

我国旅行社信息化应从旅行社的发展现状和计算机网络的深度开发入手：

1. 有效利用外部资源，加速信息与网络经营建设

（1）积极参与国际竞争，利用互联网宣传企业形象和产品，获取国际旅游业最新发展动向。

（2）加强与交通业、酒店业等的合作建网，实现预订车票、机票、船票和酒店客房等的资源共享。

（3）加快旅游业合作建网，实现各旅行社的跨地区合作，提高服务质量。

2. 利用互联网，促进旅游网络营销

（1）改革传统营销观念，在传统的产品、价格、促销、渠道“4P”营销组合上，融入消费者、成本、方便、沟通“4C”观点。

（2）利用网络营销，提高“4C”管理水平。

3. 利用互联网，增强内部营销力度

（1）组建旅游集团，主要通过合并、收购、租赁等形式。

（2）组建旅游集团后，实行联合经营、配合销售、协同接待，高效利用集团的规模优势。

中国旅游业经过20 多年发展，具备了一定行业规模和经营基础，如国旅集团、中国天鹅国际旅游公司等在信息化管理上进行有益的尝试。但是，我国仍然存在大型旅行社没有实现规模经济、中小企业缺乏明确市场定位、市场秩序混乱、信息化技术普及率较低、网络系统不发达等问题。我们应充分利用信息技术，提高旅行社运行的技术含量，构建竞争优势，努力实现大型旅行社集体化、中型旅行社专业化、小型旅行社通过代理实现网络化的战略目标。

案例 1：

鼠标轻点、越洋取票

——“SELFTICKET”自助电子票务平台

深圳高交会开馆当天，有来自地球另一半的宾客手持在自己家中打印的门票参加高交会。这神奇的互联网技术使得人们可以安坐家中购买各种门票。

购票的程序是这样的：先登陆中国自助电子票务网站 WWW. SELFTICKET. COM，首页会有各种门票信息。如果你要买电影票，网页会告诉你几排几座已卖出，几排几座还有票。键入你的信用卡号和密码再按打印键后，用普通复印纸张就可以在打印机上打印出可直接使用的电影票。在电影院门口，有一台专门的二维码识别机用以确定电影票的真假。有了这个系统平台，你可以在纽约买伦敦上演的莎士比亚戏剧门票，而无需担心去那里却无门可入。

WWW. SELFTICKET. COM 依托最新技术集成的自助电子票务平台，将票务数据进行数字化传输，使“票”真正成为最适合网上销售的商品。消费者无需外出购票，也无需等待送票上门，商家无需建立和管理庞大的配送队伍，真正体现了互联网在线服务的优势。

这个电子商务平台还使用国家认可的最高级别的商用加密技术和数字签名技术，既能保证密码不被破译，也能保证网站所售出票据的不可抵赖性，确保商家和消费者的利益，消除消费者对网上购物安全性的担忧。

［资料来源］www. people. com. cn，2000. 10.

案例 2：

“金棕榈”旅行社信息管理的 ERP

上海棕榈计算机信息服务公司独立开发的“金棕榈”旅行社 ERP 企业资源计划管理软件系统，在全国市场占有率达 40% 以上，被上海中国国际旅行社（股份）公司、浙江省海外国际旅行社、江苏省海外国际旅行社、广东省中国旅行社、黄山国际旅行社、上海锦江旅游公司等多家旅行社采用。

“金棕榈”旅行社信息管理的 ERP 系统包括：

1. 旅游资源管理系统（包括组接团旅行社信息、交通信息、宾馆信息、餐厅信息、景点信息等）。

2. 入境游业务子系统（包括外联销售、计划调度、团队落实、导游安排、团队核算等）。

（1）“外联系统”的功能包括：排线、计价及定位调整、团队计划、团队落实、自组团结算和自组团统计等。

（2）“计调系统”的功能包括：计划管理、订房、订餐、订票、订车处理、团队动态管理、过路团结算等。

（3）“导游管理系统”的功能包括：导游档案、排陪、考勤、特殊情况处理、接团反馈、投诉处理等。

3. 出境出国游业务子系统（包括前台预订、出团计划、线路编排、发票收银、后台处理、与出入境管理处通讯接口、团队核算等）。出境游系统的功能包括：前台接待收银、后台排团处理、总经理查询、各种业务报表输出、发票核销、应收应付统计、数据和系统维护。

4. 国内游业务子系统（包括前台预订、出团计划、线路编排、发票收银、计调管理、团队核算等）。

5. 团队结算子系统（包括旅行社团的结算、核算、应收应付、往来账统计、财务接口）。

6. 网点柜台销售系统（包括游客登记、线路查询、发票收银、销售统计、数据传输等）。

7. 订房订票服务子系统（包括宾馆预订、机票销售、票证票据管理、销售核算等）。

8. 旅游财务会计子系统（包括凭证管理、账表管理、应收应付、银行对账、部门核算、内部银行、固定资产管理、工资管理等）。

表 8.5　　旅游线路预订系统功能

<table>
<tr><td>游客进行旅游线路预订</td><td>1. 线路查询：按出发地、目的地、游历景点、价格、天数进行检索，也可按推荐线路、优惠打折线路、按华东、华北、华中、西南、西北等片区罗列线路进行查询，支持模糊查询；
2. 线路信息查看：检索结构列表，并可查询具体线路信息和关联信息；
3. 预订某线路：填写订单和用户名、密码，提交；
4. 订单入库：在经过用户信息校验后，订单将进入订单库，并标记为原始待真伪判别订单，同时给用户发一个短信息或 E－mai 确认用户已经预订。</td></tr>
<tr><td>电子商务平台后台管理</td><td>1. 电子商务平台管理人员登录，查看当日新订单；
2. 对新订单进行真伪判别，删除假订单；
3. 对于真实订单，以电子邮件、传真、手机短信息等方式通知旅游企业处理订单；
4. 将真订单标记进入处理流程；
5. 可查看历史订单记录和处理状况。</td></tr>
<tr><td>旅游企业管理订单</td><td>1. 登录，查看订单；
2. 处理订单；
3. 在订单处理完毕后，上网标记此订单为处理完毕或废弃。</td></tr>
</table>

［资料来源］杨路明，巫宁编著．现代旅游电子商务教程［M］．北京：电子工业出版社，2004：300.

第二节　人力资源管理

人力资源管理是旅行社各个业务部门和人力资源管理部门共同面对的管理工作之一。在我国很多旅行社都实行经济责任制度，对自己的各部门实行权利下放，要求参与员工的任免奖惩、安排、调动、考核与工资定级等等；除了极少数规模较大的旅行社设立了专门的人力资源部外，绝大多数旅行社还是由传统的人事部进行人力资源管理。

一、旅行社人力资源管理的涵义

（一）人力资源的涵义

宏观意义上的人力资源是指能够推动整个经济和社会发展的劳动者的能力。微观意义上的人力资源管理是指企业、事业单位的内部所有与员工有关的资源，具体包括员工的能力、知识、技术、态度和激励。

人力资源的数量构成：

1. 处于劳动年龄之内、正在从事社会劳动的人口，又称“适龄就业人口”。

2. 尚未达到劳动年龄、已经从事社会劳动的人口，即“未成年劳动者”或“未成年就业人口”。

3. 已经超过劳动年龄、继续从事社会劳动的人口，即“老年劳动者”或“老年就业人口”。

以上构成就业人口的总体。

4. 处于劳动年龄之内、具有劳动能力并要求参加社会劳动的人口，即“求业人口”或“待业人口”。

5. 处于劳动年龄之内、正在从事学习的人口，即“就学人口”。

6. 处于劳动年龄之内、正在从事家务劳动的人口。

7. 处于劳动年龄之内、正在军队服役的人口。

8. 处于劳动年龄之内的其他人口。

（二）人力资源的特点

1. 人力资源的生物性

人力资源存在于人体之中，是具有生命的“活”资源。

2. 人力资源的能动性

（1）自我强化

人力资源自我强化的手段是不断的学习和教育活动，使人类自己不断获得更高的劳动素质和能力。

（2）选择职业

在市场经济条件下，人作为劳动者可以自己选择职业，是人力资源主动和物资资源进行结合的过程。

（3）积极劳动

人力资源能动性主要表现在敬业、爱业，积极工作，创造性地劳动。

3. 人力资源的动态性

人的劳动能力随时间而变化，在青年、壮年、老年阶段人口的数量呈相应的不同。

4. 人力资源的智力性

人力资源的劳动能力随时间的推移而不断积累、延续和增强。

5. 人力资源的再生性

人力资源主要通过人口的再生产和劳动力的再生产，通过人口总体内个体的不断更替和“劳动力耗费→劳动力生产→劳动力再次耗费→劳动力再次生产”的过程得以实现。因此，人力资源具有再生性。

6. 人力资源的社会性

从本质上讲，人力资源是一种社会资源，应当归整个社会所有。

（三）人力资源管理的涵义

人力资源管理是指企业内所有人力资源的取得、运用和维护等一切管理过程和活动。

1. 对人力资源外在要素——量的管理

对人力资源进行量的管理，是根据人力和物力及其变化，对人力进行恰当的培训、组织和协调，使二者经常保持最佳比例和有机的结合，使人和物都充分发挥出最佳效应。

2. 对人力资源内在要素——质的管理

对人力资源进行质的管理，是指采用现代化的科学方法，对人的思想、心理和行为进行有效的管理。

（四）人力资源管理的特点

1. 综合性

人力资源管理需要考虑经济因素、政治因素、文化因素、组织因素、心理因素、生理因素、民族因素、地缘因素等，它涉及到经济学、社会学、心理学、人才学、管理学等。

2. 实践性

人力资源管理的理论，来源于实践中人们对人力资源管理的经验，是对这些经验的总结和概括，并反过来指导实践，接受实践的检验。

3. 发展性

人力资源管理理论的来源：

(1) 古代人事管理思想。包括中国、西方古代的人事管理思想，不系统，但有许多闪亮的东西。

(2) 科学管理思想。主要以泰勒、法约尔和韦伯为代表，以“经济人”假设为基础，以效率为中心，把人当作物去管理，管理的重点是量上的配合，并使之科学化、系统化。

(3) 现代管理思想。把科学管理与行为科学相结合，以“社会人”、“自我实现的人”假设为基础，以人为中心，质与量并重地管理人力资源。

4. 民族性

人的行为受到民族文化的影响，因此，人力资源管理具有鲜明的民族特色。

5. 社会性

人的行为还要受到社会制度的影响，如生产关系和意识形态等。因此，人力资源管理具有社会性。

(五) 旅行社人力资源管理的涵义

所谓旅行社人力资源管理是指旅行社在员工的配备、使用、培训、考核和员工激励等方面所进行的计划、组织、激励、控制的活动，具体内容包括招聘、选拔、录用、任用、培训、考核、奖励惩罚、工资福利等劳动关系的综合协调处理。

1. 选人

选人即旅行社通过各种方法吸引和寻求适合自身发展需要的人力资源，并从中甄选出优秀的合适的人才。选人应重点注意坚持“实用”的原则，避免人才资源的浪费。

2. 育人

育人即旅行社在使用人才的时候进行人才培育。选聘的人才必须经过旅行社的精心教育和系统培训才能够尽快适应旅行社的发展需要，才能更好实现旅行社的组织目标。因为旅行社业务特点鲜明，具有很强的独立性和分散性，需要员工具有渊博的知识、高超的技能、灵活的综合应变能力。

3. 用人

用人即旅行社合理有效使用人才，卓有成效地开展旅行社的各项工作。旅行社人力资源管理部门要通过工作分析、职位分类、绩效考核、职位调配和晋升、工资福利等多种手段，根据员工的个性、气质、能力等特点，有效配置岗位、员工、报酬、能力等要素，坚持量才而用，使得人尽其才，才尽其用。

4. 留人

留人即旅行社在选人、育人、用人的过程中，要坚持事业留人，制度留人，福利留人等多种手段留人，特别是那些对企业有贡献的优秀人才。旅行社既要保持合理的员工流动频率，维持企业活力，又要防止流动频率过高，造成优秀人才流失，影响企业的正常运转。旅行社要想方设法为员工创造良好的工作环境，精心培育员工的企业忠诚心，建设企业的员工队伍。

（六）旅行社人力资源管理的特点

旅行社人力资源管理同一般人力资源管理既有共同性，又有独特性。它的特性如下：

1. 独立性强

旅行社的许多业务常常是由员工个人独立完成，个人的工作方式、收入预期、业务对象、生存竞争等，相互之间既合作又竞争，而且是以竞争为主。旅行社面临着如何充分调动员工的工作积极性，合理有效配置员工，确保有序进行竞争合作，保障各项工作顺利开展。

2. 分散性大

旅行社的业务较分散，员工的工作时间弹性大，并且时常缺乏管理者的有效管理和同事的直接支持，工作效率难以保障。因此旅行社必须规范管理，明确工作目标、工作程序，建立有效绩效评价，发挥有效激励机制的作用，确保服务质量和顾客的满意率。

3. 流动性高

旅行社正常的员工流动是有效保持企业发展活力的途径之一，但是和其他企业相比而言，旅行社的员工可能会因为经济条件、工作环境、晋升机会、年龄性格等原因离开企业，造成了旅行社的员工流动普遍偏高，容易使企业的人力资源成本增高，企业的服务质量降低，最终影响企业的生存和发展。因此旅行社应该在建设员工队伍上狠下工夫，特别是在员工的个人发展、福利待遇、工作环境等方面多做工作；利用人力资源信息库，及时招聘、培养、使用、考核、管理人才，留住和吸引优秀人才，保持合理流动，建成相对稳定的员工队伍。

4. 季节性明显

旅行社的业务具有明显的淡季和旺季之分。旅行社对员工特别是导游人员的配备数量也是随时在发生变化，旺季人手不够，淡季人力过剩，多数旅行社采取聘用专职导游和兼职导游的方式解决。因此要求旅行社加强规章制度建设，完善激励机制，有效管理专职和兼职导游，保证旅行社的服务质量。

二、旅行社人力资源管理的过程

（一）制定计划

旅行社的人力资源管理部门要根据旅行社的经营管理目标确定现在及未来对员工数量与质量的需求情况，制定出旅行社的人力资源计划。主要根据旅行社的企业目标设定部门、细分岗位之后，对每一职务进行职务分析，确定职务的工作目的、职责、工作内容、工作环境、所需知识和技能等要求，尽可能以最小的代价，获取满足旅行社需要的合格员工。通过制定人力资源计划，从而有效配置旅行社的人力资源。

1. 职务分析

职务分析是旅行社对各个岗位的任务、责任、性质及其工作人员的条件进行分析研究并作出明确的规定。职务分析的主要内容包括：

（1）工作内容。工作的简单定位描述。

（2）工作职责。一般要详细列明工作的内容和责任，详细说明工作要做什么、做到什么程度等。

（3）工作关系。主要包括内部岗位之间的横向关系，内部岗位之间的监督和被监督的纵向关系等。

（4）职务应知和职务应会。主要包括关键知识、关键能力、素质特征、经验等。

（5）职务所需的年龄、资历、教育背景等要求。

（6）工作权限。适当的权限规定是责权利的高度统一。

（7）工作时间。一般工作采用正常班制和轮班制。

（8）工作环境。一般描述人际关系等社会环境和温度、湿度、噪声等自然环境。

2. 工作说明书

工作说明书是旅行社在已经完成的职务分析基础上，用来记录所需职务的工作内容、职责、要求及特性的专业文件。一般包括：

（1）工作特性，如工作名称、工作单位、岗位编号、定员标准、直属主管名称和工资等级；

（2）具体工作，如工作具体目的、对象、方法等；

（3）其他特别事项，如关于加班、恶劣的工作环境等专门说明。

3. 工作规范

工作规范是旅行社明确规定特定工作的操作规程、标准和具体要求。在旅行社的人力资源管理实践中，可以把旅行社的工作说明和工作规范合而为一，形成一个文件。

（二）员工招聘

在市场经济条件下，旅行社必须遵循人才机制，积极参与人才竞争，通过吸引人才参加应聘，由旅行社和应聘者之间进行双向选择，最终挑选到旅行社满意的员工。员工招聘其实就是要选择潜在的任职者，它是旅行社人力资源管理的首要环节，同时也是旅行社人力资源管理的重要组成部分。

1. 进行员工需求量预测

旅行社要根据行业特点，突出自己要通过提供优质服务，最大限度满足游客的合理需求，来对员工需求进行预测。一般地讲，影响科学配备员工的因素主要是员工的病假与事假，员工的即时流动，顾客与工作量的波动等。其中顾客与工作量的波动包括全年的季节性波动，有淡季旺季之分；每周的波动，有周末周中之分；每日的波动，有早中晚之分等等。旅行社可以通过趋势分析法、比例分析法，确定需要招聘的员工数量，可以通过旅行社各部门经理的报告确定职位的空缺情况。

（1）巧妙安排员工的工作时间

旅行社应巧妙安排员工休息时间，如考虑在有实习生顶岗或在淡季时安排员工的全年带薪休假；适当安排员工上班时间，如考虑实行弹性工作制度，采取不规则的上班时间和分段工作时间等。

（2）交叉培训岗位较接近的员工

旅行社应确保岗位性质较接近的员工能够相互协调忙闲，既可在正常工作时间内，又可在业务时间内，完成旅行社的超额工作。

（3）建立储备员工队伍。

旅行社应该建立拥有一些能够招之即来、挥之即去的临时工与后备员工，以便应付各种意想不到的情况。

2. 明确员工招聘目的

招聘是旅行社迅速提高员工素质的有效方法之一，有利于改善员工的结构状况，还可能会影响员工培训的成本和时间。旅行社进行员工招聘的目的为：

（1）适应旅行社各项工作的人才需求，提高旅行社各工作岗位的工作效率，为旅行社完成组织目标提供人力资源保障。

（2）促使旅行社的人力资源合理流动，改善员工队伍的结构状况，使旅行社不断进行新陈代谢，提高员工素质和企业活力。

（3）提高旅行社的企业竞争力，对内可充分激发员工的工作积极性，对外可适时宣传企业的良好形象。

3. 遵循员工招聘原则

旅行社进行的员工招聘是一项社会性和政策性很强的经济活动，它直接关系到旅行社的经营成败。旅行社在进行员工招聘时一般应遵循：

（1）坚持双向选择。即旅行社和应聘者之间相互自主选择对方。一方面旅行社可以根据用人需求灵活选择所需的员工，另一方面应聘者也可以自己确定是否接受该旅行社的岗位。在双向选择原则下，旅行社千方百计改善企业工作环境，增强企业竞争力和吸引力；应聘者也会为谋求合适的职业而努力提高自己的知识和技能，让自己在激烈的求职竞争中脱颖而出。

（2）坚持效率优先。即旅行社力争用最小的招聘成本引进较适合旅行社用人需求的员工。旅行社应根据用人需求计划，确定不同的招聘要求，采取灵活的招聘方法，降低成本招聘合格乃至优秀人才。

(3) 坚持择优录用。旅行社是智力密集型企业，它的专业服务人员的素质高低直接关系到旅行社经营管理的成败。因此，旅行社必须在国家规章制度的指导下，根据自己的用人特点，从应聘者中择优录用所需人才。

4. 确立员工招聘方式

旅行社招聘员工主要有旅行社内部招聘和旅行社外部招聘两种。内部招聘的来源是旅行社原有的内部员工；外部招聘的来源是旅行社外部的人员，如来自于学校、就业服务公司、媒介信息或商业性的信息渠道的人员。两种招聘方式各有利弊，应当具体情况具体分析。

外部招聘的优点：

(1) 迅速补充“新鲜血液”，带来新的工作方法和经验；

(2) 避开企业的某些利益小集团，并缓和平息内部竞争者之间的紧张关系；

(3) 降低专业培训成本，摒弃偏见，放手使用。

外部招聘的缺点：

(1) 新进员工可能需要一定的调整适应时间，才能进入工作状态；

(2) 旅行社可能未招聘到真正适应该职位或企业需要的人才；

(3) 可能伤害旅行社内部员工的工作积极性，影响员工的队伍稳定和工作效率。

内部招聘的优点：

(1) 鼓励员工士气，激发员工向上发展的动力；

(2) 迅速准确判断员工能力，避免选错人才；

(3) 被聘员工能够迅速进入企业的角色岗位，积极有效地开展工作；

(4) 促进内部连续的提升。

内部招聘的缺点：

(1) 可能影响旅行社内部员工关系，特别是未被提升者的不满；

(2) 可能造成“近亲繁殖”，影响企业的创新和发展；

(3) 旅行社必须有完整配套的人力资源管理与培养计划。

旅行社应从自身的实际需要出发，综合考虑各种因素，选择旅行社比较有利的招聘渠道。一般来说，大部分基层职务或非关键岗位，可以从旅行社外部招聘员工，而高层的管理人员要从内部提拔；小型的、新建的、迅速发展中的旅行社要从外部招聘员工，大型的、较为成熟的旅行社主要从内部招聘员工等。总之，是否从旅行社内部招聘到合格的员工，关键还是要看内部员工候选人的综合素质，如果内部员工实在不行，旅行社就只能从外部招聘员工。

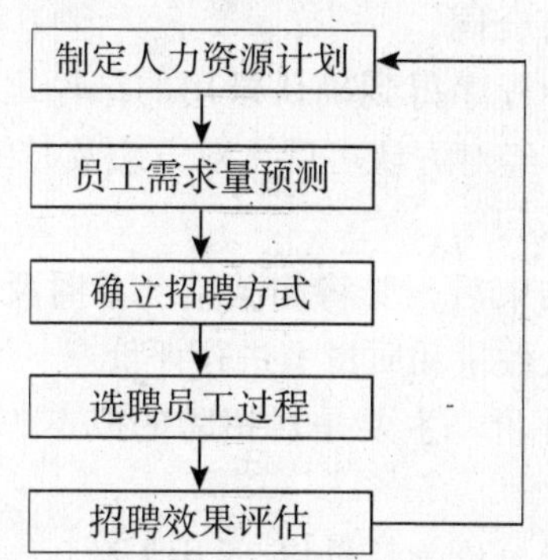

图 8.2　员工招聘的程序流程图

5. 选聘员工过程

（1）选聘员工的方式

①直接选聘。主要通过笔试、面试，以及心理学、医学等各种综合检查，直接对应聘者进行比较深入的考察了解，最后决定是否聘用人员。

②通过履历表选聘。主要根据应聘者所提供的履历表，原所在公司的介绍信和有关领导、专家的推荐信，综合了解应聘者的工作意向、个人特长、学历、学位、工作经验、个人相片等相关信息，最后决定是否聘用人员。

（2）选聘员工的基本步骤

①整理分析所有应聘者的资料信息。

②综合比较应聘者的条件和旅行社的工作说明书、工作规范以及用人要求，初步筛选出可能入选者、勉强合格者、不合格者。

③进一步审核可能入选者和勉强合格者。

④完成对已通过审查的应聘者所进行的笔试、面试以及心理学、医学等综合测试。

⑤根据测试结果，结合应聘者的其他条件，决定是否录用。

⑥书面通知所有应聘者的应聘结果。

（3）面试

面试是应聘者和旅行社之间的直接交流，加深了彼此的了解，有利于双方进行双向选择并做出决定。面试是旅行社选聘员工的一个重要方法，一般采取个别面试和分组面试的形式。

（4）各种测试

测试是旅行社选聘员工过程中重要的辅助手段，一般采用统一的标准，对应聘者的各种素质进行公正而客观的评价，并了解个人素质、兴趣、品格等情况。测试主要分为：包括算术测试、心理人格测试、知识测试等素质测试，也包括书写能力测试、语言能力测试、管理能力测试、职业兴趣测试等特长测试。

（5）决定录用和签订合同

旅行社经过以上各种程序得到确认录用的结论之后，做出正式的录用决定，并书面通知应聘者，经对方认可后，双方应及时依法签订录用合同。

（6）评价员工招聘效果

旅行社在招聘工作结束后，要将相关情况及时反馈到旅行社的人力资源计划中，并对招聘效果从数量和质量上进行评价。

①招聘效果的数量评价。主要是对招聘的成本、录用人员进行评价，一般采用的指标有：

招聘成本评估：招聘单价 = 总价格/录用人数

录用人员评估：录用比 = 录用人数/应聘人数

招聘完成比 = 录用人数/计划招聘人数

应聘比 = 应聘人数/计划招聘人数

②招聘效果的质量评价。此项评价较费时间，主要是通过使用一段时间后，观察新招聘人员的业绩等，并反馈到人力资源部，再进行综合评估，最后才能作出留用、提升、辞退等决定。

（三）员工培训

对员工的培训是旅行社不可推卸的责任，促使员工在知识、技术、品行、道德等方面有所改进或提高，保证员工按照企业要求完成所承担的工作。

1. 员工培训目的

（1）具有很强的现实目的

一方面，旅行社的员工流动率很高，有效的、及时的培训是提高员工的劳动生产率，改善组织的经营效益的途径之一；另一方面，旅行社的服务特点要求员工的知识渊博、业务精湛、一专多能，不间断的培训是提高员工的服务质量和接待水平的有效方法之一。因此，旅行社把培训作为企业人力资产增值的重要途径。

旅行社进行员工培训的直接目的是使员工素质得到迅速提高，尽快适应岗位的需求，高质量完成新的变化了的任务；间接目的是为了实现员工发展的个人价值和企业发展的组织目标。

（2）具有巨大的社会意义

①培训是提高劳动力素质的重要手段。劳动力素质的高低直接关系到企业经营的成败，而劳动力素质的提高离不开培训。

②培训是提高企业经营管理水平和服务质量的根本措施。企业之间激烈的竞争归根结底还是劳动力素质的竞争，对员工的培训可以加强企业的综合竞争力。

③培训是行业可持续发展的重要保障。旅游业员工素质普遍不高，特别是管理人员、专业技术人员的文化水平、业务知识等方面，尤其需要连续的

专业培训。

2. 员工培训内容

主要包括：职业态度、职业知识、职业技术、职业习惯四个方面的内容。

首先，旅行社的每一个员工都必须掌握好职业态度和职业习惯。

其次，旅行社各部门各岗位的员工不同，对职业知识和职业技术的要求也不同。对普通员工来说，主要是掌握有关作业的知识与技术；对部门主管和业务经理来说，主要是掌握有关本部门组织督导的知识和技术；对总经理和董事长来说，主要是掌握经营管理的知识和技术。

3. 员工培训步骤与方法

（1）找出培训需求

旅行社主要是先通过分析目前员工的工作状况，以及它应达到的工作标准，从中找出存在的差距。再根据游客投诉、员工抱怨和检查发现的问题进行针对性的培训。在培训中要确定轻重缓急，根据需求的不同进行有针对性的培训。如：新员工上岗前的培训、工作岗位变动后的培训、工作标准变化后的培训和新设备技术使用前的培训及外语培训等。

（2）确定培训目标

旅行社主要根据企业的任务要求、技能、知识和态度等确定自己的培训目标。

（3）选择培训种类

首先，旅行社应对新聘员工进行入社教育。主要由旅行社人力资源部门针对新招聘的员工进行培训。

①了解旅行社的过去、现在、未来

②掌握旅行社的员工手册

③熟悉旅行社的环境

④办理有关手续

⑤旅行社的安全和消防

⑥解答疑难

其次，旅行社应对员工进行岗前培训。

①本部门的规章制度

②岗位职责

③安全守则

④仪表仪容及个人卫生

⑤服务观念

⑥操作规范

⑦业务知识

⑧导游知识

⑨业务技能

再次，旅行社应对老员工进行在职培训。

①日常培训。主要是指在旅行社的日常工作中对员工进行的培训。通常是管理人员对其下属进行个别指导和训示，或者利用各种机会对某些员工进行适当的提示，目的在于强化员工的质量意识，培养员工的良好习惯，提高员工的工作能力和工作水平，并使各部门工作日趋规范和协调。

②专题培训。主要是对员工进行有针对性的培训，以提高员工的适应能力。

③交叉培训。主要是在员工做好本职工作的前提下，安排员工学习其他岗位的业务知识和操作技能。通过或在本部门或跨部门的交叉培训，使员工一专多能，促进部门和岗位之间的人力调配。

④下岗培训。对没有达到解除劳动合同的不称职的员工，暂时接受培训，合格后再重新安排工作。

⑤脱产培训。对专业性强或拟提拔的员工送到有关院校进行脱产培训。

最后，旅行社应对老员工进行发展培训。

主要培养管理人员和业务骨干胜任更高层次的职务或承担更重大的责任。

(4) 制定培训计划

旅行社制定培训计划的方法：

①培训部制定出各部门业务的培训大纲，发给各部门。大纲内容主要包括：部门培训纲要简介；部门培训的内容、要求达到的标准、培训的方法、培训的整个计划和每一项目培训的实际时间，学员及培训员的签字和日期与考试题；培训方法与手段的简单介绍。

②培训部每年发两次“半年培训计划表”，请各部门进行填写。

③部门经理与下属小部门主管（培训协调员）要填写一份“每月培训计划表”。然后由培训部负责安排好培训的场所、培训所需的设备和用具，并帮助培训协调员研究培训活动的步骤、培训方法与考试内容等。

④在每天培训活动结束后，需要填写一份“培训活动报告表”。

(5) 落实培训计划

旅行社根据制定的培训计划，开始实施培训。

①准备好培训材料、场地和设备。培训部要针对不同的培训目标和对象，精心准备好相应的材料、场地和设备。重点是要准备好工作表，以便详细、系统说明某一岗位的工作具体做什么、如何做、在做时要注意的问题以及所使用的工具与资料等具体内容。旅行社还可以运用工作分析表来对员工进行实践性培训。

②选择培训方法。“讲解”即由老师对学员讲解知识、传授经验；“示范”即告诉你（Tell you）如何去做，做给你看（Show you），跟我学做一下

（Follow me），检查纠正你（Check you）的错误做法；“专人指导”即针对新员工的培训。

③选择培训方式。“角色扮演”即由学员扮演特定的角色，如服务员和客人等，按照培训老师编写的脚本进行表演；“情景模拟和案例分析”即由学员分析、做出判断，并提供答案或解决方案；“对话”即训练学员的语言表达能力。

④培训注意事项。旅行社要加强培训工作的分工合作，培训部一般负责新员工的入社教育培训、管理人员的培训和外语培训等；业务部门的业务主管和部门经理一般负责员工工作岗位的业务技术培训。大多数旅行社采用以老带新的方法，由老员工在工作岗位上边工作、边培训新员工的培训方法。同时旅行社也要协调好培训工作时间、经费和激励机制。培训时间可充分利用服务空闲时间；培训经费的预算，既可以按照完成计划培训任务实际所需的经费来计算，如聘请培训员、购买书籍、教学设备用具、租用教室等所需的费用，也可按照一个固定比例提取；完善培训激励机制，通过说明：“参与培训提高服务质量，使顾客满意，员工工作更愉快；培训成绩会作为晋升依据；培训是对人力资本的投资，所获得的知识、经验与才能，投资回报率较高”等等，激励员工积极参加培训。

（6）培训评估

培训评估的目的是为了考察上一阶段培训的效果，是否实现了培训的目标，是否完成了计划、组织、管理工作，吸取经验教训，完善培训工作。

①培训效果的数量评估。主要采取的指标：

培训投资使用效率＝合格受训人数/培训投入

培训经济效益＝产品或（服务）的数量与质量/培训投入

②培训效果的质量评估。按后果评价、效果评价、项目评估进行质量评估。

（四）员工考核

1. 员工考核评估

旅行社对员工的考核评估主要有：工作岗位等级评估、员工工作实绩评估和工资等级评估。其中工作岗位评估是决定每一个工作岗位等级的考核；员工工作实绩评估是决定每一位员工相对于其他员工或工作标准的工作实绩优劣的考核；员工工资等级制度应该公平反映出工作岗位等级和员工工作表现的不同。而工作岗位等级的评估和员工工作实绩优劣的评估则有利于保证工资的公平分配。

（1）进行工作等级分析。按照工作岗位责任说明书和工作岗位要求说明书来进行，依据分析的结果对工作岗位分级和分组，在这个基础上建立起各岗位工资的等级和晋级阶梯。

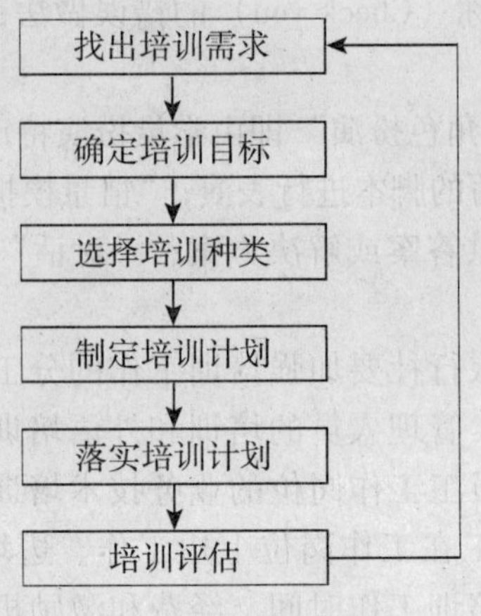

图 8.3　员工培训的过程

（2）确定员工工资额。通过对每一岗位员工业绩的评估，进一步确定员工的等级层次，确定员工的工资额。

注意在确定每一岗位等级工资额的时候，需要考虑相同地区、相同等级旅行社的相同岗位工资的水平影响。

2. 员工考核评估方法

（1）岗位等级评估方法

旅行社按岗位本身的等级确定岗位等级或岗位等级组，适合小型旅行社。

（2）岗位工作性质分析定级法

旅行社通过分析每一岗位对体力、知识、能力和负责人数等的要求，确定不同的工作岗位的等级。

工作岗位等级：

①简单、高体力的劳动，如搬运工、清洁工。

②需要具有一定程度的知识和灵敏的工作，如办公文员。

③要求自己能够主动安排、全面熟悉工作程序的工作，如总台接待员、导游人员。

④有某种专业知识、能够独立负责几个小组工作的非程序化工作，如主管。

⑤具有一个部门的完整知识与才能来负责一个部门的非程序化工作，如部门经理。

⑥具有高超的综合管理知识和技能的工作，如总经理。

（3）评分法

旅行社通过提取不同岗位所需要的共同素质因素，按照不同的岗位对因素的不同要求评分。如果要求高的，这一因素在该岗位里就得高分，要求低的，就得低分；然后把实际得分加起来，得到该岗位的总分，并以此来评定不同岗位的等级和等级组。主要包括：教育、智力、经验、技能、体质、外貌、可靠、个性、组织能力、创造性、责任性和工作条件等。

旅行社在评估时应注意：一是得分高低主要依据这一工作岗位本身对这些因素的不同要求；二是所有评估由同一组人完成。

评分法的优点：适合大型旅行社，为评价各工作岗位等级提供科学依据，为今后招聘合适员工打好基础。

(4) 工资等级评估方法

旅行社把工作岗位等级转化为工资等级时，还要考虑每一岗位员工的市场工资水平和劳动力市场的供求情况。同时，工资等级还需具有成长性、级差性、重叠性与灵活性。

所谓工资的成长性是指工资在一年或一定时期后要有一定的增长率；所谓工资的级差是指高级岗位与低级岗位间的工资水平要有差距；所谓工资的重叠性是指低一级的最高工资可高于高一级的最低工资（起点工资）。这样做，是为了留住富有经验的员工；此外，也可以授予一些荣誉的特别称号，如高级导游员、高级主管、高级经理等。所谓工资的灵活性是指对于特殊人才，可不受到工资等级表的约束，确定特殊的工资。

(5) 员工工作实绩考核方法

旅行社对员工的考核最好在每年年底前举行一次。一方面可以给每一位员工一次机会，了解、改进和提高自己；另一方面可以根据员工工作表现晋升员工工资。

①个人品质考核法。即考核员工的可靠性、主动性、合作性、能力、个性、工作数量与质量等。

②比较考核法。即对不同员工的工作实绩进行比较，对其工作表现评定等级。

③与工作标准对照考核法。即把员工工作结果与事先宣布的工作标准对照。

一般认为最好的考核方法为：在与工作标准对照考核法的基础上，同时兼顾比较考核法和个人考核法。这既强调了工作标准，又考虑或反映了员工工作表现与素质的相对差别。

3. 工资制度设计方法

(1) 功能性工资制度的设计原理

这是指在由同一地区、同类旅行社、同类岗位工资水平和旅行社合理工资成本预算共同决定的富有吸引力的工资水平里，把工资作为刺激员工产生旅行社所需工作行为的工具。即在确定每一岗位的工资总额后，再分成几个可以调节控制的部分：根据员工完成的业绩，给予相应的工资；反之，需要员工产生什么样的作业行为或实绩，设立相应的工资。

(2) 功能性工资制度的设计方法

旅行社应确定每一岗位的工资总额，并对每一岗位工资总额进行细分控制。

①生存工资。其功能是维持员工和其赡养人口数所需的生存费用。这是对员工违纪罚款数额的最低限。可以按照每位员工维持其基本生活及平均赡养人口数（3个人家庭以0.5人计算），金额应高于当地的失业救济金。

②职务或岗位、职称、技术等级差工资。其功能是刺激员工勇于承担需要高知识、高技术、高责任心、高熟练程度、强体力或社会地位低下或班次不利的职务或岗位。

职务或岗位的级差工资的一般规律：一般低级职务，岗位之间的差距较小；高级职务，岗位之间的差距较大。

③绩效工资。其功能是激励每一位员工将潜在的劳动能力和工作计划变成真正的工作实绩。即是按照每一位员工在一定时期（一般是一个月）的工作实绩情况，对他们进行除生存工资以外的工资部分罚款或再增加奖励工资。旅行社对普通员的考核包括带团服务和接待服务的数量、质量和成本（物品消耗定额）。对达不到工作标准的，采取罚款。如迟到一次，扣半天工资，轻微过失罚款15元等；对工作实绩超标准完成的，可以进行奖励。而对管理人员的考核应包括所管辖部门的总的服务数量与质量、营业收入、成本费用、营业利润等。同时管理人员的绩效工资还要制定出与管理人员可控的经营管理指标相联系的各种奖励方案。

④特种奖励工资。其功能在于诱导员工去培养并表现出期望的特殊作业行为或成绩，从而为实现旅行社的经营管理目标服务。

(3) 正确处理旅行社发行的股票和顾客给的小费问题

①旅行社发行股票，通过员工购买股票和对员工奖励股票，能够有效地树立员工的成就感和荣誉感，是留住优秀管理人员的有力措施。如美国有些旅行社规定：员工在十年内离职，将丧失部分奖励股票的所有权；如在四年内离职，将丧失奖励股票的全部所有权。

②小费问题是每个旅行社都必须面临的现象。旅行社可以采取把小费作为员工工资收入的一部分，如美国规定：有小费收入的员工，最低工资可以按最低工资标准额的60%计；把小费作为员工额外劳动的奖金收入，一般规定：小费要交管理人员或放进小费箱子里，并按小费量的大小，每周或每月按员工的等级分数进行分配。目前，我国广东等沿海省市已经放开对导游人员收取小费的管理，但四川的旅行社仍然需要加强管理。小费常常是由旅行社导游人员等服务现场人员直接收取，一般难以控制，有时金额又很大。为了保护管理人员的积极性，旅行社可使管理人员的薪水略高，防止管理人员为小费所困。

（五）员工激励

激励的过程就是促进员工积极努力工作的过程。激励是采取科学的方法，激发人的内在潜力，充分调动人的积极性和创造性，使每个员工都能人有所展、力有所为、劳有所得、功有所奖、过有所罚。根据美国哈佛大学的一位学者研究：绝大部分的员工为了应付企业的工作，只需付出20%~30%的能力，就能保住饭碗。如果员工受到了有效的激励，就会将付出80%~90%的能力。因此，激励对员工的潜在能力和工作积极性具有特别大的推动力。

1. 激励的方式

激励的方式即旅行社管理者在调动员工积极性的过程中所采取的具体形式。

旅行社员工的工作表现是由其内在动机所支配的，而动机是因需要而产生的。员工的工作表现是为了满足某种需要而产生的，是在动机的驱使下而进行的有意识、有目的的活动。激励可以采用需要激励方式，即通过满足员工的需要来激励员工努力工作。员工的需要是多方面的、多层次的，主要可以归结为物质需要和精神需要两方面。

根据旅行社服务工作的特点和员工的某些特征，激励分为：

（1）正激励

正激励就是采用表扬、奖励等积极的方法对员工进行激励，这种是激励的主要方式。

①信任员工。信任是对员工的价值的一种肯定和认可。员工受到管理者的信任，便会产生一种荣誉感，增强责任心和自信心，在工作中积极主动、并充分发挥自己的主观能动性和创造性。旅行社管理者要提高自己的认识和管理水平，要学会合理授权；员工才能在服务和各项工作中，合理运用自主权，灵活处理工作中的具体问题，在不违反原则的前提下把工作做得更好。

②尊重员工。“员工是企业的主人”是许多旅行社管理人员的口头禅，但是真正做到却不容易。事实上，很多旅行社管理者还没有根本改变把员工看成“经济人”的观念，把旅行社与员工的关系简单地看成是雇佣关系、金钱关系，不时忽视对员工的尊重，影响工作的顺利开展。旅行社管理人员要充分尊重员工的人格、感情和权利。

旅行社管理人员要正确运用正激励，必须注意：

①处理好与下属的关系。旅行社管理者和下属是领导与被领导的关系，但在人格上是完全平等的。旅行社为了满足游客自尊的需要，要求员工笑脸迎宾，热情待客，是完全正确的。如果管理者自己在员工面前是一脸冰霜、不苟言笑、冷漠无情、好摆架子、常发脾气等，又怎么能够要求员工去热情对待客人呢？

②尽量满足员工的需求。旅行社管理者要正确理解并尽量满足员工的需

求，有条件满足的，就要尽快尽早地满足；没有条件的，就要设法创造条件争取早日予以满足，并进行合理的解释；对于员工不合理或不现实的需求，要善意地去分析，并有针对性地做好说服教育和解释工作，绝对不能单纯去强求员工。

③正确对待员工的过错。旅行社员工在服务时难免会出一些差错。对此，旅行社管理者千万不要不分青红皂白，就加以指责和训斥。应该冷静思考，找出原因，根据问题的性质，给予必要的帮助和指导；即使依照旅行社规章制度，必须严格批评和处罚，也要讲究方式方法，使之愉快接受。争取做到不让员工将苦闷带回家里，不让员工将烦恼带进工作，下班高高兴兴，上班喜气洋洋。

④善于调节员工的情绪。旅行社的员工情绪受到多种因素的影响，要求旅行社管理者应充分调节好员工的情绪，让员工心情愉快地工作；同时管理者也要调整自己的情绪、态度、工作作风、方法和技巧。

⑤搞好物质奖励和精神奖励。旅行社要制定一套奖励制度和办法，明确奖励标准。保证让那些努力工作、做出成绩的员工获得他们认为应该得到的奖励。旅行社管理人员要尽量提高员工获奖的概率，提高奖励的效用价值（效用价值是指员工对付出努力后获得奖励在主观上的评价）。效用价值的高低并不在于奖励的多少，而在于获奖者主观上所认定的价值，对于绝大多数员工来说，物质奖励实用，精神奖励无价。

（2）反激励

反激励则是用批评、惩罚和处分等行为控制的激励手段。这种方式如果运用得当，也能有效地促进员工恪尽职守，起到一定的积极作用。

旅行社采用反激励时应注意：

①确定反激励的目的。对员工进行批评、惩罚和处分的目的是使表现不好、有了问题、出了差错的员工认识、改正错误，并非打击、伤害员工，要通过消极的手段达到积极的目的。

②具有准确性和有效性。准确性是指批评、惩罚和处分等要以事实为依据，以法律为准绳，不能主观判断，要对事不对人，有效性是要讲究方法，注意效果。

③掌握尺度。旅行社管理者对员工进行经济处罚能够达到一定目的，也可以适当运用；但不能把经济处罚当作主要的手段，更不能将其作为惟一的手段。千万注意不能处罚过重，甚至影响员工个人及家庭的基本生活，最终影响客房服务工作的顺利开展。

2. 激励的注意事项

（1）激励要有广泛性

激励的目的是调动所有员工的积极性，不是调动个别人的积极性，因此激励的范围一定要尽可能大。让更多的员工获得价值较低的奖励，总比让极少数员工获得价值较高的奖励更好。

（2）坚持物质与精神奖励相结合，精神奖励重于物质奖励

旅行社要充分利用自己的各种有利条件，尽量不用现金奖励，对大多数员工来说精神奖励比物质奖励更为重要、更有意义。

（3）激励要公平、公正、公开

旅行社应按照标准公开确定将受到表扬和奖励的人，绝对不能带有领导的主观成分。一定要得到大家的公认，坚持标准公开、做法公正。

（4）原则上提倡集体之间的竞争，不鼓励个人之间的竞争

竞争激发员工的积极性和进取心，但如果做法不当，会影响旅行社的正常经营管理工作。

（5）进行及时、适度的批评和表扬

旅行社无论是对员工进行批评还是表扬，一定要及时、有分寸、讲究方法，才会有很好的效果。一般批评最好不要公开，不把事情做绝，否则容易伤害对方的自尊心，严重时会激发矛盾。表扬最好要适度，过度或过分的表扬员工都容易让员工感到压力过大，丧失掉群众基础。

三、旅行社岗位人力资源管理

（一）普通业务人员管理

旅行社的外联部、计调部等部门员工，一般不直接对游客提供专业的服务，具体从事导游人员接待游客的所有后勤工作，处于旅行社的二线工作区域，都属于旅行社普通业务人员，他们的工作同样也会直接影响实现整个旅行社的经营管理目标。旅行社应重视他们的工作，充分发挥他们的工作积极性；加强接待业务流程的监督管理，各负其责，或者随机实行轮岗制，随时协调好他们和导游人员之间的工作矛盾，努力提高工作效率。

（二）导游人员管理

导游人员是旅行社开展旅游接待业务的核心工作人员，他们常年战斗在旅行社的一线工作区域，经常和各种各样的游客打交道，他们服务水平的高低直接关系到旅行社的企业形象和生存发展。因此，旅行社人力资源管理的重点和难点就是对导游人员的管理。

1. 强化职业道德

旅行社导游人员经常面临许多物质和精神上的诱惑，稍有不慎就抵挡不住诱惑，导致旅游者的利益和旅行社的声誉都受到损害。旅行社要采取各种措施介入游前、游中、游后的导游服务监督与管理，严惩吃回扣、索小费等违规行为。

2. 深化培训

旅行社的导游人员服务工作的独立性很强，经常要处理各种各样的突发事件。深化培训导游人员的从业知识和专业技能，有利于提高导游人员的综合素质和应变能力。

3. 优化队伍

旅行社应逐步减少专职导游人员的数量，有意识地从专门的导游服务公司或导游中介组织聘请一些兼职导游人员，特别是小语种导游人员，但要加强导游服务质量的监督和管理。旅行社一定要实行所有员工能进能出、能上能下的用人机制，节约人力资源成本，提高工作效率。

（三）经理人员管理

许多旅行社的各项经营管理工作由职业经理具体负责实施，职业经理一般分为职业经理和高级职业经理。其中职业经理是指旅行社的部门经理、副经理、经理助理等职位人员，专门协助高级职业经理开展资产保值和增值服务；高级职业经理是指旅行社的总经理、副总经理以及不设副总经理的旅行社的总监等职位人员，主要在授权范围内从事高层次战略管理和整体运作。

职业经理要具有高度的敬业精神，较高的理论知识和实践能力，能够妥善处理好投资人、员工、旅游产品供应商、旅游者之间的关系，实施科学管理，实现旅行社的经营目标，保证旅行社的资产保值和增值。我国加入 WTO 后，旅行社的管理层一定会需要大量的职业经理。

案例 3：

罗森柏斯旅行社的企业文化

美国罗森柏斯旅行社管理公司（Rosenbluth Travel）的企业文化由表层、里层、深层三部分组成。

1. 表层企业文化——“大马哈鱼”（Salmon）

企业文化的第一个层次是指可见之于形、闻之于声、触之有觉的物质文化，如旅行社的社歌、社旗、员工的制服等。罗森企业文化的第一个层次“大马哈鱼”的特点是逆流而上，不跟随潮流，不跟在别人后面亦步亦趋。罗森以吉祥物鼓励员工在创新中不怕犯错误，而要善于从错误中学习，不犯同样的错误；鼓励员工不停留在为顾客服务的层次，要事事为客人提前设想，主动去了解每位客人的需要。

2. 罗森公司的制度文化——顾客第二

企业文化的里层是制度文化，即企业文化的领导体制、组织结构、规章制度等反映出来的指导思想。罗森的制度文化集中体现在现任老板 Hal Rosenbluth 写的书——《顾客第二》中。其基本思想是：仅仅强调为顾客服务是不够的，因为没有幸福的员工，就很难有快乐的顾客。只有当公司将员工置于首位，员工才会将顾客置于首位。

(1) 严厉的爱（Tough love）

罗森一旦发现所雇佣的员工不称职，就尽快解雇，认为不解雇就是对顾客以及其他员工的不负责任。罗森认为，我们不可能培训人们怎样心地善良，但我们可以选择心地善良的人。罗森把人品放在一个很重要的位置上。

(2) 门户开放政策（Open - door policy）

当员工与上级主管再三商量而主管听不进时，员工可直接到主管上一级那里汇报，并且每一名员工都可以直接开门找总经理。

(3) 注重团队精神、团队荣誉

“罗森分布在世界各地的员工们都富有集体主义精神，彼此配合默契，工作协调，像在一个大家庭里工作，环境充满乐趣……”，罗森强调每一位员工都重视团队荣誉，敬业爱业，绝不以一己不当行为而使集体受损。

“我们对员工今天的投资就是对企业未来的投资”，罗森十分重视对员工的培训，对员工素质的提高。比如，每一位新员工都要到费城总部接受为期三天的培训，接受企业的哲学、价值观以及服务思想。三天中有一项安排是老板亲自为新员工倒下午茶，这使员工感到自己是主人翁且首先从老板那里学到了敬业、服务的精神。罗森对员工的重视使得罗森在旅游业转业率平均高达50% 的情况下，除第一年外转业率仅有6%。“正因为我们强调要使员工生活在一个满意的、促人积极上进的环境里。反过来，他们也同样时时为客人着想。”

3. 罗森文化的深层部分——领先群体，不断超越自我

企业文化的核心是深层文化。即精神文化，包括理想信念、价值取向、经营哲学、行为准则等，是企业之魂，支配着企业及其员工的行为趋向。

罗森的精神文化是：求新、求变、求精，创造需求，永远保持领先。

罗森认为：麦当劳进入中国之前，吃汉堡包的人寥寥无几，而麦当劳进入后则有许多人在吃汉堡包。所以需求原来是没有的，是创造出来的。麦当劳成功在于：引入当地缺乏的制度、管理、品质控制，再掺入当地特色。罗森也在100多年里，依靠员工的创造力，把变化看作机遇，先后开发出几十种产品和服务项目，使罗森一直是旅游界有创建的带头人。而每一种创新，都代表着旅游产业的新思路，都使客户从这些成果受益并改写着“旅游管理”这个名词的涵义。罗森管理的独到之处是“优秀服务，公司素质，技术水平，客户至上，全球实力”。

［资料来源］戴斌主编．旅行社经营管理［M］．北京：旅游教育出版社，2003：210 - 213.

案例4：

卡尔加里旅行公司——员工至上

Roger Jarvis 是加拿大卡尔加里地区 Jarvis/woodside 旅游公司的总经理，他

一直信奉顾客和员工至上，他的公司被加拿大一家权威信息咨询公司评为该国50家大型私有企业之一，主要原因就是该公司奉行的顾客和员工至上的企业理念。

Roger Jarvis 于1971年向10家商户借了3万美金创办了Jarvis旅游公司，第一年的收入仅1万元，1976年公司才开始盈利，1980年成为Woodside旅游公司的最大股东，并将公司名称改为Jarvis/woodside，撤消了卡尔加里地区以外的9家办事处，Roger Jarvis说："我们只专注于自己熟悉的事物——旅游公司。"1984年Jarvis/woodside旅游公司又成为了世界旅游网络公司的又一个主要合作伙伴。

"在最初的对客服务上，一切都还并不是那么复杂，但现在情况大不一样了。随着企业接触到的信息越来越多，我们感觉到了服务的困难。"Jarvis/woodside旅游公司客户服务部经理斯考雷说："我们能做的就是为他们提供更多的服务。"

在航空公司与旅游公司的商业往来中，航空公司通常要支付给旅游公司飞机票价格的8.25%作为佣金，而旅游公司却并没有这么做，他们把这一部分利润用到了如何提高对客户服务上。

4年前Jarvis/woodside旅游公司首次举办了客户意见——建议会，这种客户与公司面对面的接触对于Roger Jarvis来说是无价的。斯考雷说："公司本来准备对客户的消费项目进行相应的统计，客户却认为那没有必要，公司于是取消了这一计划，商务客户关心的是如何更好地做成生意，于是我们为客户提供了诸如旅游目的地假日信息等服务。"

Jarvis/woodside旅游公司的企业结构是倒三角形，最上面是顾客，中间是员工，底端是Roger Jarvis 。公司的员工每7人或8人编为一组，他们根据各自的情况来组织培训，自己决定该做什么，每个小组都有较大的自主权。Roger Jarvis说："我觉得在工作中你掌握得越多，你就越能享受到工作的乐趣。"

Jarvis/woodside旅游公司每年组织一次香槟酒宴会，对一年中工作成绩突出的员工除进行精神奖励等办法外，还为他们准备了1000元的加元大票。另外还通过每日简报、24小时工作奖励等办法对员工进行经常性的奖励。

公司的客户服务部并不要求员工每年进行述职报告，而是要他们以书面的形式告知公司他们想要什么，希望公司给予他们什么。

事实证明上述这些针对顾客和员工的措施和政策都是有效的。Jarvis/woodside旅游公司不但培养了忠诚的员工，赢得了顾客的信任，还受到了竞争对手的尊重。

Roger Jarvis说："我认为你不能去管理人，只能培训和引导他们，例如你不能告诉一个孩子9秒内跑完100米，你要问他你要怎样帮助他完成。"正是他的顾客和员工至上的先进理念引导着Jarvis/woodside旅游公司不断地走向一个又一个辉煌。

［资料来源］富兰克·M. 戈等．酒店业人力资源管理［M］．大连：大连理工大学出版社，2002：150.

案例5：

迪斯尼乐园的人力资源管理

迪斯尼乐园的创始人沃尔特·迪斯尼先生提出要“使成人与孩童一起，在这里经历生活中最奇妙的时刻，一起冒险，感到生活着真美好”。为实现这一目的，一是不断努力，追求卓越；一是注意细节，近乎狂热。单靠人事部是做不好的，必须从最高管理层人员做起，让每一个员工清楚。激励——自豪——献身——责任——奖励，这是迪斯尼行之有效的人力资源管理的精髓。

迪斯尼的成功来源于：好奇（Curiosity）、信心（Confidence）、勇气（Courage）、一贯性（Consistency）。在对应试者（录用后在迪斯尼一律称为“演出人员”）进行面试时，他们把应试者分为三人一组，一起进行——这是从航空公司学来的办法。面试时间由45分钟到1小时不等。向应试者提出的问题各种各样。回答是否正确当然重要，但同样重要的是他们的态度。考官十分注意三人之间的互动关系。优先录用的往往是这样的应试者：注意听取另外两人的讲话，尊重他人所作的反应，参加深思熟虑的对话，脸上露出笑容。

新员工首先参加8小时的新环境适应训练。穿着制服的老员工向大家讲述自己在迪斯尼工作的经历，放映录像与幻灯，现场参观（前台、后台都看）。公司要求每名员工清楚地知道，迪斯尼是一家企业，迪斯尼的“产品”是什么，也知道每个岗位上的员工对“产品”作什么贡献。培训内容也包括安全、礼貌、表演训练。培训目的务使大家清楚，作为迪斯尼的员工，自己的言行应该符合哪些标准。前台应该在课堂内接受培训的时间为16小时，其中有些培训是在乐园晚上关门后进行的。接着进行上岗训练，新老员工一起干活，16~48小时不等。

迪斯尼85%的管理人员是从内部提拔的。管理人员培训包括现场培训和课堂听课。内容有迪斯尼的管理风格、劳工法律以及管理技巧。每期培训中必有的一课是分小组对如何改进迪斯尼的产品提出建议，最后用书面和口头的方式向高层管理人员提出。

为了对培训项目的有效性进行监控，乐园定期召开“中心小组”（Focus group）会议。参加者包括即将离开迪斯尼去其他公司工作的老员工或在迪斯尼工作超过30天的新员工。会上就培训、工资、上下级关系进行调查，根据调查结果提出行动计划。

已经在乐园工作一段时间的老员工都被当成特殊人物对待：拍摄新的“环境适应片”之后，首先向他们放映；员工手册修改之后，首先寄往他们家中，人手一册；每天下午的“大游行”方案修改充实之后，在向客人表演之前，首先请老员工提出意见。预演缺少经费怎么办？管理人员穿上服装，参加表演。

乐园每年举办数百场只有员工参加的体育比赛。此外，组织各种各样的社交活动和“业余寻宝”比赛。所有这些活动不仅增强了员工之间的友谊，而且为慈善捐款筹集了资金。

［资料来源］钱炜编著．创造性思维与旅游业［M］．北京：旅游教育出版社，1998：235－237.

第三节　客户管理

20 世纪初就已经产生了客户的概念，20 世纪末企业才开始真正理解客户的涵义。现代企业的经营指导思想从“产品为中心”、“销售为中心”、“利润为中心”发展到“客户为中心”，经济学中的“二八定理”认为企业 80% 的利润来自于 20% 的客户，连美国著名营销大师科特勒也指出：“企业必须放弃短期的交易导向目标，确立长期的关系建立目标。”因此，客户管理已经成为企业经营管理者的一项重要工作。

一、客户管理的涵义

（一）客户的涵义

客户的范畴较广泛，包括了购买最终产品与服务的零售客户，如个人或家庭；把购买的产品与服务连同自己产品出售给另外的客户；渠道分销商和特许经营者；内部客户，如企业内部的个人或业务部门。

（二）旅行社的客户管理

旅行社的客户管理是指旅行社通过满足游客的各种需求预期，达到游客再次购买的程度，并将偶然的旅游消费者变成忠诚的旅游消费者的所有行为。这种所有行为既涉及到销售人员、导游人员、领队人员、总经理等管理人员，又涉及到门市、前台等一线工作人员和计调、质检等二线工作人员。

（三）旅行社客户管理的意义

旅行社客户管理的目的是通过与客户建立良好的关系，使客户认识企业、认可企业，使客户由眼前的合作者成为长期的合作者，为企业创造更多的利润。

1. 客户管理是使用新营销手段的基础。新时期游客的信息渠道和消费意识变化很大，旅游需求越来越个性化和多样化，新营销手段必须建立在对客户的了解基础上。

2. 客户管理是获得游客信任和赢得竞争的基础。旅行社不断开拓新客户，维持老客户，是旅行社在新时期赢得竞争优势的重要途径之一。

3. 客户管理维护市场竞争秩序。旅行社重视游客需求、采取客户管理是解决恶性价格竞争、维护市场竞争秩序的有效方法之一。

因此，旅行社必须尽力做到：了解客户是谁？大客户是谁？次要客户是谁？一般客户是谁？充分了解不同客户的兴趣爱好和需求，并与之建立良好的关系。

二、客户管理的方法

（一）客户结构简述

1. 根据购买决策单位分为旅游者和组织机构。一般的组织机构如企业、政府机构、军事机构、行业协会、各种专业协会、社交性俱乐部和会议机构等，具有批量大、价值高、购买决策所需信息多、决策时间长等特点，应分清楚使用者、影响者、购买者、决策者和守门人的作用，区别对待。

2. 根据购买频率分为初次购买客户、再次购买客户、多次购买客户。这三类客户对旅行社的市场业绩影响很大，应按照80%和20%的定理平衡对待游客的需求，并根据其对企业利益的贡献能力区别对待。

3. 根据购买时对旅行社的偏好分为新客户、忠诚客户、游移客户。新客户是第一次和旅行社发生交易关系的顾客。旅行社要通过产品的有形部分和附加部分吸引顾客，而忠诚客户和游移客户主要通过维持情感关系来加强。

（二）客户流失分析

旅行社的客户流失原因很多，归纳起来有：

1. 价格原因

价格原因主要是由于竞争对手的价格竞争导致客户的流失。

2. 产品原因

产品原因主要是客户转向能够提供高档、优质产品的竞争者。

3. 服务原因

服务原因主要是由于旅行社的服务水平和服务质量较差而导致客户流失。

4. 促销原因

促销原因主要由于旅行社没有同竞争对手展开促销活动而导致客户流失。

5. 市场原因

市场原因主要是由于旅行社的市场发生了变化而导致客户流失。

（三）客户管理方法

1. 实施客户分级制度

旅行社应根据客户对企业的利润的贡献能力分成不同的等级，按等级给予不同优惠政策。分级标准有：消费量、消费额、消费等级、消费频率、为旅行社创造的利润总额、利润率、客户所在地、推荐新客户的数量和结构等。

2. 维持客户

（1）定期了解客户消费状况，如每周投诉情况、每月调查表等。

(2) 客观分析变化原因，充分了解客户消费情况和消费转移的变化，提出解决方案。

(3) 分析流失客户，了解原因，确定影响因素。旅行社一方面注意挽留客户，另一方面应当建立档案，记录原因、采取措施和手段等。

(4) 培育重点客户。

重点客户是指知名度较高、对旅行社有特殊贡献以及多次购买本组织产品的回头客。除了价格优惠外，还要有特殊优惠，让重点客户感觉到受到了旅行社的重视，从而成为本社的回头客。

①适当增加客户的财务利益。旅行社综合使用累计优惠和数量优惠，培育部分忠诚客户。

②适度增加客户的社交利益。旅行社提供专门化和个性化的产品与服务，建立良好的客户关系。如荣誉客户、奖励积分、实物奖励、部分或全部免费等。

③建立畅通的联系方式。旅行社通过提供通讯设备、建立联系机构与客户建立稳定的联系，如旅行社与大公司和政府部门等。

3. 处理好客户投诉

客户投诉包括了隐形投诉和显性投诉，旅行社要了解客户的需求，采取恰当的处理措施，稳妥处理好各种投诉，并不断改进旅行社的管理和服务。

(1) 隐形投诉。隐形投诉是指客户受到不当或不佳的接待服务时，不采取向旅游主管部门、旅行社或接待人员进行投诉，而是自己或影响别人不再购买旅行社的产品和服务。旅行社应充分重视隐形投诉的影响，因为隐形投诉的人远比显性投诉的人多，破坏力更强。

(2) 显性投诉。显性投诉是指客户为维护自己和他人的合法权益，采取书面或口头等公开形式向旅游行政部门或旅行社投诉的行为。

客户产生投诉的原因主要有：旅行社接待服务缺陷、相关协作部门失调、客户自身过失或心情不佳等。客户投诉的目的有：追求补偿、追求尊重、追求发泄等。

旅行社处理投诉时注意：高度重视客户的大小投诉、保持冷静和仔细倾听、尊重客户、找出投诉原因、迅速处理、建立档案、改进产品和服务等。

三、客户管理的流程和数据库

所谓流程是为了达到既定的管理目标而采取的一系列步骤和动作。旅行社的客户管理流程有：

1. 发现客户信息

旅行社通过各地销售点、加盟连锁店、互联网、客户系统、媒体广告和投诉档案等，对客户识别、客户细分、客户预测和客户地区经济发展进行详细分析，了解客户的历史信息和客户特征，感受客户购买行为变化和产品需求程度，推出符合客户需求的产品决策。

2. 制定市场计划

旅行社通过市场调研、综合分析、产品设计、包装、定价、销售、投放市场以及市场目标等工作，把产品计划付诸实施，同时也进行客户管理的综合性过程。

3. 进行客户互动

旅行社通过各种互动渠道、现代办公系统，综合使用客户追踪系统、销售应用系统、客户接触应用和互动系统，进行客户沟通和管理。

4. 分析提炼

旅行社通过与客户的沟通，及时了解相关数据，提炼相关信息、产品定价、受众区域、销售途径、时间安排等，迅速理解客户对产品和服务的反应，更好地满足客户需求。

四、重点客户管理

（一）旅游供应商管理

旅游供应商是指在旅行社产业价值链中的上游，专门为旅行社提供生产要素的企业。如旅游景点、旅游饭店、旅游交通、购物场所、娱乐场所等企业。

1. 旅游供应商的类型

（1）旅游交通企业。交通服务和设施是旅游的整体组成要素之一。游客外出旅游是在空间位移过程中实现旅游目的，中长距离选择航空旅行，近距离选择自驾车，其他选择高速列车、旅游专线和公交汽车等。目前，我国旅游业自20世纪90年代以来迅速发展，也存在总量不足、拥挤、卫生和设施较差等问题，特别是交通运力不足，如不能按照预定的交通方式和时间返回、预定交通工具等级降低等；加上我国的民航、铁路运输还基本上处于政府主导的部门垄断，在很大程度上造成了旅行社和交通运输之间的紧张关系，同时也不可避免地影响了旅行社的产品服务质量和企业形象。政府相关主管部门应加强对交通企业的监督和管理。

（2）旅游饭店。饭店是游客实现旅游活动的重要设施，主要是凭借建筑设施为游客提供住宿、饮食、娱乐、购物或其他服务，旅游饭店同旅行社、旅游交通并称为旅游业的三大支柱。资料显示，“五一”黄金节日外出的游客15%选择星级宾馆、26%选择普通宾馆、37%选择旅馆、20%选择亲朋好友家。各种类型的饭店开始通过联营、互联网、航空预订系统等涉及销售，对旅行社的销售业务进行冲击。旅行社应加强和饭店之间的合作和谈判，力争实现“双赢”局面。

（3）餐饮服务企业。餐饮服务是旅游服务中重要的一项内容，游客用餐是旅游活动中的一个重大需求和主要享受。特别是餐馆的环境卫生、菜肴的色、香、味、形、声、养和服务人员的言行举止以及服务水平和服务质量等，都会直接影响游客对旅行社产品和服务的评价。旅行社应注意和餐饮业加强合作。

（4）旅游景区景点。旅游景区景点是游客参加旅游活动的一个重要吸引物，旅行社应注意加强与景区景点建立长期的合作关系，确保旅游活动的顺利进行。

（5）其他。旅游服务过程中的其他服务，如购物、娱乐等商业设施，连同旅游景区景点和旅游目的地等吸引物，吸引了大量的游客前往消费旅游，旅行社要注意选择购物、娱乐等商业设施的服务商和服务水平及其服务质量，保障游客旅游活动的安全和愉悦。

2. 旅行社供应商的管理

（1）联合经营。旅行社和供应商在平等互利的基础上，通过协作、契约、特许、合并和收购等方式进行联合，实行经营一体化或产权一体化的集体化模式，建立稳定的协作关系，优化资源配置，提高经营效益。

（2）政府支持。旅行社的业务所涉及到范围和企业比较广泛，在目前情况下，旅行社应谋求政府支持，对所属的旅游供应商和企业进行主导经营，合作经营。旅行社在经营过程中的跨部门问题，一般通过中国旅行社协会向国家旅游局和国务院直接反映，通过政府主管部门的协调解决。

（3）建立档案。旅行社应通过建立供应商的档案，记录供应商的基本情况和专业信息，随时了解供应商的状态，采取综合分析和比较研究，对自己的供应商进行排序，选择对旅行社经营管理影响较大和创造利润能力强的供应商进行深入的合作。

（4）合作营销。旅行社与民营航空、金融、电信、饭店等企业进行合作营销，扬长避短，谋求双方乃至多方的多赢局面，如国际旅游市场上的海外旅游救援系统、航程累计积分系统、旅游保险、旅游支票、旅游信用卡等；国内旅游市场上的互联网预订系统、饭店预订系统、景区景点预订系统、航空铁路预订系统等。

（二）旅游合作商管理

旅行社合作商是指与旅行社经营密切相关的企业，如地接社、分社、导游公司、保险公司和广告公司等。

1. 地接社管理

（1）地接社的涵义。旅游目的地地接社是直接为游客提供有关旅游目的地线路、交通工具、饮食、观光以及其他旅游服务等信息和相关服务的旅行社。主要根据组团社的预订要求，从当地旅游服务供应商订购住房、餐饮、汽车、景点门票以及赴下一站的机、车、船票等，并组成包价旅游产品重新定价后预售给组团社。

（2）地接社的选择标准。旅游组团社一般通过以下条件选择较理想的地接社，并与之建立长期稳定的合作关系：

①规模和经营管理模式。组团社主要核实接待社的注册资金及证件是否齐全，在当地出票和服务能力，导游人员的数量和质量，是否有外语导游等；地接社的经营管理模式，有无明确的管理目标等。

②业务量。组团社主要衡量地接社的业务量大小和稳定程度，并根据自身的规模选择与自己相匹配的地接社。

③报价。组团社在充分考虑本旅行社的声誉、游客的利益、旅行社的收益等情况下，选择对旅行社恰当的报价，防止因价格过低而影响旅行社的经营。

④商誉。组团社应主动通过相关银行机构或特别调查，了解地接社是否有可靠的偿付能力和履行合同的信誉，决定是否与地接社进行合作。

⑤依赖性。组团社应根据地接社对该业务的依赖程度大小，决定是否与地接社进行合作。

⑥合作潜力。组团社应根据地接社的合作诚意、追求共识、发展潜力等方面考虑是否将地接社列为合作伙伴。

（3）地接社的调整。组团社主要根据以下因素进行地接社的选择和调整：

①参加国际国内旅游博览会；

②旅游目的地调查情况；

③合作过程中检验，如发团实际操作考察；

④行业协会的合作。

组团社还应建立地接社的档案，详细记录地接社的基本情况、合作情况、游客评价等，并根据考核结果对地接社进行动态的选择和调整。

（4）地接社的合作流程

①发团社预报计划。当团队经游客确认并交付费用后，发团社应通过传真或电话等向各地的接待社预报计划，内容有：团号、人数、行程、抵离时间、交通工具、车次或航班、食宿要求等，请接团社确认行程与价格。

②接团社书面确认。接团社应在三天内给予书面答复，逐条确认并落实机、车、船票和饭店房间情况。

③发出正式计划书。经过组团社和地接社的数次变更、确认后，组团社应在团队抵达第一站10~15天前给地接社发出两份完整而详细的正式计划。内容有：发团确认书；团队行程、入出境地点、服务标准以及特殊要求；团员的人数、性别、姓名、职业、宗教信仰、证件号码等情况；各站接待社的名称、联系人与联系方式；交通工具状况和交通票据等。

④监督控制。组团社应根据计划书监督控制整个旅游发团过程，如委派全程陪同导游人员（全陪）监督旅游活动，同时做好各地之间的衔接工作和各种突发事件的处理。

2. 分社管理

（1）设立分社的条件与程序。旅行社可以设置非法人分社和门市等分支机构。当旅行社年接待人数超过10万人次就可设立不具备独立法人资格、以设立社名义开展旅游业务经营活动的分支机构。

①提供年接待人数达10万的证明文件；

②向旅游行政部门缴纳质量保证金，国际旅行社每增设一分社增缴30万元人民币，国内旅行社每增设一分社增缴5万元人民币；

③领取旅游行政部门的许可证；

④凭证明文件和许可证到工商行政管理部门办理登记注册手续，国际旅行社每增设一分社增加注册资本75万元人民币，国内旅行社每增设一分社增加注册资本15万元人民币；

⑤完成登记手续后30个工作日内，旅行社向主管旅游行政管理部门和分社所在地旅游行政管理部门备案。

旅行社还可以根据业务需要设立门市部。

①征得拟设地县级以上旅游行政管理部门的同意；

②完成登记手续后30个工作日内，旅行社向原审批的旅游行政管理部门、主管旅游行政管理部门和门市部所在地旅游行政管理部门备案。

（2）网络化管理。旅行社利用信息技术和通讯手段，广泛设立旅行社的营业网点，占据区域性市场，方便、快捷地为游客提供服务，最大限度招徕客源。

3. 合作管理

（1）导游服务公司管理

导游职业化发展是未来旅游服务的一大趋势，导游协会和导游服务公司将成为导游的管理部门，旅行社和导游服务公司既可能是合作者，又可能是竞争者，合理处理好利益分配是合作的关键。

（2）保险公司管理

旅行社的企业风险高，责任风险大；旅游险种不多，保险公司操作不规范；加上旅行社自身缺乏风险管理的机构和专业人员，使许多可以预测和控制的风险时有发生。旅行社应要求员工树立风险意识，加强理赔常识培训，设立风险管理组织或专人负责与保险公司进行合作，熟悉保险公司的业务流程和规范，降低企业的经营风险。

（3）广告公司管理

旅行社应根据需要建立广告公司的档案，记录彼此的合作情况和效果，了解对方的信誉、收费标准、专业方向、工作效率等；并在旅游促销中尽量采取招投标方式寻找合作伙伴。

（三）旅游竞争商管理

1. 旅游竞争商的类型

（1）类型相同的竞争商

两个旅行社在我国同为国际旅行社或者同为国内旅行社。

（2）目标市场相同的竞争商

两个旅行社的经营范围相同、目标市场相同，如地理意义或产品意义的近似。

（3）发展导向相同的竞争商

两个旅行社都经营和游客需求相关的产品，包括非传统意义的旅行社，也可以满足游客的相关旅游需求。如电子旅行社、旅游网络、旅游经纪人等。

2. 旅游竞争商的管理

（1）旅行社的竞争策略

①价格竞争策略

旅行社利用价格作为遏制竞争对手的方法，采取降价和提价两种方式，主要是降价方式。我国旅游产品主要集中在“团队”、“全包价”、“标准等”、“文化旅游观光”等方面，造成旅游产品的单一，加上长期使用降价策略，短期有效，长期失去了降价的意义，达不到价格竞争的目的。

②非价格竞争策略

旅行社的竞争逐渐从单一的价格竞争转向质量、品牌、规模等非价格因素之间的综合竞争；加上旅游消费者的消费意识觉醒，消费行为日趋理智，不但重视产品的价格，更注重产品一性能比，对产品的质量要求更高；旅游消费者更加需要物有所值的产品和服务，并关注企业的知名度和美誉度。旅行社如果还停留在过去的单一价格竞争就会失去许多游客，旅行社只有不断采取质量手段、创新手段、信息手段等非价格策略，才能提高自己的竞争能力。

多数旅行社主要是通过质量因素来进行竞争的。提高服务质量的手段有：

a. 标准跟进。标准跟进是指旅行社将自己的产品、服务和市场营销过程等与最优竞争对手进行比较提高，并取得战略、经营和业务的相对竞争优势。

b. 蓝图流程。蓝图流程是旅行社借助于接待服务流程图的方法分析服务传递过程的各个节点，找出并排除薄弱节点的质量问题，提高服务质量战胜竞争对手。

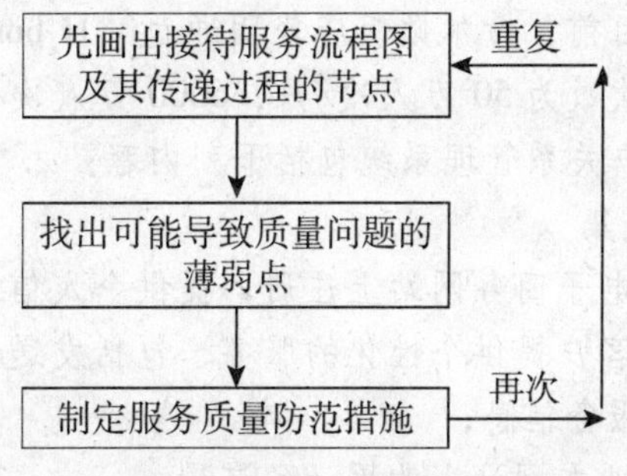

图 8.4　蓝图流程步骤

（2）旅行社竞争商的管理步骤

①确定自身实力

旅行社主要通过 SWOT 分析，综合评估旅行社的竞争地位和市场能力等。

②调查竞争对手的实力

旅行社主要通过市场调查，了解竞争对手的实力和发展战略等。

③判定竞争对手的性质

旅行社判定竞争对手是对抗性还是协作性，帮助自己确定竞争策略。

④采取竞争策略

旅行社经分析综合后选择对竞争对手采取蚕食、遏制、协作等竞争策略。

案例 6：

希尔顿饭店集团客户关系管理

国际希尔顿（Hilton International）及希尔顿饭店集团（Hilton Hotel Corporation）在 1997 年 1 月达成合作联盟，至 2000 年止，它们在世界上 55 个国家经营着 2100 家连锁饭店。拥有国际港丽酒店系列（Conrad Hotel）、希尔顿大饭店系列（Hilton Hotel）、双树饭店系列（Double Tree Hotel）、大使套房酒店系列（Embassy Suites Hotel）、家木套房旅馆系列（Homewood Suites）、哈里逊会议中心（Harrison Conference Centers）、花园酒店（Garden Inn）、汉普敦套房旅馆系列（Hampton Inn and Suites）及希尔顿度假俱乐部（Hilton Grand Vacations）。

希尔顿饭店集团具有强烈的客户关系管理意识。集团常常在内部培训中强调以下的事实：获得一个新客户比维持一个老客户的成本要高出七倍；满意的客户买得更多并愿意支付更高的价格，使饭店获得更高的利润。而谈到客户关系管理时，他们认为：20% 客户的离开是因为价格；而 80% 客户的离开是因为服务质量低下、缺乏应有的关注以及缺乏购买后的关系维持。

希尔顿饭店集团开发了一套名为“H honor”的客户关系管理系统。借助于信息技术手段，与世界范围内的客户包括旅游者、旅行社、会议组织者和旅游协会保持联系。目前，希尔顿饭店集团通过“H honor”客户关系管理系统实现的客户接触总次数为 50 万人次/月，6000 万人次/年，节约成本 7%。

“H honor”的客户关系管理系统包括下列内容：

（一）客户资料收集

1. 鼓励浏览者在电子商务网站上注册，提供个人信息；

2. 为注册的潜在客户提供个性化的服务，包括发送符合顾客兴趣的新闻、每月活动信息和特色服务信息；

3. 记录个人或企业在网站上的累计预订量；

4. 发现有价值的客户，区分其类型和价值程度。

（二）客户细分

1. 客户类型细分：旅游者、常客、旅游批发商、代理商、会议组织者等；

2. 按客户所在的区域细分；

3. 按人口、职业、收入特征细分旅游者，与特殊身份客人维持特殊关系。

（三）与客户接触

1. 在网上建立“全体代理商交流中心”，进行知识交流；

2. 通过经常沟通增加代理商的主动性；

3. 建立“H honor”客户服务中心，通过电话、电子邮件、信件等多种途径与客户联系。

（四）针对客户特点提供个性化的服务

1. 确认饭店的回头客。从客户数据中直接调出客户基本资料，提高入住登记速度；

2. 对于重要顾客免去预订金；

3. 记录重要顾客的偏好和行为习惯，为他们提供更好的服务；

4. 为饭店集团“豪华度假（HGVC）”会员提供相互交流的机会；

5. 对于长期合作的旅行商、重要的同业伙伴提供及时信息和特殊优惠；

6. 为长期合作的旅行商提供免费的“逍遥旅游”等。

［资料来源］根据 InternetWeek 等摘编．

案例 7：

常见表格

表 8.6　　旅行社与客户合作情况登记表

中间商名称	
合作年度	
合作情况	
备注	

［资料来源］戴斌主编．旅行社经营管理［M］．北京：旅游教育出版社，2003：150．

表 8.7　　客户情况登记表

客户名称			注册国别	
法人代表		营业执照编号		业务联系人	
营业地址			电话与传真	
电子信箱				
与我社建立业务关系的途径与时间				
我社联系部门与联系人				

表8.7（续）

客户详细情况	
备注	

填表人：　　　　　　　　填表时间：　　年　　月　　日

［资料来源］戴斌主编．旅行社经营管理［M］．北京：旅游教育出版社，2003：150.

第四节　质量管理

旅行社的质量管理就是旅行社服务质量问题的管理，质量管理是旅行社管理的核心环节之一。旅行社必须建立和完善科学的管理思想和方法，有效进行旅行社的质量管理。

一、旅行社质量管理的涵义

（一）旅行社服务质量的内容

旅行社服务质量一般表现为它所提供的旅游服务在使用价值上满足游客的物质和心理需求的程度。旅行社服务质量指标体系包括产品设计质量、旅游接待服务质量和环境质量。

1. 产品设计质量

旅行社产品设计是其整体产品服务质量的基础，保证既要在使用价值上满足游客的旅游需求，又要在性能价值上一致。

2. 旅游接待服务质量

旅游接待服务质量是指旅行社的门市接待人员和导游人员提供的服务水平，以及后勤各部门和景点各外协助单位的工作质量。旅行社接待服务质量保证游客可以获得物质和心理的满足。它是旅行社产品使用价值的实现过程。

3. 环境质量

（1）硬环境质量。主要是旅行社在接待服务中所利用的各种设施设备及其辅助硬件的条件，它包括旅行社自身硬件环境和相关旅游服务供应部门的硬件环境。硬件环境质量综合反映了旅行社提供的设施设备和游客需求满足满意度的关系。

（2）软环境质量。主要是旅行社内部各部门之间的协调和旅行社与相关旅游服务供应部门之间的合作水平，如旅行社的业务、计调、接待、财务等部门，以及景点、饭店、餐厅和车队等外协单位的工作质量。软件环境质量保证了旅游活动的顺利进行。

因此，旅行社的质量管理其实是广义的质量管理，必须通过各部门、各单位的工作质量来保证旅行社为游客提供服务的质量。

（二）旅行社质量管理的涵义

旅行社质量管理是指旅行社综合运用质量管理的体系、思想、手段和方法，保证和提高服务质量所进行的系统的管理活动。旅行社要发动全体员工和相关部门，结合思想教育、经营管理、服务技术、数理统计等，建立服务质量保证体系，用最少的成本提供最优质的服务，最大限度地满足游客的需求。

旅行社质量管理一般是通过全面质量管理来实现的。

二、全面质量管理的涵义

（一）全面质量管理的概述

1. 全面质量管理的产生

全面质量管理是在 20 世纪 60 年代，由美国的费根堡和朱兰等专家率先提出来的，先在美国的工业企业中获得了广泛的使用，后在日本得到了更大的发展，显示了强大的生命力，最后逐渐在现代服务行业推广使用开来，并成为现代企业科学管理的一个重要组成部分。进入 20 世纪 70 年代后，美国和日本等西方发达国家的饭店、旅行社、商业、交通运输业、金融、保险等服务性行业，大量引入全面质量管理，提高了企业的管理水平，改善了企业的经营素质，加强了企业的服务能力，取得了良好的效果。

全面质量管理就是全面的质量控制。用“木桶理论”可以很好地解释企业实行全面质量管理的必要性，即一只由长短不一的木条拼成的木桶，它能够容纳多少水量，取决于最短的那根木条的长度。如果客人选择一家旅行社，享受了旅游活动的全过程，得到了优质的服务，只是在离开旅游目的地时花去了许多宝贵的时间。这个就成为全面质量管理中的那条最短的木条，使得旅行社前面所有的优质服务都大打折扣，甚至是前功尽弃，大大影响了旅行社的整体服务质量。

2. 全面质量管理在旅行社的运用

旅行社服务全面质量管理是指旅行社的全体员工和各个部门齐心协力，采用现代管理理论、专业技术和科学方法，通过全过程提供优质的服务，满足游客的旅游需求的管理活动。

旅行社大力推行全面质量管理，主要坚持：以客人的消费需求为中心，以客人的满意为尺度，以各种科学方法和服务技能为手段，以全体员工参加为前提，以最佳经济效益和社会效益为目标。

（二）全面质量管理的特征

1. 全方位管理

全方位管理主要是指旅行社综合治理产品质量、服务质量和环境质量，实行全方位、全因素的管理。旅行社质量管理的对象是游客及其需求，内容涉及到旅行社的所有一线、二线的服务工作以及外协单位的相互合作。它不但要求自己的员工主动、热情、耐心、周到，更要重视企业的质量管理、优质服务的基本精神和主要内容，还要注重外协单位的密切合作。服务质量包括了服务工作的质量管理和被服务对象的需求质量管理，以及对服务的功能性、经济性、安全性、时间性、舒适性和文明性的质量特性管理，还有对物，更为重要的是对人的管理。

2. 全过程管理

全过程管理主要是指旅行社对服务工作的全过程实施系统管理，包括游前服务、游中服务和游后服务三个阶段。即使说，服务的全过程不但要面对游客所进行的服务，还要做好游览服务前的准备工作和游览服务后的善后工作。旅行社的部门不同，服务工作也不同，要根据具体情况，开展服务工作。

（1）游前服务。旅行社工作重点是做好旅游产品的设计、宣传、销售和接待服务，控制好信息收集、经营决策、设计包装、操作实施和接待服务等环节，防止吸引力低、盈利能力差的旅游产品进入市场，确保旅游产品的质量。

（2）游中服务。旅行社工作重点是管好服务质量和环境质量。服务质量方面主要是针对导游人员服务的态度、方式、项目、语言、礼仪、时间和职业道德等方面，实施标准化、程序化和规范化管理，使游客信任旅行社；环境质量方面主要是针对饭店、餐厅、车队等外协单位的服务实施监督管理，使游客的需求得到满足。

（3）游后服务。旅行社工作重点是做好旅游产品质量的检查和评定、提供售后服务及处理游客的表扬和投诉。旅行社应及时主动征求游客意见，认真听取游客的反映和感受，总结经验，进一步提高旅行社的服务质量。

旅行社一定要充分重视三个阶段性服务工作，不可偏废，不论其中的哪一个环节出现差错，都会影响旅行社的整个服务水平。旅行社质量管理在实践中需要防止出现：

（1）服务重心偏移，只重视游中服务，忽略了游前服务的准备和游后服务的善后。如接待大型旅游团队时，办理入店等相关手续缓慢，可能就是前期熟悉接待计划的准备不足造成的。

（2）只重视旅游高峰期，忽略了旅游低谷期。

（3）只重视欢迎和欢送，忽略了游览服务过程。

3. 全员管理

全员管理是旅行社要求全体员工对服务质量做出保证与承诺，大家共同为游客提高优质服务。旅行社单靠一线服务工作人员的努力，没有二线服务工作人员的支持保证，是很难向游客提供优质服务的。因此，优质的旅游服务需要游览前、中、后三个阶段的相关服务部门，各个环节密切配合，在各自的服务岗位上付出辛勤的劳动，做好产品采购、产品设计、产品销售、产品操作、产品完善等多方面的服务工作。全心全意地为游客着想，把游客当成上帝，后台的为了前台，前台的一切为了游客，充分调动全体员工的积极性，提高员工的整体素质，培养质量意识，全员参与质量管理，共同提高旅行社的服务质量。

4. 科学管理

旅行社服务质量管理必须在现代科学管理理论的指导下，综合运用各种科学方法，巧妙运用各种专业技术，结合全面质量管理的特征，进行高效的质量管理。

（三）PDCA 循环在质量管理中的运用

许多大型旅游企业运用 PDCA 循环来推行全面质量管理。

1. PDCA 循环的涵义

PDCA 循环，是按照计划、执行、检查、处理四个阶段的顺序进行管理工作，并且不断循环进行的一种管理方法。PDCA 是 PLAN，DO，CHECK，ACTION 四个英文字母的缩写形式。

PDCA 循环在旅行社服务质量管理中具体表现为：

（1）根据旅行社服务质量管理规律，分析质量问题产生的原因，制定计划和措施。

（2）执行计划和措施。

（3）通过信息反馈和服务检查，找出结果和计划的差距，分析产生原因。

（4）对执行效果好的加以标准化，并采取巩固措施；对不足和失败之处提出改进措施，转入到下一个循环去解决。

2. PDCA 的阶段

（1）计划阶段。确定质量管理目标，找出达到管理目标的途径。计划阶段的主要任务：针对旅行社的服务质量工作作出一个全面的、系统的规划，确定服务的档次、规格和程序，使各项工作有章可循，有法可依。当中涉及到岗位服务项目、内容、规程和标准；具体部门在不同阶段提高服务质量的计划和措施。计划阶段要有针对性，管理目标要具体明确，能量化的尽量量化。

（2）执行阶段。严格按照计划规定的管理目标和具体方法，落实质量管理的措施。执行阶段的主要任务：针对旅行社的服务现场操作和服务现场管理，开展行之有效的管理工作。

(3) 检查阶段。严格检查已经制定的计划执行情况和效果。检查阶段的主要任务：检查计划执行是否达到了预期的效果，是否符合计划的标准，从中找出成功的经验和失败的教训。

(4) 处理阶段。迅速总结经验和失败，吸取经验，提高服务质量管理。处理阶段的主要任务：针对已经成功的经验及时加以巩固，针对已经失败的教训及时进行纠正，并把经验和教训转入下个 PDCA 中，进行新的计划、执行、检查、处理。

3. PDCA 的步骤

(1) 分析现状，找出存在问题。旅行社通过对服务质量的实际状况的调查、分析，发现并提出不足和问题。在服务现场的员工，要以实现上一级的方针和目标为标准，发现自己必须加以改进的不足和问题。可采取折线图、柱状图、圆形图、排列图等方式，对收集到的质量信息进行分析整理，找出服务质量管理的问题。

(2) 分析产生问题的原因。旅行社服务质量问题的原因，既可能是设施设备方面的客观原因，又可能是人际关系、工作态度、操作技能等方面的主观原因。分析工作一定要认真仔细，从一个问题到另一个问题，一个原因到另一个原因，尽量找全，直到能够直接针对某一原因采取管理措施为止。

(3) 找出主要影响因素。旅行社服务质量的影响因素，既有主观因素，又有客观因素；在被游客投诉的问题中既有硬件方面的，也有软件方面的。必须全力找出那些少而精的主要因素，并把它作为解决问题的重点。

(4) 制定解决问题的措施。旅行社要针对服务质量的影响原因，制定改进措施，并尽量使措施具体化。

(5) 严格执行计划。旅行社要认真执行计划措施的内容，将完成问题的时间、工作要求、预期效果等，落实到有关部门和个人。

(6) 检查计划的执行情况。旅行社要严格检查服务质量计划的执行情况，是否达到预期的效果，还存在什么问题和不足，服务质量提高了多少等。

(7) 总结经验和教训，实行标准化。旅行社要把已经成功的经验加以总结，纳入到有关的规定、制度、规范、标准中去，实行标准化管理。对已经失败的教训还要分析原因，分清责任，总结教训，加强管理，提高服务质量。

(8) 提出需要解决的遗留问题。旅行社要提出需要在下一个 PDCA 循环中解决的问题，循环往复，推动服务质量的改进。

三、旅行社质量管理的实施

(一) 环境质量管理

1. 制定服务标准和规范

旅行社对能直接控制的环节，即旅行社内部相关部门的工作质量，应针对服务人员的态度、语言、项目、时间、技能、仪表等方面，制定质量标准、操作规程和岗位责任，严格要求服务人员在提供规范服务的基础上，提供个性化服务，并通过奖惩制度使之贯彻执行。

2. 执行合同管理

旅行社对不能直接控制的环节，即旅游供应单位所提供的旅游服务质量，应通过签订合同，加强对"吃、住、行、游、购、娱"等的服务管理工作，明确相关服务的质量标准，严格选择和有效监督旅游服务供应商，保证旅游服务质量。

3. 规避风险

旅行社对无法控制而又可能经常发生的质量问题，应采取预防为主的措施，根据服务标准、服务规范和经营合同，对旅游服务的全过程、全方位实行全面质量管理，及时发现情况，改进服务质量；实在不行，应尽量避开风险。

（二）产品质量管理

1. 产品设计质量管理，主要指旅游线路、旅游节目的设计和安排。旅行社应做到：

（1）合理安排旅游线路，尽量避免重复或往返。

（2）满足游客需求，方便游客游览参观，使游客愉快。

（3）保障交通工具，保证旅游顺利进行。

（4）具有特色，避免雷同。

2. 产品销售质量管理，主要指旅游产品价格是否合理。旅行社应注意价格定位，让游客了解价格，如有不适要及时调整价格。

3. 产品促销质量管理，主要指广告等宣传工作的质量。旅行社应加强促销管理，恰当介绍旅游产品的内容。

（三）采购质量管理

1. 服务实施的采购质量管理，主要指服务实施设备。旅行社应经常检查服务供应合作单位的实施设备情况。

2. 服务质量的采购质量管理，主要指服务供应合作单位的服务能否适应旅行社、游客的需求，是否符合国家、行业标准。旅行社应根据导游人员、游客的意见和实地考察，检查监督、改进服务质量，有选择地淘汰服务质量较差的单位，保留服务质量较好的单位。

（四）接待服务质量管理

1. 服务人员态度的管理。旅行社应通过现场抽查、意见表等方式管理接待人员，监督提高服务质量，鼓励服务态度好的人员继续发扬，责令服务态度较差的人员限期改进，淘汰服务态度恶劣的人员。

2. 导游人员讲解水平的管理。旅行社应通过抽查监督导游人员，及时发现不足，并不断培训提高导游讲解水平。

3. 接待业务能力的管理。主要指接待人员的日常接待能力和应变能力。旅行社应通过日常观察和定期考核，量才使用接待人员，并不断进行有针对性的培训，由易到难逐步提高接待人员的使用层次。

案例 8：

常规旅游接待服务质量监控管理

成都某旅行社对自己的导游人员加强了常规旅游接待服务质量监控管理。

1. 规范规程，制度管人

旅行社接待部制定了从接团准备到送团归来的标准化、规范化导游接待规程，对接待过程中最容易出问题的环节进行了量化管理，对导游人员容易疏忽的地方实行监督标准管理，对接团的每一步骤、每一项业务均制定出详细的管理规则。如：规定地陪在旅行社领取接团通知书单后，必须到票务处查看本团的出票情况，并且在出票登记簿上签字确认，没有签字的导游将被追究责任；规定导游人员送国内航班时，在淡季必须提前 1 小时，在旺季必须提前 1 个半小时，在节假日必须提前 2 小时抵达机场；规定在游览前必须交代安全注意事项，在景点游览过程中地陪不准擅自离开团队。

2. 深入一线，监督抽查

旅行社接待部经理要求导游人员将上团前制定的接待行程表的复印件及下团后填写的接团情况上报接待部存档并接受审阅。发现问题后将及时予以纠正。同时还要求接待部经理亲自或派人根据接待行程表上的行程前往接待第一线进行导游接待规程的抽查，旅行社总经理应对接待部经理下团抽查实行量化监督。

3. 经理过问，严格奖惩

旅行社接待部制定了导游人员奖惩制度，对接待过程中的导游人员违规现象及遭到游客投诉的导游人员予以严肃、严厉的处理，内容含罚金、下团办班、到经理室接受训导等。同时，对受到旅游团来信表扬的导游给予奖励。奖励分为：表扬、奖金、奖接待等级高的旅游团等方式，并记录归档，作为年终重奖的依据。

［资料来源］徐云松主编．旅行社经营管理［M］．杭州：浙江大学出版社，2005：165－166.

案例 9：

国内旅游游客意见表

尊敬的游客：

很高兴这次能为您做导游，为了不断提高我社旅游服务水平和质量，请您协助我们填好此表（在每栏其中一项里打“√”），留下宝贵的意见。谢谢您！欢迎再次光临！

接 团 社：　　　地陪姓名：　　　团　　号：　　　人　　数：

游览线路：　　　天　　数：　　　游客代表姓名：　　　联系电话：

单　　位：　　　填写时间：　　　年　　月　　日

表 8.8　　　国内旅游游客意见表

项　　目	满　意	较满意	一　般	不满意	游客意见与建议
咨询服务					
线路设计					
日程安排					
活动内容					
价格质量相符					
安全保障					
地陪导游业务技能					
地陪导游服务态度					
住　　宿					
餐　　饮					
交　　通					
娱　　乐					
履约程度					
整体服务质量评价					

［资料来源］侯志强主编．导游服务实训教程［M］．福州：福建人民出版社，2003：92－93.

本章小结

本章共分四节分别介绍了信息化管理、人力资源管理、客户管理、质量管理四部分内容。讲述了旅行社充分利用信息技术手段，建立旅游管理信息系统，有效运用旅游信息资源，提高旅游服务质量和旅行社的经营效益；旅行社应加强员工的招聘、录用、培训、绩效评估、激励工作，切实做好对重点岗位员工的管理，充分调动员工的主动性和积极性；根据客户结构，进行客户流失分析，按照客户分级管理，建立客户数据库，实行有效的客户关系管理；采用全面质量管理的方法，狠抓落实环境质量、产品质量、采购质量和服务质量的管理。从而做好旅行社经营管理的后勤配套保障工作，促使旅行社各项业务活动顺利开展，获取企业最大化的经济效益和社会效益。

复习思考题：

1. 建立旅行社管理信息系统的步骤是什么？
2. 简述我国旅行社信息化的前景。
3. 如何理解旅行社人力资源管理的涵义？
4. 简述旅行社人力资源管理的过程。
5. 员工考核的方法有哪些？
6. 员工激励的方式有哪些？
7. 客户管理的流程是什么？
8. 旅行社应如何对重点客户进行有效管理？
9. 旅行社服务质量管理的内容是什么？
10. PDCA 的步骤是什么？

实训题：

王先生参加了成都某旅行社组织的“乐山——峨眉山二日游”，合同中约定“峨眉山观看日出”。当天，导游要求旅游团早上 4 点起床集合，然后乘车去峨眉山观看日出。但旅游车出发后没有直奔景点，而是转了一大圈，接了几拨旅游团以外的旅游者，直到 7 时 30 分才到峨眉山停车场，“峨眉山观看日出”成了泡影。

你认为王先生应该怎么办？

第九章
旅行社综合管理（二）

导学提示：

本章主要围绕旅行社财务管理、经营风险管理、战略管理进行阐述。旅行社要科学进行资金的筹集、分配、运用，降低经营成本，增加营业收入；有效运用回避风险、预防风险、结合风险、转移风险等管理技术和控制方法，并根据危机处理原则，妥善处理各种经营危机，估价控制经营风险；制定战略目标，完成战略规划和战略实施，对旅行社经营活动进行计划、组织、指挥、协调、控制。

重难点：

重点是经营风险管理、战略管理。难点是财务管理、经营风险管理。

知识培养：

了解旅行社财务管理知识；掌握回避、预防、结合、转移等一种或几种风险管理知识，掌握危机管理知识；掌握战略目标、战略规划和战略实施知识。

能力培养：

一定的旅行社财务管理能力；一定的风险管理能力，很强的危机处理能力；较高的旅行社战略管理能力。

实训要求：

具有一定的旅行社综合管理理论知识，熟悉财务管理、经营风险管理、战略管理的一般方法，了解旅游业的业务运作程序和模式，具有较强的旅行社经营管理实务操作能力。

第一节　财务管理

一、旅行社财务管理的概述

（一）旅行社财务管理的概念

企业财务是客观地存在于企业的生产经营活动中，通过货币资金的筹集、分配、调度和使用而同有关方面发生的经济关系。旅行社的财务管理，简单说就是处理企业的“生财、聚财、用财之道”，即管理者根据企业的经营目标和经营需要，按照资金的运动规律，对旅行社的资金筹集、分配、运用等财务问题进行科学有效管理，并正确处理企业同各方面的经济关系。

（二）旅行社财务管理的特点

同其他企业相比较，旅行社的财务管理具有自己独特的特点。

1. 时效性

旅行社的业务具有较强的时间性和季节性，旅游团在某地的停留时间相对有限，旅行社必须尽快完成财务结算；旅行社的宣传促销活动也必须结合时机投入大量资金，否则影响销售业绩。与此相适应，旅行社的财务管理必然具有较强的时效性。

2. 复杂性

旅行社的业务范围广，涉及到游客的吃、住、行、游、购、娱等诸多方面，旅行社与游客、各类旅游产品供应者、其他旅行社等之间都有财务往来。因而，旅行社的财务管理具有较强的复杂性。

（三）旅行社财务管理的职能

企业财务管理的职能主要是决策、计划和控制，具体表现在旅行社财务管理上，其主要职能有：

1. 积极筹集资金，保证旅行社的正常生产经营活动；
2. 实行成本效益管理，实现旅行社的利润最大化；
3. 进行财务监督管理，保障旅行社合法经营；
4. 合理分配利润，协调各方利益关系。

二、旅行社财务管理的内容

企业财务管理的内容主要是筹资、投资和利润分配，具体表现在旅行社财务管理上，其主要内容有：

（一）资产管理

旅行社的资产不是单指货币资本，而是旅行社所拥有的全部资产的具体化形式，包括流动资产、固定资产、无形资产、递延资产等。

1. 流动资产管理

流动资产是指旅行社在一年以内或超过一年的一个营业周期内变现或者耗用掉的资产。主要包括现金（即货币资金）、短期投资、应收或预付款项、存货、待摊费用等。与其他企业相比，旅行社的流动资产比例较大。旅行社要采取可以各种措施，加速流动资金周转，实现企业价值最大化。

（1）现金管理。旅行社要核定现金的库存限额，严格限制现金的使用范围，严格现金的收支管理，不得自收自支。一方面，旅行社的库存现金应由出纳直接保管，主要用于给付个人的各种款项以及结算金额起点以下的零星支出，包括职工工资、各种工资性津贴和支付给个人的专项奖金、各种劳保福利费用、个人劳务报酬等。另一方面，旅行社的现金收支管理要提高现金使用效率。

①现金流量同步。旅行社尽量保持现金流入和现金流出的时间趋于一致，降低持有的交易性现金余额。

②使用好现金浮游量。所谓现金浮游量是指现金在从开出支票、收款人收到支票并存入银行，至银行将款项划至转账户期间的占用。旅行社要控制好使用时间，防止银行存款透支。

③加速收款。应收款虽然增加了旅行社的资金占用，但也扩大了旅游产品的销售规模，提高了营业收入。旅行社要处理好吸引客户和缩短收款时间之间的关系，采取恰当的收账策略。

④推迟支付应付款。旅行社应充分运用对方的信用优惠，在不影响自身信誉的前提下，尽可能推迟应付款的支付期。

（2）银行存款管理。旅行社要经常性地核对账目，不能出借账户，不得签发空头支票和远期支票，不准套取银行信用，不得保留账外公款（包括不得将公款以个人名义存入银行和保存账外现钞等）。

（3）应收账管理。旅行社要设法控制应收账的限额和收回的时间，采取有效措施及时组织回收，减少本企业资金被其他企业占用的时间。旅行社根据合理确定的信用标准和信用期，选择适当的结算方式，组织应收款的回收，做好催款工作。国际旅游市场上的应收款主要发生在旅游目的地组团旅行社、接待旅行社和旅游客源地组团旅行社之间；国内旅游市场上的应收款主要发生在组团旅行社和接待旅行社之间。

（4）外汇管理。旅行社要采取有效措施，做好对外汇变动的预测和分析，实现外汇的保值和增值。

2. 固定资产管理

固定资产是指使用年限在一年以上并保持原有物质形态的资产。主要包括房屋建筑、交通工具、通讯设备等。旅行社的固定资产管理，主要从固定资产折旧的计提和固定资产的控制着手。具体包括计提固定资产折旧、提取修理费用以及对固定资产的盘亏、盘盈、报废等处理。旅行社可以通过选择平均年限法、工作量法等计提不同固定资产的折旧。

（二）成本费用管理

旅行社的营业成本是指旅行社在进行经营活动中所发生的直接费用，包括房费、餐费、交通费、门票费、文娱费、保险费、陪同费、劳务费、宣传费等。

旅行社的费用主要包括营业费用、管理费用、财务费用。

1. 营业费用

营业费用是指旅行社各营业部门在经营活动中所发生的各项费用，包括运输费、保管费、保险费、水电费、燃料费、差旅费、展览费、物料消耗费、经营人员的工资（含奖金、津贴和补贴）、职工福利及其他费用。

2. 管理费用

管理费用是指旅行社组织和管理经营活动而发生的费用，以及由旅行社统一负担的费用，包括公司经费、工会经费、职工教育经费、劳动保险费、外事费、咨询费、审计费、土地使用费、水电费、折旧费、交际应酬费、坏账损失、存货盘亏及其他费用。

3. 财务费用

财务费用是指旅行社在经营期间为筹措资金、资金往来而发生的费用，包括利息净支出、金融机构手续费、汇兑净损失及其他费用。

旅行社应对各项成本费用进行分析，按照管理目标对各环节进行严格的管理与控制，尽量降低成本费用，增加企业利润。旅行社可以实行单团成本分析和部门批量成本分析。

（三）营业收入和利润管理

旅行社的营业收入是指旅行社在一定时期通过向旅游者提供各种服务而获得的全部收入。营业收入一般由综合服务收入、零星服务收入、劳务收入、票务收入等构成。旅行社在经营管理过程中获得的营业收入和利润是旅行社经营和发展所必需的资金来源之一，营业收入是考核旅行社规模和经营业绩的重要指标。只有营业收入增加了，利润才可能增加。同时，利润又是旅行社在一定时期内的经营成果，利润的多少反映了旅行社经营水平的高低。旅行社必须重视对营业收入和利润的管理。

1. 加强营业收入的管理

（1）合理制定商品价格，促进销售，提高销售收入。

（2）有效控制销售收入，完善销售岗位责任制，降低销售费用。

（3）合理预测市场趋势，正确做出财务决策。

2. 控制日常营业收入

（1）根据资信状况，仔细签订销售合同。

（2）审核合同价格，保证销售收入。

（3）适度控制信誉规模和信用期限。

（4）选择恰当的结算方式。

（5）及时回收销售货款。

（6）及时进行销售合同解除后的处理。

3. 确认利润

旅行社的利润是在一定时期内旅行社的最终财务成果，是反映企业经营成果的最重要指标。利润总额由营业利润、投资净收益、营业外收支净额等构成。营业利润是营业收入扣除营业成本、营业费用、财务费用、营业税金后的净额。投资净收益是企业投资在扣除投资损失后的数额。营业外收支净额是营业外收入与营业外支出抵减后的差额。

（四）财务分析

旅行社财务分析是指旅行社以财务核算资料为依据，采取特定的方法，对其财务状况和经营成果所进行的计量分析。财务分析可以总结经验、寻求差距、改进经营、科学决策，它是旅行社财务管理的重要组成部分。

旅行社进行财务分析的基础是财务报表，主要有资产负债表、损益表、财务状况变动表（现金流量表）。

1. 资产负债表是反映旅行社一定时点上的财务状况的静态报表，包括资产、负债和所有者权益情况。

2. 损益表是反映旅行社一定时期内的经营成果的动态报表，包括盈亏状况及其形成原因。

3. 财务状况变动表反映旅行社在一定期间财务状况的变动，包括资产、负债和投资人权益变动。

旅行社的财务分析要求根据上述资料，综合采用对比分析、比率分析、趋势分析、因素分析等，对其偿债能力、获利能力、资金周转性等得出结论。

（五）结算管理

旅行社结算管理主要是根据固定程序、固定方式对应收账款和应付账款进行结算。旅行社不仅对国内应收账款和应付账款，而且对国外应收账款和应付账款都要加强结算管理，结算管理可以减少不必要的财务损失。

三、旅行社财务管理的系统

旅行社财务部门的主要职责是核算和监控，不应该将主要的精力放在单纯的账务处理上。而旅行社财务又随时会面临处理数量繁多的团队应收应付账，如果采用传统的手工记账，就容易出现许多漏洞和弊端，就无法保证旅行社的生产经营和发展壮大。旅行社应建立科学严密的财务管理系统，将财务软件与旅行社的业务管理数据库互联互通，共享业务管理系统，把财会人员从繁杂的账务处理中解放出来，及时清算团队应收应付款，堵住多支、重复支出等漏洞，严格控制对外支出，及时提供统计和对比数据，随时调整市场和管理策略等，提高旅行社财务管理的工作效率。

四、旅行社财务常用表格

表 9.1 ______旅行社借款单

年 月 日

借款人:	部门	
借款事由:		
借款金额(大写) 币: 仟 佰 拾 元 角 分 ¥: ______		

审批: 借款人盖章

表 9.2 ______旅行社领款单

年 月 日

兹向出纳领取______________(款项内容)
人民币 万 仟 佰 拾 元 角 分 ¥: ______
审批: ______ 经办: ______ 领款人: ______(盖章)

表 9.3 中国国际旅行社 分(支)社

旅游团(者)费用拨款结算通知单

台核 年 月 日 编号______

总社计划号						
旅游团(者)名						
旅行等级						
外宾 到离时间						
项目			拨款结算			
旅游团综合服务费用	综合服务费拨款		天数 单价	人数 金额	— —	—
	夜房费					
	晚餐到达后或未用早餐离开的接送费					
	计划内加拨款	风味餐费				
		去______(地点)费用				
	旅行团(者)综合服务费合计					

表 9.3（续）

外宾交通费	（乘坐划√）飞机、火车、轮船					
	去____（地点）					
			—			
外宾行李托运费						
全程陪同费用	全程劳务陪同费					
	交通费	（乘坐划√）飞机、火车、轮船去____（地点）				
	共餐费	早　人次 午　人次 晚　人次	—		—	
	房费	进店时间　月　日　时 离店时间　月　日　时			____间	
	全程陪同费用合计					
拨款结算合计						
备注						

［资料来源］程遂营，刘荣主编．旅行社经营管理［M］．郑州：郑州大学出版社，2002：235 －255.

表 9.4　　　　______旅行社司导报销单

团号		单位		共　人	内宾　人　外宾　人				
日期	自　月　日起至　月　日止			司机：	导游：		联系人：		
房费		养路费		汇款或支票承付费用			沿线签单		金额
餐费及饮料费		燃料费		收款单位	用途	金额	应付单位	用途	
城市间交通费									
出租车（停车费）									
机票（机场税）									
代办费									
门票									
电话费		劳务费							
船费		司机津贴							
修理费		导游差费							
小计		小计		小计			小计		
实报单据　张	合计金额大写						签单合计		
预交旅游费		元	全部成本总计　元			毛利		毛利率	%

主管核准：　　　　复核：　　　　结算人：　　　　　年　月　日

［资料来源］程遂营，刘荣主编．旅行社经营管理［M］．郑州：郑州大学出版社，2002：235 －255.

表 9.5　　国旅综合服务费结算标准

地　点	综合服务费（扣除餐费）
用早餐（7 时）地点	33%
用午餐（12 时）地点	34%
用晚餐（18 时）地点	33%

［资料来源］程遂营，刘荣主编．旅行社经营管理［M］．郑州：郑州大学出版社，2002：235 －255.

表 9.6　　中旅综合服务费结算标准

抵达当地时间	百分数	离开当地时间	百分数
0：01—9：00	100%	0：01—9：00	20%
9：01—1：00	85%	9：01—11：00	30%
11：01—3：30	70%	11：01—13：30	60%
13：31—7：00	45%	13：31—17：00	80%
17：01—9：30	35%	17：01—4：00	100%
19：31—4：00	15%		

［资料来源］程遂营，刘荣主编．旅行社经营管理［M］．郑州：郑州大学出版社，2002：235 －255.

表 9.7　　青旅综合服务费结算标准

停留时间数	综合服务费（扣除餐费）
4 小时以内	按 10 小时结算
4~10 小时	按 15 小时结算
11~18 小时	按 18 小时结算
18 小时以上	按实际停留小时结算
去外地一日游当天返回住地的外地接待旅行社	按 16 小时结算

［资料来源］程遂营，刘荣主编．旅行社经营管理［M］．郑州：郑州大学出版社，2002：235 －255.

表 9.8　　旅行团在途费用报销单

团于　　月　　日在　　　入境（集中）　　月　　日在　　　结束

序号	费用项目	单据张数	金额（人民币）	备注
1	膳食			
2	茶水			
3	房租			
4	市内交通费			
5	长交车（机）费			包括购票手续费
6	邮电			
7	途中住勤补贴			
8	机场建设费			
9				
10				
合　计				
实报金额	人民币（大写）	仟　　佰	拾　　元	角
向社借	人民币（大写）	仟　　佰	拾　　元	角
应补或应退	人民币（大写）	仟　　佰	拾　　元	角

主管批示：______　复核：______　报销人：______　______年____月____日

表 9.9　　　　报价单（旅华日程及其收费表）

旅行团名称　　　人数　　等级　　　日期

<table>
<tr><td rowspan="2">天数</td><td rowspan="2">日期</td><td rowspan="2">星期</td><td colspan="2">离开</td><td colspan="2">抵达</td><td rowspan="2">城市间交通费</td><td rowspan="2">宾馆名称</td><td rowspan="2">房费</td><td rowspan="2">其他附加费</td></tr>
<tr><td>时间</td><td>城市</td><td>时间</td><td>城市</td></tr>
<tr><td>1</td><td>月　日</td><td></td><td></td><td></td><td></td><td></td><td></td><td></td><td></td><td></td></tr>
<tr><td>2</td><td>月　日</td><td></td><td></td><td></td><td></td><td></td><td></td><td></td><td></td><td></td></tr>
<tr><td>3</td><td>月　日</td><td></td><td></td><td></td><td></td><td></td><td></td><td></td><td></td><td></td></tr>
<tr><td>4</td><td>月　日</td><td></td><td></td><td></td><td></td><td></td><td></td><td></td><td></td><td></td></tr>
<tr><td>5</td><td>月　日</td><td></td><td></td><td></td><td></td><td></td><td></td><td></td><td></td><td></td></tr>
<tr><td>6</td><td>月　日</td><td></td><td></td><td></td><td></td><td></td><td></td><td></td><td></td><td></td></tr>
<tr><td>7</td><td>月　日</td><td></td><td></td><td></td><td></td><td></td><td></td><td></td><td></td><td></td></tr>
<tr><td>8</td><td>月　日</td><td></td><td></td><td></td><td></td><td></td><td></td><td></td><td></td><td></td></tr>
<tr><td>9</td><td>月　日</td><td></td><td></td><td></td><td></td><td></td><td></td><td></td><td></td><td></td></tr>
<tr><td>10</td><td>月　日</td><td></td><td></td><td></td><td></td><td></td><td></td><td></td><td></td><td></td></tr>
<tr><td>11</td><td>月　日</td><td></td><td></td><td></td><td></td><td></td><td></td><td></td><td></td><td></td></tr>
<tr><td>12</td><td>月　日</td><td></td><td></td><td></td><td></td><td></td><td></td><td></td><td></td><td></td></tr>
<tr><td>13</td><td>月　日</td><td></td><td></td><td></td><td></td><td></td><td></td><td></td><td></td><td></td></tr>
<tr><td>14</td><td>月　日</td><td></td><td></td><td></td><td></td><td></td><td></td><td></td><td></td><td></td></tr>
<tr><td>15</td><td>月　日</td><td></td><td></td><td></td><td></td><td></td><td></td><td></td><td></td><td></td></tr>
<tr><td colspan="7">综合服务费（合计）：</td><td colspan="4">城市间交通费：</td></tr>
<tr><td colspan="7">过境费：</td><td colspan="4">房费（合计）：</td></tr>
<tr><td colspan="7">保险费：</td><td colspan="4">风味餐费或餐费：</td></tr>
<tr><td colspan="7">超公里费：</td><td colspan="4">特殊项目费用：</td></tr>
<tr><td colspan="7">游江湖费：</td><td colspan="4">不可预见费：</td></tr>
<tr><td colspan="7">特殊门票：</td><td colspan="4">每人总包价：</td></tr>
<tr><td colspan="7">报价人：</td><td colspan="4">审核人：　　　　报价时间：</td></tr>
<tr><td colspan="11">备注：</td></tr>
</table>

［资料来源］程遂营，刘荣主编．旅行社经营管理［M］．郑州：郑州大学出版社，2002：235－255.

第二节　经营风险管理

任何经济活动都是在各种各样的风险情况下得以完成的。由于自然因素和非自然因素的影响，旅行社筹集的资金要尽快用于经营活动博取盈利，它们无疑也存在着大量的经营风险。这些风险不但会给旅行社带来收益上的损失，甚至还会造成企业的破产。特别是新增的旅游投资项目，旅行社一定既要考虑项目建成后的投资回报，又要考虑由此可能带来的风险，尽量在风险和报酬之间谋求某种平衡。因此，经营风险的管理便成为旅行社经营活动中的一项重要内容。

一、旅行社经营风险的概述

（一）风险的概述

1. 风险的概念

风险是指在一定条件下和一定时期内可能发生的各种结果的变动程度。如价格、销量、成本等都可能发生我们预想不到并无法控制的变化。

2. 风险的特点

（1）风险具有客观性，它是事件本身的不确定性。特定投资的风险大小是客观的，而是否去冒风险及冒多大风险是可以选择的，是由主观决定的。

（2）风险具有一定时期性，它是随时间的延续而改变大小。对特定投资项目预先估计风险不太准确，越临近完工估计越准确，因而风险是“一定时期内”的风险。

（3）风险既可能给投资人带来超出预期的收益，也可能带来超出预期的损失，投资人一般更加关注意外损失。对待风险的态度是有区别的，投资人一般不愿意做只有一半成功机会的赌博。

（4）风险和不确定性有区别。因为风险是指事前可以知道所有可能的后果及其概率；而不确定性是指事前不知道所有可能的后果，或虽然知道可能的后果却不知道其出现的概率。

（二）旅行社经营风险的概述

1. 旅行社经营风险的概念

旅行社的经营风险是指旅行社在经营过程中发生某种不利事件或损失的各种可能情况的总和。

2. 旅行社经营风险的特征

（1）旅行社经营风险的存在是客观的，其大小是可以估测或度量的；

（2）旅行社经营风险的存在需要一定的时空条件；

（3）旅行社的经营风险可以防范；

（4）旅行社经营风险的发生将会影响旅行社经济效益。

（三）旅行社经营风险的类型

1. 根据人们对风险的认识程度不同，旅行社经营风险可以分为：

（1）主观风险。主观风险是人们对某种经营活动产生风险的心理反映。

（2）客观风险。客观风险是在特定的经营环境中，某种活动的实际绩效与预期绩效的变动程度。

2. 根据损失的性质不同，旅行社经营风险可以分为：

（1）纯粹风险。纯粹风险是指只有损失机会而没有获利机会的风险。

（2）投机风险。投机风险是指既有损失机会，也有获利机会的风险。

3. 根据损失环境的不同，旅行社经营风险可以分为：

（1）静态风险。静态风险是指旅行社在常规环境下，由于自然环境的变化或者人们的经营行为失误所产生的风险。

（2）动态风险。动态风险是由社会经济环境变动而产生的风险。它是由旅游市场需求的变化、旅行社组织结构、技术结构、国家对旅行社经营政策的变动所引起的。

一般情况下，静态风险企业容易控制，它所造成的损失影响面小；动态风险企业难以控制，它所造成的损失影响面大。

4. 根据企业管理内容的不同，旅行社经营风险可以分为：

（1）市场风险。市场风险是指那些对旅行社产生影响的因素引起的风险。如战争、经济衰退、通货膨胀、高利率等。

（2）投资风险。投资风险是指旅行社投资新的旅游项目引起的风险。

（3）财务风险。财务风险是旅行社因借款而增加的风险，是筹资决策带来的风险，也叫筹资风险。

（4）人事风险。人事风险是旅行社从业人员的行为指向偏离组织期望和目标或由于从业人员的行为违背客观规律、越轨等给旅行社造成的损失或损害。

二、旅行社经营风险的识别

（一）旅行社风险的识别

1. 损失对象

损失对象，是旅行社风险识别的首要内容。主要解决旅行社风险是什么的问题。

（1）旅行社财产损失

①有形财产。有形财产是由动产与不动产两部分组成的。

②无形财产。无形财产是旅行社信息、版权、专利权、许可证权、租赁权等由所有者独占的财产。

有形财产会因物质损坏或不正确使用给旅行社带来损失；无形财产则会因非法使用而使旅行社受到损失。

（2）旅行社净收入损失。旅行社净收入损失是指旅行社销售收入减少或销售费用增加，以及两者同时发生变化而形成的损失。如：意外事故造成旅行社经营中断，或者因不能如期收回应收账款使得旅行社收入减少等等，都会造成旅行社净收入的损失。

（3）法律责任损失。法律责任损失是旅行社经营过程中由于意外事故的发生承担各项法律责任而形成的损失。

①刑事责任。刑事责任损失是违犯国家刑法的犯罪行为所负的责任损失。

②民事责任损失。民事责任损失是旅行社无正当理由而不履行合同或各项民事义务，对他人造成损害而形成的经济赔偿损失。

2. 损失的原因

损失原因，主要解决旅行社为什么产生风险的问题。造成旅行社损失的原因一般有自然、人为和经济三种情况。

3. 损失的数量

损失数量，主要解决风险的程度问题，是旅行社识别风险损失严重程度的重要因素。如果某种事故给旅行社经营活动带来一定的负面影响，旅行社必须估算这种风险损失的大小并采取相应的对策。

4. 损失的单位

损失单位，主要解决谁受损失的问题。旅行社某种风险所造成的损失可能是个人，也可能是部门和企业。

（二）旅行社经营风险的识别方法

1. 风险调查分析法

风险调查分析法，即旅行社通过现场观察和请教专家获得各种信息来识别经营风险的一种方法。

2. 财务报表分析法

财务报表分析法，即旅行社通过研究与分析资产负债表、损益表和现金流量表来识别经营风险的一种方法。

三、旅行社风险管理的目标

旅行社经营风险的管理目标有：着眼于风险防范的损失发生前的风险管理目标和着眼于恢复生产与经营的损失发生后的风险管理目标。

（一）损失前风险管理的目标

1. 节约成本费用

风险管理的一项重要工作是避免产生不必要的成本费用，控制由于处理损失而形成的额外成本费用。旅行社必须对成本与费用进行合理的控制，降低经营风险，增加旅行社经营利润。

2. 满足外部要求

旅行社如果处理不好政府的各项规定、旅游者的特殊要求、环境的保护、相关企业的合作关系等，都会使旅行社产生经营风险。旅行社必须满足外界的基本要求，避免影响旅行社的社会形象，造成旅行社的声誉损失和经济损失。

3. 合法经营

旅行社必须有效运用各种法律规定，在法律与制度许可的范围内从事各种经营活动。否则旅行社就会因受到罚款、控告而产生损失，增加经营风险。

（二）损失后风险管理的目标

1. 继续经营

旅行社如果产生经营损失还不足以造成企业破产，那么旅行社就要识别不允许中断的经营活动、可能中止的意外事故或经营风险，采取继续经营防止经营损失的进一步发展。旅行社还可以巩固与旅游者之间的关系，防止旅游者转向竞争对手。否则旅行社客源市场占有率将会降低，对企业所造成的经营损失将扩大。

2. 稳定营业收入

旅行社如果在产生经营损失后还可继续经营，旅行社就要通过合理运用保险及其他风险转移技术，将经营收入的波动控制在计划范围之内，降低经营风险。

3. 社会责任

旅行社如果在产生经营损失后，还未影响企业营业收入的稳定，那么旅行社的管理者或经营者就应自觉地承担一定的社会责任，努力将各种社会利益损失减少到最低限度内，从而保证旅行社良好的市场形象和社会形象。尽量减少对旅行社、企业员工、旅游者以及其他相关企业的利益损失。

四、旅行社风险管理的组织

（一）完善旅行社的风险管理组织

1. 建立风险经理岗位责任制

较大旅行社的风险经理由分管财务的副总经理兼任或领导，中、小型旅行社由总经理或副总经理直接兼任风险经理，对旅行社风险管理过程承担主要责任。

（1）控制旅行社风险管理全过程。主要包括掌握风险管理计划，制定指导风险管理政策，合理分配风险管理成本，合理反映风险差异，促使部门实现风险管理目标。

（2）合理运用风险管理技术。有效运用回避、预防、结合、转移等一种或几种风险管理技术、控制方法、风险管理政策，帮助各部门经理解决问题；计算并控制各种备选风险控制技术的成本和收益，发展较优的成本—效益控制技术；估算控制不同风险财务技术的成本与收益，发展低成本、有成效的风险财务方法，控制企业风险损失。

2. 风险管理的内部组织系统

在旅行社最高管理层的控制与指挥下，以专业风险管理部门为中心，组织各经营和管理部门共同实现风险管理目标的完整体系。

（1）财务部门。主要加强与财务部门的合作，有效控制经营风险。因为一方面，财务活动的各种记录和数据提供了各种经营损失的信息。如死账及账面评估可以提供资产、经营收入的潜在损失；各种票据可以提供资金使用与支出情况；资金负债表可以提供潜在经营风险情况等。另一方面，财务部门的管理制度如果不健全，也会造成资金和有价资产的损失。

（2）销售部门。主要加强与外联和计调部门的合作，实现风险管理目标。因为旅行社的外联部和计调部在产品销售过程中，会发生产品质量不良、服务质量不高、过分的广告宣传等问题；而客源市场的变动、旅游者消费习惯的变化、市场竞争状态的变化、旅游价格的变动，会产生收入与利润的损失等经营风险。

（3）接待部门。主要加强与接待部门的配合，了解可能引起损失的各种自然和非自然的因素，杜绝或降低发生幅度和频率，控制企业风险损失。因为旅行社在接待旅游者的活动中，会产生旅游者受到人身伤害、财产损失，以及由于旅游活动中断、服务质量失控所引起的投诉及经济赔偿等经营风险。

（4）人事部门。主要加强与人事部门的合作，做好人事记录，处理好人才的岗位培训、在岗培训、人才管理、福利计划和职务提升等事项，控制企业人事风险。因为人员是人事风险的始作俑者，人事风险有较大的隐蔽性和突发性，人事风险的大小与当事人的职位正相关，人事风险不可向企业外部转移；而旅行社又是以提供旅游服务为主要职能的企业，其人员的使用及人才的管理更是人事风险管理的关键所在。

（二）控制旅行社的风险管理

1. 建立控制标准

旅行社应将风险管理的目标具体化，建立控制标准。

（1）活动标准。活动标准是通过管理对象为取得预期目标所付出的努力程度来表现的。

（2）效果标准。效果标准是通过风险管理实际效果的数量化来表现的。

2. 对比标准与结果，调整标准或纠正行为

旅行社应根据风险管理标准与实际执行情况结果的对比，来控制风险管理。实际执行情况有低于标准、高于标准和与标准一致三种结果。

（1）如果是低于标准，就需要改进执行行为或调整不合理的标准值来加以纠正；

（2）如果高于标准就要对标准进行修改，使其能科学地反映风险管理控制的基本要求。

通过对比分析，旅行社应着眼于未来更好的发展，积极采取有效措施，纠正执行行为，切实进行风险管理。

五、旅行社的危机管理

（一）危机管理

1. 危机及危机管理

危机（Crisis）来源于希腊语中的krineim，其原始涵义是筛选。所谓危机是指干扰（企业）事务自然流程的任何事件。危机管理理论认为，危机是事物的一种不稳定状态，在危机到来时，当务之急是要实行一种决定性的变革，针对危机进行干预和处理。

2. 危机处理原则

（1）一切处理程序主要为减低事件的危害性；

（2）要以人身安全为大前提；

（3）注意环境及其安全问题；

（4）尽量使组织正常运作，让公司成员能在处理危机的经验中成长；

（5）事件平复后，可以变得更坚强、更有智慧。

（二）旅行社的危机管理

1. 危机表现形式

（1）产品危机。我国旅游产品短缺，重团队、全包价、文化观光，轻度假、商务、散客及其他特种旅游产品，好不容易推出的产品容易被大量复制模仿，竞争无序，利润低下。

（2）价格危机。我国旅行社数量增加，门槛又低，恶意低价竞争；加之旅行社综合实力有限，采购的旅游产品价格偏高，加剧了价格危机。

（3）突发事件和隐患事件危机。突发事件危机是指那些毫无警示而突然降临的危机，如地震与洪水等自然灾害、经营场所内的暴力事件、突发性食物中毒以及火灾等。公司需要预料突发性危机，并确认哪些危机可能会发生并制定计划以防万一。突发事件危机是对旅行社的应变能力、经营者的决策能力和全体员工的综合素质等的全方位考验。隐患事件危机包括上司的性骚扰、违反安全规定导致罚款或法律诉讼、违反健康法规、防火条例等。隐患性危机可以通过良好的管理来消除。

2. 危机管理过程

（1）危机预防。旅行社的脆弱性、容易受到外部政治、经济环境的影响等要求旅行社必须做好预防工作。

①进行危机教育。要求全体员工树立危机意识和主人翁责任感，在旅行社服务质量上精益求精，在售后服务上随时处理顾客的意见和问题，全力提高旅行社的产品质量和信誉度。

②成立危机管理机构。要求掌握危机管理情报和外界的动态信息，及时预测、预防危机的发生；超前计划，超前分析，制定危机处理措施；危机发

生后迅速处理。

③建立危机预警系统。建立顾客访问制，通过电话访谈、质量反馈、问卷调查等方式，及时收集各种危机先兆，如受到政府和新闻媒介的严密监督和关注、频繁发生各种问题、投诉增加等，全面真实反映旅行社的经营状态和在公众心目中的形象，并向危机管理机构汇报。

（2）危机处理。旅行社管理人员一方面要沉着镇静，收集资料，弄清事实真相，针对不同情况，选用危机处理策略，如危机终止策略、危机隔离策略、危机排除策略、危机利用策略等。另一方面还应做到：

①坚持诚实和透明，不施加新闻管制。建立信息中心发布信息，其他组织如警察机构、航空公司、饭店协会、旅行社协会等也要及时提供信息。

②安全保障得力。采取措施结束危机和提升安全水平，加强内部沟通。

③展开市场调查。了解危机原因和媒体报道，迅速反馈宣传部门。

（3）危机总结和事后恢复。旅行社应做好详细、全面的总结和事后对造成的损失和影响的评估和补救。既要总结经验，以备不测时作参考；又要总结教训，借此检验平时预防措施是否到位。

（4）危机反馈。旅行社应针对以前的预防系统，进行失误修正，建立一个新的更有效的预防机制。

案例1：

危机信息管理

危机管理指采取各种预防措施阻止负面事件的发生。艾里克·伯格曼（Eric Bergman）认为在危机管理中应更多关注管理和沟通问题而不是危机本身。罗伯特·爱尔万（Robert Irvine）认为危机分为：突发性危机和隐患性危机。

危机信息管理应做到：

1. 公司应指定一名发言人，并指示其他雇员把新闻界引领到发言人那里。确保公司发布基于事实的、前后一致的事件情况。

2. 发言人必须收集事实并根据事实说话。

3. 如果饭店、旅行社有公关机构，让它与外部人士打交道。

4. 公司应该在危机发生时通知媒体，并且保证其不断收到事件进展的消息。

危机发生后，管理人员应该分析形势：危机的发生能否阻止？如果可以，怎么做？工作人员是否以一种有组织的和互动的方式行动？与媒体是否有良好的沟通？从中可以学到哪些经验？

表 9.10　　　危机沟通中的“应该”和“不要”的注意事项

应　该	不　要
应该有一项包括自然灾害、保安漏洞、安全问题以及罢工等的危机管理计划	不要等到危机出现时才制定计划
应该经常更新计划	不要等到危机出现时才训练员工
应该定期训练雇员并将训练过程形成记录以备法律目的之用	不要把受伤者当作累赘
应该立即照料伤者并拨打 911 求助	不要等到被调查时才承认错误
应该与所有的政府机构充分合作	不要提出支付受伤人员的医疗费用
应该在任何时候备有一位发言人以讨论危机问题，一般是总经理	不要对任何人说出内部记录
应该真实地和权威地发言	不要使用饭店行话发言
应该向媒体提供真实情况并注意截稿时间和工作职责	不要大肆渲染的描述
应该让客人了解情况	不要对记者说“无可奉告”
应该向受危机影响的雇员表示关心	不要偏袒某些记者，注意一视同仁
应该证实打电话询问者的身份	不要不回应任何质疑或负面印象
应该在必要时加强保安；保安措施应做得非常到位，使得宾客放心	不要让电话交换台、前台和任何其他雇员回答问题
应该对公开的消息做详细记录	不要在电视台记者面前表情呆板
应该在无法回答问题时说点什么，并且给个理由，例如“我还没有那方面的消息”	不要让指定的发言人之外的任何人对媒体谈话
应该着手更新信息或召开新闻发布会	不要在被提问时戒心重重
应该在有关报道不够准确时向记者提出意见	不要说出受伤者的名字
应该表示对顾客安全的关注；强调过去的安全记录	
应该在工人罢工后宽恕并取消强制措施	
应该发起一次具有积极意义的后续行动	
应该复查保险措施，包括营业中断保险	
应该接听前台、电话交换台及预订中心转来的关于危机问题的电话	

［资料来源］科特勒等．旅游市场营销［M］．谢彦君译．北京：旅游教育出版社，2002：634－636.

案例 2：

旅行社跳槽事件

1995 年，中国青年旅行社总社欧美部的 10 余名业务骨干，未经批准及办理有关手续，便集体跳槽加入了中国旅行社总社并将其在工作中使用、保管的青旅客户档案大部分带走。中旅用这些人组建了中旅欧美二部，致使青旅的国外客户在一周内纷纷以种种理由取消了原订8月至12月的旅游团151个，占原订团队总数的2/3，导致青旅减少计划收入2000多万元，并损失经营利润300多万元。

［资料来源］李云霞，杨叶昆主编．旅行社经营管理［M］．重庆：重庆大学出版社，2002：201.

第三节　战略管理

战略管理的概念始于20世纪60年代，企业偏重制定战略规划；20世纪70年代末80年代初，企业意识到战略实施比战略计划、战略方案设计更重要。于是，企业为了最终实现战略目标，既要重视战略的制定，注意战略的灵活性、适应性；更要重视战略的实施，注意调整内部结构适应战略实施。

一、战略管理的概述

（一）战略管理的概念

旅行社战略管理是指旅行社对形成战略目标、制定并实施战略方案的全过程进行计划、组织、指挥、协调、控制的活动。大致分为战略规划和战略实施两个阶段。

（二）战略的要素

狭义的战略要素有：

1. 经营范围

经营范围是指旅行社的生产经营领域，反映旅行社与其外部经营环境相互作用的结果。旅行社应根据行业特点、产品特色、市场需求确定经营范围，如选择并细化出境旅游服务、入境旅游服务、国内旅游服务。

2. 资源配置

资源配置是指旅行社的各种资源配置的水平和模式。旅行社应根据外部环境变化对其进行恰当的调整，采取有效的战略行动。

3. 竞争优势

竞争优势是指旅行社的不同于竞争对手的市场竞争地位，可能是产品和市场的地位，也可能是旅行社对某种特殊资源的有效运用。

4. 协同作用

协同作用是指旅行社经营决策中获得的综合效果，包括投资、作业、销售和管理等方面的协同作用。

（三）战略的层次

旅行社战略在大中型旅行社中，一般分为旅行社总体战略、经营单位战略、职能部门战略三个层次。

1. 旅行社总体战略

总体战略又称为公司层战略，主要完成公司的使命、方针、总体目标、事业组合等重大问题。当旅行社经营范围大，拥有两种或两种以上的事业单位时，就需要根据经营目标，选择经营领域，合理配置资源，相互分工协调，实施公司战略；当旅行社规模较小时，一般不需要公司战略。

2. 事业层战略

事业层战略是在总体战略指导下，旅行社为完成整体战略规划而制定的本事业单位的战略计划。重点在于如何完成旅行社的使命，旅行社发展的机会和威胁分析，内在条件分析，事业层战略的重点、战略阶段和主要战略措施。

3. 职能层战略

职能层战略是职能部门为支持事业层战略而制定的本职能部门的战略。重点解决本部门如何落实事业层战略的行动。一般可以分为人力资源战略、生产战略、营销战略和财务战略等。

以上三个层次的战略适应了企业的事业部制组织结构，各管理层充分协商、密切配合，共同构成了企业的战略管理层级系统。

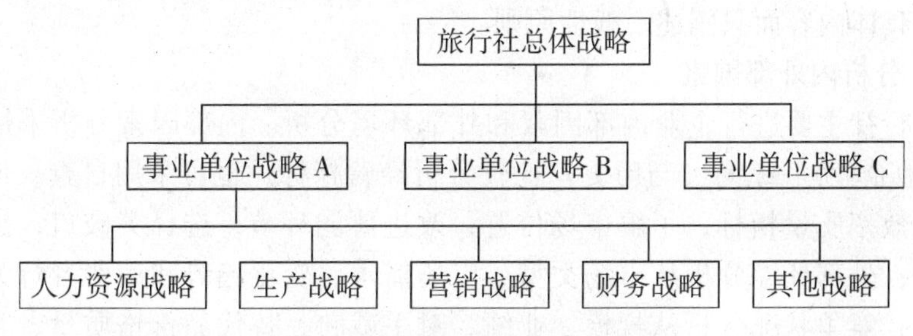

图 9.1　战略管理的层次结构

（四）战略管理的原则

1. 前瞻性

战略管理是旅行社在相当长的一段时间内发展的根本性规划，是对旅行社未来发展的一种规划和指导。因此战略管理应对未来进行合理的预测，才能够指导企业的发展。

2. 灵活性

旅行社的未来具有很大的不确定性，管理决策者无法对未来进行十分准确的预测，旅行社的战略管理必然会受到科学技术的发展、市场需求的改变、竞争条件的变化以及各种突发事件等的综合影响。因此旅行社在制定战略计划时应预留一定的调整空间，才能够适应未来的变化。

3. 综合性

旅行社的战略管理涉及到企业内部各部门、外部各方面，具有很强的综合性。旅行社在制定和实施战略计划过程中，应注意协调好各部门、各环节的配合，齐心协力实现企业的战略目标。

4. 长期性

旅行社的战略管理不是一蹴而就的事情，需要旅行社全体员工长期的共同努力，更需要一大批企业管理者持续的努力，才能够显现成效。

（五）战略管理的程序

旅行社的战略管理有战略规划和战略实施两大阶段，每阶段又有许多不同环节。旅行社要完成战略管理一般经历以下程序：

1. 确立企业使命

旅行社主要需要确立企业的组织哲学和组织宗旨。组织哲学解决价值观、信念和行为准则，打造企业文化，稳定员工队伍，激励员工为企业目标而奋斗；组织宗旨解决组织的性质、所属行业、行业地位和企业形象，并不断确认组织宗旨。旅行社应充分利用企业广告、简介、汇报、交流、培训等机会，宣传企业使命。

2. 制定发展方针

旅行社应根据企业使命确定自己比较明确的发展方针，注意避免空想、不涉及具体内容而只阐述一般性原则。

3. 分析内外部因素

旅行社主要进行企业内部因素和外部环境分析。内部因素分析采用横向（与其他企业）、纵向（与历史）比较分析经营指标，也可采用自查、他查结合分析效率质量指标，了解市场位置，改进薄弱环节，选择突破口，提高管理水平；外部环境分析从市场类型、市场需求、变化趋势和消费者行为等方面进行；竞争状况分析从规模、业绩、对手威胁、替代品价格质量、客户讨价还价能力等方面进行。

4. 制定战略目标

战略目标是企业在完成基本使命的过程中所追求的最终结果。旅行社应结合自身条件，分析市场状况和竞争者状况，制定企业的成长目标、收益性目标、社会性目标等战略目标，从而使企业的使命更加明确化、具体化。

5. 确定战略重点

旅行社应重点解决经营中那些对目标实现极为重要，而且又是企业中较为薄弱的环节；同时也不忽略虽不是企业的薄弱环节，但却是企业的竞争优势所在或未来发展重点的环节。

6. 制定战略方案

旅行社应对战略目标进行分解，依据战略重点规划各种资源配置方案、选择战略步骤等，战略决策者也可以制定若干方案以备选择。

7. 评价战略方案

旅行社应对各种方案的利弊、可行性进行综合评价，并从中选择出一个最优方案，作为企业的最终战略计划。

8. 战略实施准备

旅行社应做好战略实施的计划准备、组织准备、资源准备。计划上明确由谁执行计划以及怎样成功实施战略；组织上调整企业组织结构，分清权责利，培养关键岗位后备人才；资源上统一配置人力资源、资金、设备设施等，做好预算，筹措资金。

9. 战略实施推进

旅行社按照预先制定的战略计划向战略目标不断推进，结合日常管理工作，对战略管理制度化，努力营造良好的经营环境，充分发动全体员工，不断监督、管理、校正员工工作，确保战略目标实现。

10. 战略实施评审与控制

战略实施评审与控制是动态过程，包括期望结果、实施评价、发现差距、改进措施、实施提高等阶段。旅行社应经常进行战略实施评审与控制，确保完成计划目标。

二、战略分析

旅行社战略分析应建立在充分掌握信息的基础上，确定战略目标、整合旅游资源、选择战略方案。旅行社的外部环境分析包括对政治法律、经济、技术、社会文化等宏观环境和行业性质、竞争者状况、消费者、供应商、中间商等微观环境的分析；旅行社的内部资源分析包括对有形资源、无形资源、公司能力的分析。

（一）外部环境分析

1. 宏观环境分析

旅行社的宏观环境包括政治法律环境、经济环境、技术环境、社会文化环境和自然环境。

（1）政治法律环境。政治法律环境是指一个国家或地区的政治制度、体制、政治形势、方针政策、法律环境等。旅行社在制定战略时应充分考虑政府政策的长期性和短期性，有效运用国家、行业的政策法律以及相关规定等。

旅行社业相关法律体系：国家立法机关颁布的法律如《民法》、《合同法》、《反垄断法》、《反不正当竞争法》、《消费者权益保护法》、《环境法》等，国务院颁发的法律如《旅行社管理条例》、《导游人员管理条例》等，旅游行政管理机关颁发的部门法规如《旅行社管理条例实施细则》、《旅行社管理质量保证金暂行规定实施细则》等，各地方性法规等。

旅行社业重要政治法律变量：政府管制和解除、产业政策、出口退税、劳动保护法、公司法、合同法、财政和货币政策变化、外交状况、特殊的地方和行业规定等。

（2）经济环境。经济环境是指旅行社经营过程中所面临的各种经济条件、经济特征、经济联系等客观因素，包括国民生产总值的变化、人均收入、消费品购买力、人口总数量、人口结构、价格、经济基础设施等。

旅行社业重要经济变量：经济转型和经济体制改革、可支配收入水平、贷款难易程度、居民消费倾向、利率规模经济、通货膨胀率、消费模式、货币市场利率等。

（3）技术环境。技术环境是指一个国家或地区的技术水平、技术政策、新产品开发能力以及技术发展的动向等。旅行社应关注所在行业的技术发展动态、竞争者技术开发、新产品开发方面的动向。

旅行社业重要技术变量：影响消费者行为方式的技术手段、最新技术动态、技术成本变化、产品技术应用、技术投资增长速度、技术持续性应用等。

（4）社会文化环境。社会文化环境是指一个国家或地区的民族特征、文化传统、价值观、宗教信仰、教育水平、社会结构、风俗习惯等。旅行社要充分考虑尊重社会文化传统中较为稳定和难以改变的部分，同时对于可以变化的部分尽力将其向对自己有利的方向引导。

旅行社业重要社会文化变量：旅行社或行业的特殊利益集团、人均收入、国家和旅行社市场人口的变化、生活方式、对休闲的态度、购买习惯和购买方式、对外国人的态度、性别状况、社会收入差距等。

2. 微观环境分析

微观环境是指旅行社生存和发展的具体环境，是旅行社在日常经营中所关心的外部客观因素与条件。对微观环境的分析包括行业竞争状况、消费者、供应商、潜在进入者和替代品等方面的分析。

（1）对供应商的分析。供应商是向旅行社及其竞争对手提供所需的各种资源的组织机构或个人。主要包括景点景区业、交通部门、住宿接待业以及相关产业，旅行社既要设法与一些供应商尽力建立长期关系以获得稳定的供应渠道和某些优惠条件，同时也要避免对某个供应商的过分依赖。

（2）对购买者的分析。旅行社面对的市场主要是现有的潜在的购买者，旅行社要充分认识和了解购买者的需求内容、趋势和消费规律、特点，掌握购买者的规模结构、消费心理、消费习惯和消费层次，采取正确策略，实现旅行社的战略目标。因此，旅行社要认真对待普通旅游者和旅游客源地购买本地旅行社产品的旅游中间商，分析他们的讨价还价能力，采取恰当的旅游产品价格策略。

（3）对潜在进入者的分析。潜在对手是指那些目前尚未进入旅行社行业、却拥有开展旅行社业务实力并有可能在将来进入旅行社行业的其他行业的企业和个人。旅行社应构建市场进入壁垒，阻止新的旅行社进入。美国哈佛商学院的迈克尔·波特认为有规模经济、产品差异化、投资要求、转移成本、分销渠道、与规模无关的成本劣势、政府政策等资源方面的进入壁垒。

（4）对替代品的分析。替代品是指不同的企业制造的功能和用途相同或相近、能够相互替代的产品。狭义的旅游替代品主要指其他旅游目的地旅行社推出的与本地旅行社产品相似的产品；广义的旅游替代品是指除了前述产品外，还包括本地区内可以为购买者提供同样满足感和愉悦感的其他性质产品，主要指休闲产品，如运动产品、演出活动等。旅行社应充分考虑产品的替代程度、顾客转向替代品的能力、为防止顾客转换品牌和产品类型所提供额外服务的成本等。

（5）对行业竞争程度的分析。对行业竞争程度的分析主要表现为对竞争者的描述，是一个有关领先竞争者的目标、资源、市场力量和当前战略的基本描述。旅行社主要是对主要竞争对手的市场类型、财务、投资、人力资源管理、市场份额、降低成本、产品范围、定价和品牌等进行分析。现有旅行社的数量、规模及竞争的程度是制约旅行社生存和发展的重要因素。

（二）内部资源分析

旅行社内部资源分析从通过调查找出影响战略方向的资源进行分析；明确资源是企业的优势还是劣势；结合企业外部环境的分析结果，确定企业的战略地位，制定战略方案。

1. 旅行社内部资源分析

（1）人力资源要素。旅行社的人力资源包括旅行社管理人员的结构、一般职工的技术水平和工作热情、旅行社人事政策的实施效果、激励方法的效果、职工的流动性和出勤情况等。

（2）生产经营与技术要素。生产经营与技术要素包括旅行社产品整合和生产过程，如成本和供应情况、设备状况、日程安排、购买、质量、竞争力、产品创新、专利商标保护等。

（3）营销要素。营销要素包括旅行社营销的全部内容，如服务范围、产品销售集中程度、市场份额、产品发展潜力、产品生命周期、销售利润、促销手段及效果、市场调研效果、产品形象、售后服务等。

（4）财务会计。财务会计包括筹集资金、资本成本、税收情况、资产规模、成本控制、降低成本余地、成本预算和利润等。

（5）管理组织资源要素。管理组织资源要素包括一般行政管理职能内容，如组织结构、运行程序效率、战略计划、内部协调等。旅行社多数时候只是考虑对自己成功影响较大的少数要素，旅行社要找出导致经营成败的内部战略资源要素，找到内部资源的优势和劣势，发掘竞争力。

2. SWOT 分析法

在西方企业经常用 SWOT 分析企业的经营环境。

（1）S 代表“Strengths”，意为“优势”或“长处”；

（2）W 代表“Weaknesses”，意为“劣势”或“不足之处”；

（3）O 代表“Opportunities”，意为“机会”或“机遇”；

（4）T 代表“Threats”，意为“威胁”或“危险”。

SWOT 分析法是旅行社依据目标，将对旅行社的经营活动及发展有重大影响的内部战略要素及外部环境分析因素列在一张表上，并且根据所确定的标准对这些因素进行评价，从中判别出旅行社的优势和劣势、机会和威胁。旅行社根据判断结果确定和选择合适的战略。

表 9.11　　SWOT 分析表

优势	
因素	启示
管理方面 外联部门能力较强 市场及产品方面 休闲市场占有率逐渐上升	管理方面 适当考虑采取进攻型战略 市场及产品方面 增加对休闲市场的投资，提高投资报酬率
劣势	
管理方面 1. 组织结构按功能划分，而环境要按事业部划分 2. 部分中层管理者绩效不佳 市场及产品方面 1. 原有的川南线路过时，市场占有率下降 2. 峨眉山线路占某个市场销量的一半以上	管理方面 1. 逐步重组组织结构 2. 拟订专门培训计划，反思人力资源管理 市场及产品方面 1. 改造原有线路 2. 在保持基础上开发新的产品
机会	
因素	战略意义
市场方面 出境旅游需求持续上升 财务方面 有大量资金对旅行社业感兴趣	市场方面 研究进一步开发出境旅游市场 财务方面 寻找新的投资机会
威胁	
环境方面 市场进一步对外资开放，管理难度加大 竞争方面 石油涨价，票价上升，机票紧张	环境方面 加强区域化合作 竞争方面 降低成本，调整产品结构

旅行社通过 SWOT 分析结果，可以在战略地位评估矩阵中找到自己的位置，确定旅行社的优势和劣势，并选择相应的战略。

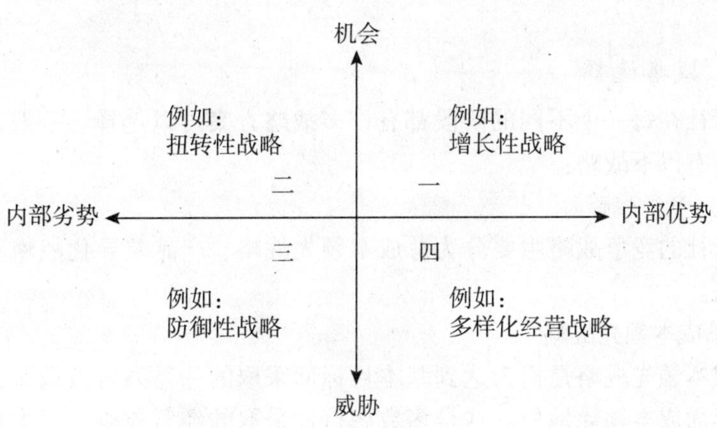

图 9.2　战略地位评估矩阵

三、战略目标确定

旅行社的战略目标是指由旅行社的管理者正式制定并在经营过程中努力实现的各种目标。旅行社分析外部经营环境和内部资源后，根据所得的分析结果确定或调整旅行社的战略目标。

（一）战略目标分类

1. 数量目标和质量目标

数量目标指标主要有：接待人数、接待人天数、营业收入总额、营业收入净额、营业成本总额、营业费用、管理费用、财务费用、利润总额等。

质量目标指标主要有：人均停留天数、接待人天收入、资本金利润率、营业利润率、全员人均的利润额、应收（应付）款占营业收入总额的比率、坏账占营业收入总额的比率等。

2. 长期目标和短期目标

长期目标指标主要有：盈利能力、市场份额或销售量、生产能力、产品、资本资源、物资设备、研究和创新、人力资源等。

短期目标是建立在长期目标基础之下的各目标之间的轻重缓急和优先考虑的领域。

旅行社内部各部门、各单位以及旅行社内部各部分的长期目标和短期目标应当以整个旅行社的长期目标为基础，旅行社任一层次的长期目标和短期目标应当与其较高一个层次的长期目标和短期目标相协调并服从它，从而形成完整一致的目标体系。

（二）战略目标整合

旅行社战略目标的种类和性质取决于旅行社的种类和性质。旅行社的战略目标主要由旅行社的宗旨和战略分析结果确定，包括了数量目标和质量目标、长期目标和短期目标组成的目标体系。

四、战略选择

旅行社在每一个不同的阶段都有许多战略方案可以选择。一般来说，旅行社主要有以下战略：

（一）竞争战略

旅行社的竞争战略主要分为总成本领先战略、产品差异化战略和目标集中化战略。

1. 总成本领先战略

总成本领先战略是指为达到基本目标而采取的一系列有效政策，实现全行业的全面成本领导地位。这是多数旅行社采取的经营战略，把大众市场作为目标市场，把最低成本作为目标，使自己的产品保持低水平的优势。

（1）优势

①用低价获取与其他旅行社同样的利润。

②因成本低而获取旅行社之间可能发生的价格战带来的收益。

③承受旅游服务部门价格提高能力较强。

④构建旅行社的产业竞争优势。

（2）缺点

①容易被竞争对手模仿或超越。

②可能只重降低成本，忽略游客需求兴趣。

③片面追求低成本，影响质量导致顾客流失。

2. 产品差异化战略

产品差异化战略是指旅行社通过创造一种在某个重要方面被游客认为具有独特性的产品来获取竞争优势。

（1）优势

①培养游客对旅行社的忠诚度。

②方便旅行社采购。

③提高旅行社产品销售能力。

④构建行业进入壁垒。

（2）缺点

①长期保持优势较难。

②长期维持顾客的产品忠诚度较难。

③不能适应顾客需求兴趣的变化。

④经营成本较高。

3. 目标集中化战略

目标集中化战略是指旅行社向某个或少数几个旅游细分市场提供适应市场需求的旅游产品。旅行社主要根据游客的地理位置、年龄阶段、收入状况、文化传统等因素将旅游市场分化为若干细分市场，并结合自身条件选择一个或几个细分市场作为服务对象。

（1）优势

①增强旅行社竞争优势。

②促进产品销售。

③整合产品结构。

④建立产品忠诚度。

⑤提高与潜在对手的竞争能力。

（2）缺点

①营业成本较高。

②灵活性不足。

③容易受到竞争对手的攻击。

（二）发展战略

旅行社应及时考虑增长问题或业务发展问题，要根据旅行社的特点选择密集型、一体化、多元化等发展战略。

1. 密集型发展战略

密集型发展战略是指在原有产品与市场客源的基础上，考虑旅行社战略经营单位的发展问题。旅行社主要通过市场深入、市场开发和产品开发等形式完成密集型发展战略。

（1）市场深入。市场深入是指旅行社不改变旅游产品的形式和客源市场的类型，只在现有客源市场上通过扩大市场占有率实现发展目标。主要措施有：提高顾客回头率、增加旅游天数、争取竞争对手的客源、吸引新客源以及潜在客源。

（2）市场开发。市场开发是指旅行社不改变现有的旅游产品形式，将现有的旅游产品推向新的客源市场。主要措施有：在现有客源市场中发展新的细分市场、开发新的客源市场。

（3）产品开发。产品开发是指旅行社不改变现有的客源市场，向现有的客源市场提供新的产品或经过改进的产品。主要措施有：提供新产品、提供改进产品。

2. 一体化发展战略

一体化发展战略是指旅行社采取各种形式的联合，提高旅游产品在生产、供应、销售等环节的经营效益。

（1）横向一体化。横向一体化又称为水平一体化，是旅行社通过争取其他旅行社的所有权或业务控制权，或通过某种形式的经营联合实现发展。旅行社水平一体化最常见的形式是网络化经营。

（2）纵向一体化。纵向一体化是指旅行社把吃、住、行、游、购、娱等前后业务关系的相关环节结合起来，进行整体经营和管理的一种成长战略。一般分为前向一体化和后向一体化两种。

①前向一体化。前向一体化是旅行社谋求对旅游产品的销售网络的控制，是通过收购或兼并旅游客源地的旅游零售商、中间商等形式来实现发展。

②后向一体化。后向一体化是指旅行社通过收购、兼并旅游饭店、旅游车队、旅游景点、旅游餐馆和各种娱乐场所等，拥有或控制旅游产品要素的供应系统实现发展。适于后向一体化的旅行社具有经营上年盈利水平高、发展空间和时机好的条件。

（3）混合一体化。混合一体化是指旅行社同时采取横向一体化和纵向一体化。旅行社既充分发挥两种战略的优势，又能够超越某些方面的劣势。但这样容易导致旅游资源的分散，造成规模不景气。

3. 多元化发展战略

旅行社的多元化发展战略主要有同心多元化、水平多元化和综合多元化三种。

（1）同心多元化。同心多元化是指旅行社对新市场、新顾客以原有的技术、特长和经验为基础，开发与原产品服务技术相似但用途不同的服务产品。如旅行社经营票务代理、信息传播、咨询服务等。

（2）水平多元化。水平多元化是指旅行社针对现有的市场和现有的顾客，采取不同的专业技术增加新业务。如经营餐馆、饭店、旅游车队、商场和娱乐场所等。

（3）综合多元化。综合多元化是指旅行社以新的业务进入新的市场。新业务与现有的市场没有任何关系。

总之，旅行社的多元化就有相关多元化和不相关多元化，前者更有利于旅行社扩展竞争优势，发展新行业，更容易成功。

案例3：

网络营销——上海春秋旅行社的战略选择

上海春秋旅行社树立以市场为中心的核心经营理念，坚持“市场定位、优质的服务、网络化的经营、艰苦奋斗的企业文化”，走特色化经营道路。尤其是它的网络化经营，把传统旅行社业务和现代化销售方法紧密结合起来，充分使用网络信息化手段统筹全国分社的运行，实现了个性化服务和规范化经营的结合。由于它的发展历程具有很强的中国特色，发展道路及经营经验为我国旅行社的发展提供了很高的参考价值。上海春秋旅行社已经连续七年被国家旅游局评为我国国内旅游百强之首。

20世纪90年代以来，我国公费旅游锐减、团队旅游下降、散客旅游渐增，散客市场出现很强的发展潜力。上海春秋旅行社迅速把发展目标定位在散客市场，重点经营散客成团的自费、长线、豪华、飞机旅游，并于1994年建立了电脑实时预订系统，准确、迅速、方便地处理各种旅游信息。目前上海春秋旅行社拥有22个直属分社、500多家网络代理，步入了旅游批发商的行列。

上海春秋旅行社的网络营销战略措施：

1. 立足于优势产品，开展互联网营销

上海春秋旅行社认为，旅游网要进入商务领域并做大做强，一律采用避开旅游线路产品的做法是不明智的。因为我国旅游批发商越来越多，旅游产品线路优势越来越强；旅行商可以实行批量定制生产、规模运作，经营包机、包船、包列车的食、住、行、游全包产品远比单项服务的价格优势大、利润空间高。因此上海春秋旅行社决定建立以旅行社为依托、有自主定位定价权的旅游网站，在产品运作中不但要注意合理发挥旅游线路营销优势、类型优势，而且要发挥旅游团队订票的规模优势，推动整个商务客的运作。

上海春秋旅行社紧紧依靠春秋旅行社产品、品牌、服务的优势，走一条“信息、访问人流、电子商务、资金整合发展”的道路。把自己原来的简易信息发布网站改建成旅游电子商务网站，推出了详细的、实时更新的旅游线路信息，包括价格、开班日期、游程安排、供应标准、商务订房、自助旅游产品预订等，并狠抓落实信息准确、预订方便、网下服务质量和预订成功率等。如：在上海市郊均有营业部，都能进行网上预订、网上支付、线下服务与跟踪、上门送票等，2001年营业额呈120万元、400万元、600万元的季度增长。

2. 发展区域合作，实行规模经营

上海春秋旅行社为了突破网络化经营和地方化服务的局限性，充分发挥互联网的优势，致力于在区域内寻找强者合作、优势互补，共创第一。利用春秋旅行社在北京、西安、广州、郑州、沈阳、杭州、南京、桂林、三亚等主要旅游城市均有分社的优势，形成了以之为中心的网络服务系统，并以此为基点，根据“我们帮助你成为当地的强者，我们选择当地的强者”的原则，与各地旅行社建立合作，迅速辐射到全国。如：扬州新闻旅行社，原来是经营散客业务的一家中等旅行社，1999年9月加入春秋南京区域网后，利用春秋网络优势，代理春秋旅游产品、代订国际机票、异地订房等，逐步形成了“在扬州要旅游找新闻旅行社最方便、最快捷”的品牌形象，博得了扬州散客出游第一名的成绩。正确的营销策略使春秋旅行社得到了长足的发展，1999年招徕游客40 000多人，网络营业收入6000多万元；到2000年的1—4月就达到了49 286人。截至2000年4月，春秋旅游网在全国拥有网络成员社200余家，其中上海区域有120余家。

3. 服务质量优先，塑造企业形象

春秋旅游网非常注重网上服务的内容、范围和品质上的含金量。通过调查研究确定了自己的服务对象为简化生活型和网上尝试型两类人，为之提供明确详细的信息和便捷的预订流程。对每条旅游线路都标明了具体的开班日期和该日的价格，写明相应的旅游安排和服务项目，并将涉及的旅游内容连接到图文并茂的景区景点介绍上；强调一次输入后的全盘服务，即游客输入预订信息后，网上付费、上门收费、送票、签订合同由旅行社专人跟进，绝不让游客有累赘的感觉。春秋旅游网还专门设立了“投诉问答”专栏，征询游客意见，重视服务质量的改进；并制定了一整套质量监督制度，配置了专门的质监人员每团必访、投诉必应。

上海春秋旅行社的网络营销战略成功经验：

1. 在互联网营销上，由于春秋旅游网以春秋旅行社为实体依托，能做到网上信息与网下真实的旅游产品相对应，信息真实、及时、有效。还能做到网上预订与网下跟踪服务相配合，游客输入预订信息后，网上付费、上门收费、送票、签订合同由旅行社专人负责跟进，这些做法树立了春秋旅游网的公众信任度，也留住了忠诚客户。

2. 上海春秋旅行社利用网络资源，通过同全国各地分社和旅游代理商的合作，使服务的触角延伸到全国众多地区，使游客感受到春秋网不仅仅是用电脑和电话线连接起来的一个虚拟空间，而是实实在在的本地化服务网络。春秋旅行社整合了企业的各种资源，使春秋旅游网具有了跨地域、规模化运作和互联网的跨时空的特点。

3. 春秋旅行社成功地利用电子商务的优越性，借助电子商务手段，通过互联网预订、开设分社、发展代理商等多种渠道扩大客源流量，同时通过企业内联网共享信息，调度业务，最终在散客旅游经营上摸索出了一条成功之路。

［资料来源］杨路明，巫宁编著．现代旅游电子商务教程［M］．北京：电子工业出版社，2004：325－327.

案例4：

深圳国旅成功打造“新景界”

深圳国旅经过对市场的周密调查和分析，针对行业自身的特点和存在的问题，决定推出“新景界”品牌战略。

“新景界”源于“新境界”，它带给消费者的是和以往“到此一游”、“走马观花”完全不同的经历和感受，是每一次都有新发现的、一生难忘的旅游体验，是人性化、个性化的旅游，是旅行社业一道全新的风景线。

“新景界”的品牌定位为：“新时代，人性化的专业旅游”，其内涵为：“以新的服务理念、服务模式和崭新的形象展现在社会面前，提供高品质和富有特色的产品和服务，既是传统意义上的旅游服务企业，又是新型旅游文化的创造者、开拓者和传播者，更是现代生活方式的创造者；它强调人性的自由、自在、自我，强调对生态环境和特色文化的保护，强调人与自然的和谐新景界，强调生活的质量与品位，推崇积极向上的生活态度；它既充分尊重人，更强调大自然生态环境，注重人和自然的沟通，激发人的灵性和潜力，重新创造有意义的人生体验”。所谓人性化，就是以人为本，处处从顾客的需求出发，一切为顾客着想，并将具体行动落实到各个服务细节。

在品牌理念的指导下，“新景界”细分市场并规划了不同子品牌，推出的一系列产品均获得了成功，如“寻源香格里拉”、“千名长者温馨结伴游港澳”、“深圳情侣，阳朔有约”等品牌线路产品。“新景界”在推广策略上，全方位推出新旅游概念、新形象推广、新产品包装、新服务体系、新促销举措；所有的媒体宣传、公关活动都围绕“新”字展开，一改旅行社在人们心目中无新意、无特色、无差异、无保障的陈旧印象，塑造国旅“新景界”的崭新品牌形象。其推出口号是：“一样的旅游，不一样的新景界。”

深圳国旅实施新品牌战略，并非一蹴而就，而是有策略、有步骤地从“深圳国旅新景界”，到“国旅新景界”，再过渡到“新景界”，并通过整合品牌营销的一系列手段，一步一步走向健康良性发展的道路。

［资料来源］陈锋仪，王莉霞，库瑞主编．旅行社经营与案例分析［M］．天津：南开大学出版社，2004：17.

本章小结

本章共分三节分别介绍了财务管理、经营风险管理、战略管理三部分内容。讲述了科学有效管理旅行社的资金筹集、分配、运用等财务问题，降低经营成本，增加营业收入；有效运用回避、预防、结合、转移等一种或几种风险管理技术、控制方法、风险管理政策，并根据危机处理原则，妥善处理各种经营危机，控制经营风险；制定企业发展的战略目标，完成战略规划和战略实施，对旅行社经营活动进行计划、组织、指挥、协调、控制，从而做好旅行社经营管理的后勤配套保障工作，促使旅行社各项业务活动顺利开展，获取企业最大化的经济效益和社会效益。

复习思考题：

1. 旅行社财务管理的基本内容是什么？
2. 如何识别旅行社的经营风险？
3. 危机处理的原则是什么？
4. 如何进行旅行社的危机管理？
5. 简述SWOT分析法。
6. 战略管理的程序是什么？
7. 旅行社的战略选择有哪些？

实训题：

2003 年 5 月，成都某海外旅行社因“非典”冲击，一时间所有预订的海外旅游团纷纷被旅游代理商取消，旅游收入锐减。

你认为成都某海外旅行社应如何处理所面临的危机？

案例题：

苏州国旅分社创立的“寒山寺除夕撞钟活动”开始于 1979 年，已经持续发展了 20 多年，年年红火。

1979 年，苏州国旅分社每年接待的海外游客中日本人占了很大的比例，但每到淡季就“门前冷落车马稀”。为了充分利用现有旅游资源，开发淡季客源市场，他们针对日本人有除夕夜晚去寺庙听钟声消除今岁烦恼，祈求来年平安的习俗，又利用日本人因唐代诗人张继《枫桥夜泊》而家喻户晓的寒山寺，开发了“寒山寺除夕撞钟活动”。这一方面迎合了日本游客的需求，另一方面又可以增加淡季客源。

根据中国佛教经典和习俗，每逢岁末，身着袈裟的众僧在寺庙里举行盛大的岁末佛事，撞钟 108 下。其涵义有三：一是一年之中有 12 个月，24 个节气，72 个候，加起来是 108，表示一年的总结；二是怀念佛门 108 位长老；三是佛教认为人生祸福相依，沉浮无常，一生中有 108 个烦恼。佛教有“闻钟声，烦恼清，智慧长，菩提生”之说。此习俗流传到日本，为日本公众所接受。

苏州国旅分社发动导游人员在陪团过程中详细了解日本人过年的习俗；同时日本游客也对大门两侧设苍松翠柏，大堂设供桌、年糕、柿饼、橘子、海带、棕榈叶等日本吉祥物，听完钟声返回饭店后品尝年越面（表示“又越一年，又长一岁”之意）等接待饭店的设计布置提出建议。苏州国旅分社集思广益，制订了“寒山寺除夕撞钟活动”的实施方案和具体步骤。1979 年首届活动仅有 200 日本游客参加。苏州人没泄气，继续努力促销。第二年有 500 多日本游客，以后逐年增加，到 1987 年有 1665 人。到 1995 年底共有 18 000 位海外游客参加了“寒山寺除夕撞钟活动”。

近几年，每逢除夕前两三天，日本飞往上海的班机人满为患，日本交通公社、近畿旅行社等大旅行社往往加飞包机也难以满足前来苏州的旅游者的需求，许多人常常因购不到机票而取消旅行计划。参加“寒山寺除夕撞钟活动”的海外游客已经从最初的清一色日本游客，逐步发展到以日本游客为主，东南亚、港台、欧美游客为辅。

［资料来源］钱炜编著．创造性思维与旅游业［M］．北京：旅游教育出版社，1998：150－153.

请分析苏州国旅分社的成功经验是什么？

附 录

附一：导游人员注册导游服务公司手续

办理注册登记手续，需备齐以下材料：

（1）两寸红底免冠证件照四张；

（2）身份证、学历证明原件及复印件，其中身份证复印件两份；资格证书原件及内页一、二页复印件各一份；

（3）办理转换的导游如已持有 IC 卡，则需 IC 卡正面复印件及副证内页复印件各一份，如持有原省局颁发的大胸卡，则需将大胸卡正、反面复印件及副证内页复印件各一份带齐后一并交来；

（4）转换导游证的导游在转出原旅行社时应请原旅行社出具一份调出证明，其中应注明该导游的工作表现、有无重大投诉、债权债务、是否同意调出等上述内容，并加盖旅行社公章。

附：

表 1 四川省旅游局办理受理权限内国内旅行社及其分社的设立、经营范围变更申请事项须知

四川省旅游局办理受理权限内国内旅行社及其分社的设立、经营范围变更申请事项须知
一、办理程序 1. 接受申请材料； 2. 转交相关处室按规定办理或作出不同意的决定。 注：此项权限已全部下放给各市、州旅游局，原省管国内社权限也正下放成都市旅游局。 二、申请条件 1. 设立旅行社，应当具备下列条件：

（1）有固定的营业场所；

（2）有必要的营业设施；

（3）有经培训并持有省、自治区、直辖市以上人民政府旅游行政管理部门颁发的资格证书的经营人员；

（4）有符合本条2款、3款规定的注册资本和质量保证金。

2. 旅行社的注册资本，应当符合下列要求：

国内旅行社，注册资本不得少于30万元人民币。

3. 申请设立旅行社，应当向旅游行政管理部门交纳质量保证金10万元人民币。

4. 旅游行政管理部门收到申请书后，根据下列原则进行审核：

（1）符合旅游业发展规划；

（2）符合旅游市场需要；

（3）具备本条1款规定的条件。

5. 旅行社每年接待旅游者10万人次以上的，可以设立不具有法人资格的分社。国内旅行社设立一个分社，应当增加注册资本15万元人民币，增加质量保证金5万元人民币。

三、申报材料

1. 设立申请书；

2. 设立旅行社可行性研究报告；

3. 旅行社章程；

4. 旅行社经理、副经理履历表和申请条件中的一条三款规定的资格证书；

5. 开户银行出具的资金信用证明、注册会计师及其会计师事务所或者审计师事务所出具的验资报告；

6. 经营场所证明；

7. 经营设备情况证明；

8. 工商预核名通知。

四、办理时限

30个工作日。

五、收费依据、标准

不收费。

表2　四川省旅游局办理代国家旅游局受理设立国际旅行社申请和经营范围变更申请事项须知

四川省旅游局办理代国家旅游局受理设立国际旅行社申请和经营范围变更申请事项须知

一、办理程序

1. 代国家旅游局受理设立国际旅行社申请、经营范围变更申请及相关材料；

2. 转报国家旅游局审批。

二、申请条件

1. 设立旅行社，应当具备下列条件：

（1）有固定的营业场所；

（2）有必要的营业设施；

（3）有经培训并持有省、自治区、直辖市以上人民政府旅游行政管理部门颁发的资格证书的经营人员；

（4）有符合本条2款、3款规定的注册资本和质量保证金。

2. 旅行社的注册资本，应当符合下列要求：

国际旅行社，注册资本不得少于150万元人民币。

3. 申请设立旅行社，应当按照下列标准向旅游行政管理部门交纳质量保证金：

国际旅行社经营入境旅游业务的，交纳60万元人民币，经营出境旅游业务的，交纳100万元人民币。

4. 旅游行政管理部门收到申请书后，根据下列原则进行审核：

（1）符合旅游业发展规划；

（2）符合旅游市场需要；

（3）具备本条1款规定的条件。

三、申报材料

1. 设立申请书；

2. 设立旅行社可行性研究报告；

3. 旅行社章程；

4. 旅行社经理、副经理履历表和申请条件中的一条三款规定的资格证书；

5. 开户银行出具的资金信用证明、注册会计师及其会计师事务所或者审计师事务所出具的验资报告；

6. 经营场所证明；

7. 经营设备情况证明；

8. 工商预核名通知；

9. 相关市、州旅游局意见。

四、办理时限

30个工作日。

五、收费依据、标准

不收费。

附二：国内旅游组团合同范本

国内旅游组团合同范本

（试 行）

合同编号：

甲方：（旅游者或单位）

住所或单位地址：

电话：

乙方：（组团旅行社）

地址：

电话：

甲、乙双方甲方参加由乙方组织的本次旅游的有关事项经平等协商，自愿签订合同如下：

第一条 〔旅游内容〕本旅游团团号为：

旅游线路为：

旅游团出发时间为 年 月 日，结束时间为 年 月 日，共计 天 夜。

前款所列旅游线路、行程安排详见“旅游行程表”。“旅游行程表”经甲、乙双方签字作为本合同的组成部分。

第二条 〔服务标准〕本旅游团服务质量执行国家旅游局颁布实施的《旅行社国内旅游服务质量》标准（或由甲、乙双方约定）。

第三条 〔旅游费用〕本旅游团旅游费用总额共计 元人民币。签订本合同之日，甲方应预付 元人民币，余款应于出发前 日付讫。

第四条 〔项目费用〕甲方依照本合同第三条约定支付的旅游费用，包含以下项目：

1. 代办证件的手续费：乙方代甲方办理所需旅行证件的手续费。

2. 交通客票费：乙方代甲方向民航、铁路、长途客运公司、水运等公共交通部门购买交通客票的费用。

3. 餐饮住宿费：“旅游行程表”内所列应由乙方安排的餐饮、住宿费用。

4. 游览费：“旅游行程表”内所列应由乙方安排的游览费用，包括住宿地至游览地交通费、非旅游者另行付费的旅游项目第一道门票费。

5. 接送费：旅游期间从机场、港口、车站等至住宿旅馆的接送费用。

6. 旅游服务费：乙方提供各项旅游服务收取的费用（含导游服务费）。

7. 甲、乙双方约定的其他费用：

前款第2项的交通客票费，如遇政府调整票价，该费用的退、补依照《合同法》第六十三条办理。第3项的餐饮住宿费，如甲方要求提高标准，经乙方同意安排的，甲方应补交所需差额。

第五条 〔非项目费用〕甲方依照本合同第三条约定支付的旅游费用，不包含以下项目：

1. 各地机场建设费。

2. 旅途中发生的甲方个人费用：如交通工具上的个人餐饮费；个人伤病医疗费；行李超重费；旅途住宿期间的洗衣、电话、电报、饮料及酒类费；私人交通费；自由活动费用；寻回个人遗失物品的费用与报酬及在旅程中因个人行为造成的赔偿费用等。

3. 甲方自行投保的保险费：航空人身意外保险费及甲方自行投保的其他保险的费用。

4. 双方约定的由甲方自行选择的由其另行付费的游览项目费用。

5. 其他非第四条所列项目的费用。

第六条 〔出发时间地点〕甲方应于 年 月 日 时 分于（地点）准时集合出发。甲方未准时到约定地点集合出发，也未能中途加入旅游团的，视为甲方解除合同，乙方可以按照本合同第八条的约定要求赔偿。

第七条 〔人数约定〕本旅游团须有 人以上签约方能成团。如人数未达到，乙方可以于约定出发日前 日（不低于5日）通知到甲方，解除合同。

乙方解除合同后，按下列方式之一处理：

1. 退还甲方已缴纳的全部费用，乙方对甲方不负违约责任。

2. 订立另一旅游合同，费用如有增减，由乙方退回或由甲方补足。

乙方未在约定的时间通知到甲方的，应按照本合同第九条约定赔偿甲方。

甲方提供的电话或传真须是经常使用或能够及时联系到的，否则乙方在本条及其他条款中需要通知但通知不到甲方的，不承担由此产生的赔偿责任。

第八条 〔甲方退团〕甲方可以在旅游活动开始前通知乙方解除本合同，但须承担乙方已经为办理本次旅游支出的必要费用，并按如下标准支付违约金：

1. 在旅游开始前第5日以前通知到的，支付全部旅游费用扣除乙方已支出的必要费用后余额的10%。

2. 在旅游开始前第 5 日至第 3 日通知到的，支付全部旅游费用扣除乙方已支出的必要费用后余额的 20%。

3. 在旅游开始前第 3 日至第 1 日通知到的，支付全部旅游费用扣除乙方已支出的必要费用后余额的 30%。

4. 在旅游开始前 1 日通知到的，支付全部旅游费用扣除乙方已支出的必要费用后余额的 50%。

5. 在旅游开始日或开始后通知到或未通知不参团的，支付全部旅游费用扣除乙方已支出的必要费用后余额的 100%。

第九条 〔乙方取消〕除本合同第七条约定的情形外，如因乙方原因，致使甲方的旅游活动不能成行而取消的，乙方应当立即通知甲方，并按如下标准支付违约金：

1. 在旅游开始前第 5 日以前通知到的，支付全部旅游费用的 10%。

2. 在旅游开始前第 5 日至第 3 日通知到的，支付全部旅游费用的 20%。

3. 在旅游开始前第 3 日至第 1 日通知到的，支付全部旅游费用的 30%。

4. 在旅游开始前 1 日通知到的，支付全部旅游费用的 50%。

5. 在旅游开始日及以后通知到的，支付全部旅游费用的 100%。

第十条 〔合同转让〕经乙方同意，甲方可以将其在本旅游合同上的权利义务转让给具有参加本次旅游条件的第三人，但应当在约定的出发日前　　日通知乙方。如有费用增加，由甲方负担。

第十一条 〔甲方义务〕甲方应当履行下列义务：

1. 甲方所提供的证件及相关资料必须真实有效。

2. 甲方应确保自身身体条件适合参加旅游团旅游，并有义务在签订本合同时将自身健康状况告知乙方。

3. 甲方应妥善保管随身携带的行李物品，未委托乙方代管而损坏或丢失的，责任自负。

4. 甲方在旅游活动中应遵守团队纪律，配合导游完成本次旅游行程。

5. 甲方应尊重目的地的宗教信仰、民族习惯和风土人情。

第十二条 〔乙方义务〕乙方应当履行下列义务：

1. 乙方应当提醒甲方注意免除或限制其责任的条款，按照甲方的要求，对有关条款予以说明。

2. 乙方应当按照有关规定购买保险，并在接受甲方报名时提示甲方自愿购买旅游期间的个人保险。

3. 乙方代理甲方办理旅游所需的手续，应妥善保管甲方的各项证件，如有遗失或毁损，应立即主动补办，并承担补办手续费，因此导致甲方的直接损失，乙方应承担赔偿责任。

4. 乙方应为甲方提供导游服务；无全陪的旅游团体，乙方应告知甲方旅游目的地的具体接洽办法和应急措施。

5. 甲方在旅游中发生人身伤害或财产损失事故时，乙方应做出必要的协助和处理。如因乙方原因导致甲方人身伤害或财产损失，乙方应承担赔偿责任。

6. 乙方应当按照“旅游行程表”安排甲方购物，不得强制甲方购物，不得擅自增加购物次数。当甲方发现所购物品系假冒伪劣商品，如购物为甲方要求的，乙方不承担任何责任；如购物为行程内安排的，乙方应当协助甲方退还或索赔；如购物为乙方在行程外擅自增加的，乙方应赔偿甲方全部损失。

7. 非因乙方原因，导致甲方在旅游期间搭乘飞机、轮船、火车、长途汽车、地铁、索道、缆车等公共交通运输工具时受到人身伤害和财产损失的，乙方应协助甲方向提供上列服务的经营者索赔。

第十三条 〔合同变更〕经甲、乙双方协商一致，可以以书面形式变更本合同旅游内容。由此增加的旅游费用应由提出变更的一方承担，由此减少的旅游费用，乙方应退还甲方。如给对方造成损失的，由提出变更的一方承担损失。

第十四条 〔擅自变更合同〕乙方擅自变更合同违反约定的，应当退还甲方直接损失或承担增加的旅游费用，并支付直接损失额或增加的旅游费用额一倍的违约金。

甲方擅自变更合同违反约定的，不得要求退还旅游费用。因此增加的旅游费用，由甲方承担。给乙方造成损失的，应当承担赔偿责任。

第十五条 〔旅游行程延误〕因乙方原因，导致旅游开始后行程延误的，乙方应当征得甲方书面同意，继续履行本合同并支付旅游费用5%的违约金；甲方要求解除合同终止旅游的，乙方应当安排甲方返回并退还未完成的旅程费用，支付旅游费用5%的违约金。

甲方因延误旅游行程支出的食宿和其他必要费用，由乙方承担。

第十六条 〔弃团〕乙方在旅程中弃置甲方的，应当承担弃置期间甲方支出的食宿和其他必要费用，退还未完成的行程费用并支付旅游费用一倍的违约金。

第十七条 〔中途离团〕甲方在旅程中未经乙方同意自行离团不归的，视为单方解除合同，不得要求乙方退还旅游费用。如给乙方造成损失，甲方应承担赔偿责任。

第十八条 〔不可抗力〕甲、乙双方因不可抗力不能履行合同的，部分或者全部免除责任，但法律另有规定的除外。

乙方延迟履行本合同后发生不可抗力的，不能免除责任。

第十九条 〔扩大损失〕甲、乙一方违约后，对方应当采取适当措施防止损失的扩大；没有采取适当措施致使损失扩大的，不得就扩大的损失要求赔偿。

甲、乙一方因防止损失扩大而支出的合理费用，由违约方承担。

第二十条 〔委托招徕〕乙方委托其他旅行社代为招徕时，不得以未直接收取甲方费用为由免责。

第二十一条 〔其他〕本合同其他事项：

1.

2.

3.

……

第二十二条 〔争议解决〕本合同在履行中如发生争议，双方应协商解决，协商不成，甲方可以向有管辖权的旅游质量监督管理所投诉，甲乙双方均可向法院起诉。

第二十三条 〔合同效力〕本合同一式二份，双方各执一份，具有同等效力。

第二十四条 〔合同生效〕本合同从签订之日起生效，至本次旅行结束甲方离开乙方安排的交通工具时为止。

附：旅游行程表

甲方：	乙方（盖章）：
身份证号码：	负责人：
电话或传真：	电话或传真：
通讯地址：	通讯地址：
年 月 日	年 月 日

附三：社会导游员管理协议书

社会导游员管理协议书

（导游服务中心——社会导游员）

编　号________________

姓　名________________

身份证________________

成都市旅游局监制

甲方：成都市××导游服务中心（以下称甲方）　　乙方：（以下称乙方）

地址：成都市××街××号　　住址：

联系电话：028－8×××××××　　联系电话：

根据《导游人员管理条例》、《导游人员管理实施办法》、《导游证管理办法》等有关规定，本着自愿平等和协商的原则，订立合同如下：

一、甲方的义务

1. 甲方为乙方进行注册登记，建立业务档案，代为办理导游证年审和导游等级证晋级考核等手续。

2. 甲方定期对乙方进行职业道德、业务素质和服务质量等方面进行评估，并以一定的方式公布评估结果。

3. 甲方定期组织安排乙方参加各类导游业务等方面知识的培训。

4. 甲方免费为乙方提供旅行社的需求信息，在乙方自愿的前提下将乙方的资料免费登录旅游网，供各旅行社与导游建立业务关系。

5. 当乙方涉及有关旅游方面的纠纷时，甲方为其提供有关旅游行业管理规定等方面的咨询。

6. 甲方有义务向乙方推荐导游员带团“责任险”。

二、乙方的义务

1. 乙方自愿申请加入成都市××导游服务中心，并遵守“中心”的规章制度，服从“中心”的管理，按“中心”的工作程序与旅行社建立业务关系，甲乙双方为职业介绍关系。

2. 乙方自觉遵守《导游人员管理条例》、《导游人员管理实施办法》和《成都市导游服务中心导游员管理办法》，严格按照《导游服务质量》国家标准（GB/T15971——1995）提供导游服务，积极主动地接受当地旅游行政管理部门的检查。

3. 乙方应向甲方提供其上团的意见反馈表。

4. 乙方受聘为旅行社提供导游服务前应与该旅行社签订聘用协议，该协议无论是长期还是临时性协议，都作为乙方上团的合法依据，否则将被视为违规，并依据有关导游管理的规定予以处理。乙方与旅行社签订工作合同而发生的经济和法律纠纷，其责任由双方解决。

5. 乙方应自觉维护中心和所服务旅行社的合法权益和声誉，并严格根据旅行社的计划合理安排组织旅行者的游览活动，保护旅行者的人身财产安全。

6. 乙方接受旅行社的委派，在带团过程中必须忠于职守，不得擅自脱岗。

7. 乙方如违反有关规定，由此造成的一切责任由乙方承担，并由旅游行业管理部门按照导游人员管理的有关规定予以处理。

8. 乙方在“中心”注册时间不得少于一年，并按规定缴纳管理费　　元/年，一次交纳。如未满一年退出中心，费用不予退还。管理费中含日常培训费（不含年审培训费）。

9. 乙方如不按甲方通知的时间参加年审，后果自负。

10. 该协议一式两份，甲乙双方各执一份，签字盖章后生效。

甲方：成都市××导游服务中心　　　　　　　　乙方：

　　年　月　日　　　　　　　　　　　　　　年　月　日

附四：四川省国内旅游组团合同

四川省国内旅游组团合同

合同编号：

甲方：____________________（旅游者或单位）

住所或单位地址：____________________

电话：____________________

乙方：____________________（组团旅行社）

地址：____________________

电话：____________________

甲乙双方就甲方参加由乙方组织的本次旅游的有关事项经平等协商，自愿签订合同如下：

一、内容与标准

第 1 条　主要约定事项

旅游组团号	
旅游线路	
出发及散团时间地点	年　月　日　时　分在　　集合出发； 年　月　日在　　散团，共计　天　夜。
主要游览地点及游览时间	
交通工具及标准（不含景区观光车）	飞机：________ 火车：________ 轮船：________ 汽车：________
用餐次数及标准	早餐　次，标准为　元/餐；正餐　次，标准为　元/餐（含　菜　汤）。

住宿标准（住宿天数多于6晚，可在本条备注栏内增列或使用加页纸约定）	第1晚：房间标准为　　星级　　房间，费用为　　元/人； 第2晚：房间标准为　　星级　　房间，费用为　　元/人； 第3晚：房间标准为　　星级　　房间，费用为　　元/人； 第4晚：房间标准为　　星级　　房间，费用为　　元/人； 第5晚：房间标准为　　星级　　房间，费用为　　元/人； 第6晚：房间标准为　　星级　　房间，费用为　　元/人。
购物点、住宿点安排	详见团队运行计划表或旅游行程表（购物根据游客自愿，每日不得超过一次，每次时间不得超过40分钟）。
导游安排及费用	安排持证导游，费用标准为　　　元/人，天。
行程安排	详见乙方提交的团队运行计划表或旅游行程表（在四川境内旅游的团队应使用四川省旅游局统一拟制的“旅行社团队运行计划表”，出川旅游团队应提交列明每日活动安排的“旅游行程表”）。
旅游组团服务质量标准	执行国家旅游局颁发的、现行的《旅行社国内旅游服务标准》或甲、乙双方约定标准。
费用及支付方法	旅游费用：成人　　人/元；小孩　　人/元，合计　　元。
备注	如因人数不足无法单独成团，将转　　　　　旅行社出团。

第2条　旅游费用说明

1.（项目费用）甲方依照本合同第1条约定支付的旅游费用，包含以下项目：

（1）代办证件的手续费：乙方代甲方办理所需旅行证件的手续费。

（2）交通客票费：乙方代甲方向民航、铁路、公路、水运等公共交通部门购买交通客票的费用。

（3）餐饮住宿费：“旅行社团队运行计划表”（“旅游行程表”）内所列应由乙方安排的餐饮、住宿费用。

（4）游览费：“旅行社团队运行计划表”（“旅游行程表”）内所列应由乙方安排的游览费用、旅游景区景点第一道门票费。

（5）接送费：旅游期间从机场、港口、车站等至住宿旅馆、住宿地至游览地的接送费用。

（6）旅游服务费：乙方提供各项旅游服务收取的费用。

（7）甲、乙双方约定的其他费用：____________________。

前项所列的交通费如遇政府调整票价，该费用的退、补依照《合同法》第六十三条办理；餐饮住宿费，如甲方要求提高标准，经乙方同意安排的，甲方应补交所需差额。

2.（非项目费用）甲方依照合同第1条约定支付的旅游费用，不包括以下项目：

（1）各地机场建设费。

（2）旅游中发生的甲方个人费用，如交通工具的个人餐饮费、个人伤病医疗费、超重行李托运费，旅游住宿期间的洗衣、电话、电报、饮料及酒类费、私人交通费、自由活动费用、行李保管费、寻回个人遗失物品的费用与报酬，以及旅程中因个人行为造成的赔偿费用等。

（3）甲方自行投保的旅游人身意外保险费用。

（4）双方约定的由甲方自行选择的由其另行付费的其他项目费用。

（5）其他非前述项目的费用。

二、双方义务

第 3 条（甲方义务）甲方应当履行下列义务：

1. 甲方所提供的证件及相关资料必须真实有效。

2. 甲方应确保自身身体条件适合参加旅游团旅游。

3. 甲方应妥善保管随身携带的行李物品，未委托乙方代管而损坏或丢失的，责任自负。

4. 甲方在旅游活动中应遵守团队纪律，妥善监护随行小孩，配合导游完成本次旅游行程。

5. 甲方应尊重目的地的宗教信仰、民族习惯和风土人情。

第 4 条（乙方义务）乙方应当履行下列义务：

1. 乙方应当提醒甲方注意免除或限制其责任的条款，按照甲方的要求，对有关条款予以说明。

2. 乙方代理甲方办理旅游所需的手续，应妥善保管甲方提交的各项证件，如有遗失或毁损，应立即主动补办，承担补办手续费，并赔偿因此给甲方造成的直接损失。

3. 按合同约定无领队或全陪的旅游团队，乙方应告知甲方旅游目的地的具体接洽方法。

4. 非因乙方原因，导致甲方在旅游其间搭乘飞机、轮船、火车、长途汽车、地铁、索道、缆车等公共交通工具时受到人身伤害或财产损失的，乙方应协助甲方向上列经营者索赔。

5. 乙方应当按照“旅行社团队运行计划表”（“旅游行程表”）安排甲方购物，不得强制甲方购物，不得与商品经营者串通欺诈甲方购物。

6. 乙方应当提醒甲方出游时携带____________________等证件。

三、甲方违约责任

第 5 条（甲方退团）甲方可以在旅游活动开始前通知乙方解除合同，但应按如下标准支付违约金：

1. 在约定旅游开始前第 5 日（不含第 5 日）以前通知到的，支付全部旅游费用的 10%。

2. 在约定旅游开始前第 5 日至第 4 日以前通知的，支付全部旅游费用的 20%。

3. 在约定旅游开始前第 3 日至第 2 日以前通知的，支付全部旅游费用的 30% 。

4. 在约定旅游开始前 1 日通知到的，支付全部旅游费用的 50% 。

5. 在约定旅游开始日或开始后通知到或未通知到的，支付全部旅游费用的 100% 。

第 6 条（延误出行）甲方未准时到达约定地点集合出发也未能中途加入旅游团的，视为甲方解除合同，乙方可以按照本合同第 5 条第 5 项的约定处理。

第 7 条（中途退团）甲方在旅程中未经乙方同意自行离团不归的，视为单方解除合同，不得要求退还旅游费用。如给乙方造成损失，甲方应承担赔偿责任。

四、乙方违约责任

第 8 条（乙方取消）除本合同第 7 条约定的情形外，如因乙方原因，致使甲方的旅游活动不能成行而取消的，乙方应当立即通知甲方，退还甲方已交旅游费用，并按如下标准支付违约金：

1. 在约定旅游开始前第 5 日（不含第 5 日）以前通知到的，支付全部旅游费用的 10% 。

2. 在约定旅游开始前第 5 日至第 4 日以前通知的，支付全部旅游费用的 20% 。

3. 在约定旅游开始前第 3 日至第 2 日以前通知的，支付全部旅游费用的 30% 。

4. 在约定旅游开始前 1 日通知到的，支付全部旅游费用的 50% 。

5. 定旅游开始日或开始后通知到或未通知到的，支付全部旅游费用的 100% 。

第 9 条（旅游行程延误）因乙方原因（因飞机、火车、轮船晚点造成旅游行程延误除外）造成约定出发时间被延误 2 小时以上，甲方要求解除合同终止旅游的，乙方应退还还未完成的旅程费用并支付旅游费用 5% 的违约金。双方愿意继续履行合同的，乙方应承担甲方因延误旅游行程支出的食宿和其他必要费用，并支付旅游费用 5% 的违约金。

第 10 条（弃团）乙方在旅程中弃置甲方的，应当承担弃置期间甲方支出的食宿和其他必要费用，退还未完成的行程费用并支付旅游费用 30% 违约金。

第 11 条（擅自转、并团）乙方未经甲方书面同意，将甲方转给其他旅行社出团的，按总团款的 20% 向甲方支付违约金。

第 12 条（运行计划不规范）乙方未在约定出发日一天前将填写完整的“旅行社团队运行计划表”（“旅游行程表”）提交甲方，或提交的“旅行社团队运行计划表”（“旅游行程表”）内容与本合同第 1 条约定不符合，甲方有权解除合同。

第13条（压缩游览时间）因乙方原因造成甲方在某一景点约定游览时间被压缩1小时以上，乙方应按减少游览时间占该景点约定游览时间的比例，退还甲方该景点相应比例的游览费用（含该景点门票费、实际交纳的观光车和缆车索道费）。

五、其他约定

第14条（合同转让）经乙方同意，甲方可以将其在本旅游合同上的权利和义务转让给具有参加本次旅游条件的第三人，但应当在约定的出发日前______日通知乙方。

第15条（合同变更）经甲、乙双方协商一致，可以书面形式变更合同旅游内容，由此增加的旅游费用应由提出变更的一方承担，由此减少的旅游费用，乙方应退还甲方。如给对方造成损失的，由提出变更的一方承担损失。

第16条（保险）乙方推荐甲方自费投保旅游人身意外保险。

第17条（不可抗力）甲、乙双方因由不可抗力不能履行合同的，部分或者全部免除责任，但法律另有规定的除外。

如因不可抗力造成旅游费用增加，由双方合理分担，其中甲方承担____%，乙方承担____%。

第18条（扩大损失）甲、乙一方违约后，对方应当采取适当措施防止损失扩大，没有采取适当措施致使损失扩大的，不得就扩大的损失要求赔偿。

第19条（委托招徕）乙方委托其他旅行社代为招徕时，不得以未直接收取甲方费用为由免责。

第20条（补充约定事项）：

1.

2.

3.

……

第21条（争取解决）本合同在履行中发生争议，双方应协商解决；协商不成，甲方可向管辖权的旅游执法机构（旅游质量监督管理所）投诉；甲乙双方均可向法院起诉。

第22条（合同效力）本合同一式二份，双方各执一份，具有同等效力。

第23条（合同生效）本合同从签订之日起生效，至本次旅行结束离开乙方安排的交通工具时为止。

甲方（代表）：	乙方（盖章）：
身份证号码：	负责人：
电话（传真）：	电话（传真）：
通讯地址：	通讯地址：

甲方同行人员名单、身份证号码附后。

年 月 日 年 月 日

四川省旅游局监制

四川省旅游执法总队印刷

附五：旅行社管理条例实施细则

第一章 总则

第一条 为实施《旅行社管理条例》（以下简称《条例》），现根据《条例》制定本实施细则。

第二条 旅行社业为许可经营行业。经营旅行社业务，应当报经有权审批的旅游行政管理部门批准，领取“旅行社业务经营许可证”（以下简称许可证），并依法办理工商登记注册手续。

未经旅游行政管理部门审核批准并取得许可证的，不得从事旅游业务。

第三条 《条例》第二条规定的“外国旅行社在中华人民共和国境内设立的常驻机构”是指经国家旅游局审批、外国旅行社在中华人民共和国境内设立的常驻旅游办事机构。该办事机构只能从事旅游咨询、联络、宣传等非经营性活动，不得经营招徕、接待等旅游业务，包括不得从事订房、订餐和订交通客票等经营性业务。

第四条 国际旅行社可以经营下列业务：

（一）招徕外国旅游者来中国、华侨与香港、澳门、台湾地区同胞归国及回内地旅游，为其代理交通、游览、住宿、饮食、购物、娱乐事务及提供导游、行李等相关服务，并接受旅游者委托，为旅游者代办入境手续；

（二）招徕我国旅游者在国内旅游，为其代理交通、游览、住宿、饮食、购物、娱乐事务及提供导游、行李等相关服务；

（三）经国家旅游局批准，组织中华人民共和国境内居民到外国和香港、澳门、台湾地区旅游，为其安排领队、委托接待及行李等相关服务，并接受旅游者委托，为旅游者代办出境及签证手续；

（四）经国家旅游局批准，组织中华人民共和国境内居民到规定的与我国接壤国家的边境地区旅游，为其安排领队、委托接待及行李等相关服务，并接受旅游者委托，为旅游者代办出境及签证手续；

（五）其他经国家旅游局规定的旅游业务。

未经国家旅游局批准，任何旅行社不得经营中华人民共和国境内居民出国旅游业务、港澳台旅游业务和边境旅游业务。

第五条　国内旅行社可以经营下列业务：

（一）招徕我国旅游者在国内旅游，为其代理交通、游览、住宿、饮食、购物、娱乐事务及提供导游等相关服务；

（二）为我国旅游者代购、代订国内交通客票、提供行李服务；

（三）其他经国家旅游局规定的与国内旅游有关的业务。

第六条　各级旅游行政管理部门按照统一领导、分级管理的原则，对旅行社进行监督和管理：

按照《条例》规定，设立国际旅行社由国家旅游局审批，设立国内旅行社由省级旅游行政管理部门审批。

旅游行政管理部门对各类旅行社及外国旅行社常驻机构实行属地管理。

第七条　国际旅行社申请办理旅游签证，应当按照旅游行政管理部门规定的具体办法办理。

第八条　旅游行政管理部门依照国家标准对旅行社逐步实行信誉档案制度和资质等级评定制度，具体办法由国家旅游局另行制定。

第二章　旅行社的设立条件

第九条　设立旅行社，应当按照《条例》的规定交纳旅行社质量保证金（以下简称质量保证金）。

交纳质量保证金，按照国家旅游局的有关规定执行。

第十条　设立国际旅行社，应当具有下述任职资格的经营管理人员：

（一）持有国家旅游局颁发的“旅行社经理资格证书”的总经理1名；

（二）持有国家旅游局颁发的“旅行社经理资格证书”的部门经理至少3名；

（三）取得会计师以上职称的专职财会人员。

第十一条　设立国内旅行社，应当具有下述任职资格的经营管理人员：

（一）持有国家旅游局颁发的“旅行社经理资格证书”的总经理1名；

（二）持有国家旅游局颁发的“旅行社经理资格证书”的部门经理至少2名；

（三）取得助理会计师以上职称的专职财会人员。

第十二条　旅行社经理资格的规定，由国家旅游局另行制定。

第十三条　设立国际旅行社，应当具备下述规定的营业场所和经营设施：

（一）足够的营业用房；

（二）传真机、直线电话、电子计算机等办公设备；

（三）具备与旅游行政管理部门联网的条件；

（四）业务用汽车等。

第十四条　设立国内旅行社，应当具备下述规定的营业场所和经营设施：

（一）足够的营业用房；

（二）传真机、直线电话、电子计算机等办公设备；

（三）具备与旅游行政管理部门联网的条件。

第十五条　申请设立旅行社，应当按照本章前述各条的规定，将出资证明、交纳质量保证金承诺书、总经理和部门经理的资格证书、营业场所和经营设施等有关证明文件，报送接受申请的旅游行政管理部门审查。

第三章　旅行社的申报审批

第十六条　《条例》第十条第一项所规定的“设立申请书”应包括以下内容：

（一）申请设立旅行社的类别、中英文名称及缩写和设立地，旅行社申报和登记的企业名称，应当符合企业名称登记管理的有关规定，并须含有“旅行社”字样；

（二）企业形式、投资者、投资额和出资方式；

（三）申请人、受理申请部门的全称、申请报告名称和呈报申请的时间。

《条例》第十条第二项所规定的“可行性研究报告”应包括以下内容：

（一）设立旅行社的市场条件；

（二）设立旅行社的资金条件；

（三）设立旅行社的人员条件。

此外，申请单位还须提供受理申请的旅游行政管理部门认为需要补充说明的其他问题。

《条例》第十条第三项所规定的“旅行社章程”应当符合有关法律、法规的规定。

第十七条　设立国际旅行社，应当按照《条例》的规定，直接向所在地旅游行政管理部门提出申请，省、自治区、直辖市旅游行政管理部门受理申请并签署审查意见后，报国家旅游局审批。

第十八条　设立国内旅行社，应当按照《条例》的规定，直接向所在地旅游行政管理部门提出申请，省、自治区、直辖市旅游行政管理部门根据《条例》的规定进行审批。

省、自治区、直辖市旅游行政管理部门授权地、市级旅游行政管理部门审批国内旅行社的，应当报国家旅游局备案。

第十九条　受理申请设立国际旅行社的省、自治区、直辖市旅游行政管理部门，应当自收到符合规定的旅行社设立申请书之日起的 30 个工作日内签署审查意见，报国家旅游局；国家旅游局应当自收到申请书之日起的 30 个工作日内作出批准或不予批准的决定，向申请者正式发出批准文件或不予批准的文件，并通知受理申请的省、自治区、直辖市旅游行政管理部门。

第二十条　受理申请设立国内旅行社的省、自治区、直辖市旅游行政管理部门或其授权的旅游行政管理部门，应当自收到符合规定的旅行社设立申请书之日起的30个工作日内作出批准或不予批准的决定，并向申请者正式发出批准文件或不予批准的文件。

第二十一条　已经审批同意设立旅行社的，审批部门应当向其颁发许可证。

许可证是经营旅游业务的资格证明，由国家旅游局统一印制，由具有审批权的旅游行政管理部门颁发。

许可证分为“国际旅行社业务经营许可证”和“国内旅行社业务经营许可证”两种。许可证上应当注明旅行社的经营范围。许可证分正、副本，旅行社应当将许可证正本与营业执照一起悬挂在营业场所的显要位置。许可证副本用于旅游行政管理部门年检和备查。

许可证有效期为3年。旅行社应当在许可证到期前的3个月内，持许可证到原颁证机关换发。许可证损坏或遗失，旅行社应当到原颁证机关申请换发或补发。

第二十二条　申请者应当在收到许可证的60个工作日内，持批准设立文件和许可证到工商行政管理部门领取营业执照。

第四章　旅行社的变更事项管理

第二十三条　国际旅行社申请增加出国旅游业务、港澳台旅游业务和边境旅游业务的，经所在省、自治区、直辖市旅游行政管理部门审查并签署意见后，报国家旅游局审批。

第二十四条　国内旅行社申请转为国际旅行社，国际旅行社申请转为国内旅行社，应当按照设立审批旅行社的有关规定办理。

第二十五条　旅行社需要改变登记注册地的，应当征得原负责主管该旅行社的旅游行政管理部门和改变后的负责主管该旅行社的旅游行政管理部门的同意，并按有关规定办理变更登记。

旅行社变更登记住所地的，应当在办理完变更登记之日起的30个工作日内，报原审批的旅游行政管理部门备案。

第二十六条　旅行社组织形式、名称、法定代表人、营业场所、停业、歇业等事项变更，应当在办理完变更登记之日起的30个工作日内报原审批的旅游行政管理部门备案。其中，旅行社改变名称或歇业的，原审批的旅游行政管理部门应当为其换发或收回其许可证。

第二十七条　旅游行政管理部门对旅行社经理人员建立信誉档案制度。从事旅行社工作满3年以上的业务部门经理都必须持有“旅行社经理资格证书”，对在经营过程中严重违规的经理人员应吊销其资格证书。资格证书吊销后不得继续从事旅行社业务。

持有“旅行社经理资格证书”的人员因工作变动等原因不能继续在旅行社任职的，旅行社应在30个工作日内到原审批机关办理有关变更手续。

第二十八条　旅行社改制之前应到原审批机关登记，改制完成后应在30个工作日内到原审批机关变更许可证。

第五章　旅行社分支机构的管理

第二十九条　旅行社根据业务经营和发展的需要，可以设立非法人分社（以下简称分社）和门市部（包括营业部）等分支机构。

旅行社不得设立办事处、代表处和联络处等办事机构。

第三十条　旅行社的分社是指旅行社设立的不具备独立法人资格、以设立社名义开展旅游业务经营活动的分支机构。

旅行社的分社的经营范围不得超出其设立社的经营范围。

第三十一条　旅行社设立分社应符合下列条件：

（一）年接待旅游者达到10万人次以上；

（二）进入全国旅行社百强排名；

（三）分社经理必须取得“旅行社经理资格证书”；

（四）符合《条例》中规定的注册资金和质量保证金的要求。

第三十二条　旅行社设立分社，应当向原审批的旅游行政管理部门办理核准该旅行社每年接待旅游者达到10万人次以上的证明文件，按《条例》规定的数额到设立地有质量保证金管理权的旅游行政管理部门交纳质量保证金，并到原审批的旅游行政管理部门领取许可证，然后凭此证明文件和许可证到设立地的工商行政管理部门办理登记注册手续。

旅行社应当在办理完分社登记注册手续之日起的30个工作日内，报其主管的旅游行政管理部门和分社所在地的旅游行政管理部门备案。

旅行社的分社应当接受所在地的旅游行政管理部门的行业管理。

第三十三条　旅行社门市部是指旅行社在注册地的市、县行政区域以内设立的不具备独立法人资格，为设立社招徕游客并提供咨询、宣传等服务的收客网点。

旅行社设立门市部，应征得拟设地的县级以上旅游行政管理部门同意，领取“旅行社门市部登记证”，并在办理完工商登记注册手续之日起的30个工作日内，报原审批的旅游行政管理部门、主管的旅游行政管理部门和门市部所在地的旅游行政管理部门备案。

旅行社的门市部应当接受所在地的旅游行政管理部门的行业管理。

第三十四条　由省级旅游行政管理部门负责印制和颁发“旅行社门市部

登记证”。

登记证的内容主要包括证书名称，设立社、门市部名称、负责人、地址和业务范围，同意设立文号，证书颁发时间、颁发机关印章和有效期等。

门市部登记证实行一部一证，不设副本，复制无效。

第六章　旅游业务经营规则

第三十五条　旅行社应当按照核定的经营范围开展经营活动，严禁超范围经营。超范围经营包括：

（一）国内旅行社经营国际旅行社业务；

（二）国际旅行社未经批准经营出国旅游业务、港澳台旅游业务和边境旅游业务；

（三）国家旅游局认定的其他超范围经营活动。

第三十六条　旅行社不得采用下列手段从事旅游业务：

（一）假冒其他旅行社的注册商标、品牌和质量认证标志；

（二）擅自使用其他旅行社的名称；

（三）以承包、挂靠或变相承包、挂靠方式非法转让经营权或部分经营权；

（四）与其他旅行社串通起来制定垄断价格，损害旅游者和其他旅行社的利益；

（五）以低于正常成本价的价格参与竞销；

（六）委托非旅行社单位或任何个人代理或变相代理旅游业务；

（七）制造和散布有损其他旅行社的企业形象和商业信誉的虚假信息；

（八）为招徕旅游者，向旅游者提供虚假的旅游服务信息；

（九）其他被国家旅游局认定为扰乱旅游市场秩序的行为。

第三十七条　旅行社不得向旅游者介绍和提供下列旅游项目：

（一）含有损害国家利益和民族尊严内容的；

（二）含有民族、种族、宗教、性别歧视内容的；

（三）含有淫秽、迷信、赌博内容的；

（四）含有其他被法律、法规禁止的内容的。

第三十八条　旅行社所做广告应当符合国家有关法律、法规的规定，不得进行虚假广告宣传。

旅游广告应当具备以下内容：

（一）旅行社名称和许可证号码、类别、地址和联系电话；

（二）委托代理业务广告应当注明被代理旅行社的名称；

（三）旅游业务广告应包括旅游线路、项目和主要内容、天数、旅游服务价格和收费等。

严禁旅行社超出经营范围进行广告宣传。

旅游业务广告不得用模糊、不确定用语故意误导、欺骗旅游者和公众。

第三十九条　旅行社委托其他旅行社代理招徕或接待旅游者，旅行社与饭店、餐饮、交通、景点等企业以及与境外旅行社发生业务往来，应当签订合同，约定双方的权利和义务。

第四十条　旅行社招徕、接待旅游者，应当制作和保存完整的业务档案。其中，出境旅游档案保存期最少为 3 年，其他旅游档案保存期最少为 2 年。

第四十一条　旅行社应当按照国家旅游局的有关规定，向旅游行政管理部门报送统计报表，不得提供虚假数据或伪造统计报表。

第七章　旅行社业务年检管理

第四十二条　国家旅游局依据旅游业发展的状况，制定旅行社业务年检考核指标，统一组织全国旅行社业务年检工作，并由各级旅游行政管理部门负责实施。

年检的内容是旅行社本年检年度的企业基本情况、业务经营、人员管理、遵纪守法等情况。

年检方式为书面审阅和实地检查两种。

第四十三条　凡在年检年度内经旅游行政部门批准设立并领取许可证的旅行社，均应当参加年检。

第四十四条　旅行社应当按规定和要求完成年检准备工作，真实填报《旅行社业务年检报告书》，经法人代表签字并由审计机构审计后，按规定的时间上报。

第四十五条　年检主管部门在年检年度内对旅行社作出“通过业务年检”、“暂缓通过业务年检”或“不予通过业务年检”等年检结论。

第四十六条　在年检年度内存在以下情形之一的旅行社，暂缓通过业务年检，并由年检主管部门依照法规、规章的规定给予警告、限期改正等处罚：

（一）注册资本、旅行社质量保证金不足《条例》规定最低限额的；

（二）歇业超过半年的；

（三）以承包或挂靠等方式非法转让经营权或部分经营权的；

（四）超范围经营的；

（五）未按规定组织管理人员及导游、领队等从业人员教育培训或集中培训时数不够规定标准，经理资格证未达到要求的；

（六）未按照规定投保旅行社责任险的；

（七）经营过程中有零团费、负团费现象的；

（八）有重大投诉尚在调查处理过程中的；

（九）年检主管部门认定的其他违反法规、规章的行为。

按上款规定暂缓通过业务年检的旅行社，应当按法律、法规、规章的规定和年检主管部门的要求，在限期内改正其行为，并报告年检主管机关，由年检主管部门验收其纠正情况，并做出通过或不予通过业务年检的决定。

第四十七条　在年检年度内存在以下情形之一的旅行社，不予通过业务年检，由年检主管部门依照法规、规章的规定给予行政处罚，并可注销或建议注销其许可证：

（一）拒不按规定补足注册资本、旅行社质量保证金的；

（二）未经营旅游业务超过一年的；

（三）国际旅行社连续两年未经营入境旅游业务的；

（四）严重超范围经营的；

（五）以承包或挂靠等方式变相转让许可证，造成严重后果的；

（六）连续两年未按规定组织管理人员及导游、领队等从业人员教育培训或集中培训时数不够规定标准，经理资格证未达到要求的；

（七）发生严重侵害旅游者合法权益事件的；

（八）拒不参加年检的；

（九）未建立合法、公开的导游报酬机制，致使导游人员私拿回扣，造成恶劣影响的；

（十）年检主管部门认定的其他严重违反法规、规章的行为。

在每年度年检完成前，年检主管部门将以公告的形式对通过和暂缓通过、不予通过的旅行社进行公告。

第四十八条　年检主管部门在每年年检后，应当发布年检通告。对没有通过业务年检的旅行社，年检主管部门可以根据有关规定注销其许可证，并通知工商行政管理部门注销其营业执照。

第八章　旅游者的权益保护

第四十九条　旅行社应当为旅游者提供约定的各项服务，所提供的服务不得低于国家标准或行业标准。

旅行社对旅游者就其服务项目和服务质量提出的询问，应作出真实、明确的答复。

第五十条　旅行社应当为旅游者提供符合保障旅游者人身、财物安全需要的服务，对有可能危及旅游者人身、财物安全的项目，应当向旅游者作出真实的说明和明确的警示，并采取防止危害发生的措施；对旅游地可能引起旅游者误解或产生冲突的法律规定、风俗习惯、宗教信仰等，应当事先给旅游者以明确的说明和忠告。

第五十一条　旅行社从事旅游业务经营活动，必须投保旅行社责任保险。

旅行社在与旅游者订立旅游合同时，应当推荐旅游者购买相关的旅游者个人保险。

第五十二条　旅行社所提供的服务项目应明码标价，质价相符，不得有价格欺诈行为。

第五十三条　旅行社组织旅游者旅游，应当与旅游者签订合同。所签合同应就下列内容作出明确的约定：

（一）旅游行程（包括乘坐交通工具、游览景点、住宿标准、餐饮标准、娱乐标准、购物次数等）安排；

（二）旅游价格；

（三）违约责任。

第五十四条　旅行社因不能成团，将已签约的旅游者转让给其他旅行社出团时，须征得旅游者书面同意。

未经旅游者书面同意，擅自将旅游者转让给其他旅行社的，转让的旅行社应当承担相应的法律责任。

第五十五条　旅行社因《条例》第二十三条规定的原因而造成旅游者合法权益损失时，旅游者有权向旅游行政管理部门或其委托的旅游质量监督机构投诉；旅游行政管理部门或其委托的旅游质量监督机构在接受旅游者投诉后，应及时查明事实，确因旅行社过错而致使旅游者合法权益受到损害的，应当根据旅游者的损失程度，责令旅行社给予赔偿。旅行社拒不承担 或无力承担赔偿责任时，旅游行政管理部门应当从该旅行社的质量保证金中划拨赔偿费用。

第九章　对旅行社的监督检查

第五十六条　旅行社应当严格执行国家有关旅游工作的法规、政策，接受旅游行政管理部门的监督检查。

第五十七条　旅游行政管理部门对旅行社进行监督检查的内容，包括旅行社业务经营、对外报价、资产状况、服务质量、旅游安全、财务管理、资格认证等方面的情况。旅行社应当按照旅游行政管理部门的要求提供有关报表、文件和资料。

旅游行政管理部门对旅行社的检查包括日常检查、专项检查、个案检查和业务年检。

第五十八条　旅游行政管理部门的检查人员对旅行社进行检查时，应当出示有效证件。检查人员未出示有效证件的，旅行社有权拒绝其进行检查。

旅游行政管理部门的检查人员不得泄露旅行社的商业秘密。

第十章　罚则

第五十九条　旅行社有下列行为之一的，由旅游行政管理部门处以警告，并责令限期改正；逾期不改的，处以3天至15天的停业整顿，可以并处人民币3千元以上1万元以下的罚款：

（一）招徕、接待旅游者旅游，未制作和保存业务档案；

（二）无理拒绝旅游行政管理部门的监督检查。

第六十条　旅行社有下列行为之一的，由旅游行政管理部门责令限期改正；有违法所得的，没收其违法所得；逾期不改的，处以15天至30天停业整顿，可以并处人民币5千元以上2万元以下的罚款；情节严重的，由旅游行政管理部门吊销其许可证：

（一）超出核定的经营范围开展旅游业务的；

（二）未办理旅行社责任保险的；

（三）以承包、挂靠或变相承包、挂靠等方式转让部分经营权的；

（四）提供的服务不能保证旅游者人身、财物安全的需要，致使旅游者人身、财物受到损害；

（五）对提供的旅游服务项目，不按照国家的有关规定收费，旅行中增加服务项目，强行向旅游者收取费用；

（六）聘用未经旅游行政管理部门考核、持有资格证书的导游、领队；

（七）选择境外未经合法登记的旅行社作为接待社；

（八）与境外接待社未签订约定双方的权利和义务的合同。

第六十一条　旅行社有下列行为之一的，由旅游行政管理部门处以警告，责令限期改正；有违法所得的，没收违法所得，并处以违法所得3倍以下的罚款，但最高不超过3万元；没有违法所得的，处以3千元以上1万元以下的罚款：

（一）非法转让或变相转让许可证；

（二）未经旅游行政管理部门审核批准，擅自设立分支机构；

（三）违反规定设立办事处、联络处和代表处等机构；

（四）改变登记注册地、变更组织形式、名称、法定代表人、营业场所、停业、歇业等事项，未按规定报旅游行政管理部门同意或备案；

（五）委托非旅行社单位和个人代理或变相代理经营旅游业务；

（六）向旅游者介绍和提供含有损害国家利益和民族尊严、含有民族、种族、宗教、性别歧视及含有淫秽、迷信或赌博等内容的旅游项目；

（七）所作旅游广告不标明旅行社名称、许可证号码，委托代理业务广告不注明被代理旅行社的名称。

第六十二条　旅行社有下列行为之一的，由工商、旅游行政管理部门依照《中华人民共和国商标法》和《中华人民共和国反不正当竞争法》等有关法律、法规处罚：

（一）假冒其他旅行社的注册商标、品牌和质量认证标志；

（二）擅自使用其他旅行社的名称；

（三）诋毁其他旅行社的名誉；

（四）向旅游者提供虚假的旅游信息和广告宣传；

（五）以低于正常成本价的价格参与竞销；

（六）其他被工商、旅游行政管理部门认定为扰乱旅游市场秩序的行为。

第六十三条　有下列行为之一的，由旅游行政管理部门责令其停止非法经营，没收其违法所得，并处以人民币 1 万元以上 5 万元以下的罚款：

（一）未经旅游行政管理部门审核批准，经营旅游业务的；

（二）外国旅行社常驻机构超越业务范围，经营旅游业务的。

第六十四条　旅行社被吊销许可证的，由作出处理决定的旅游行政管理部门通知工商行政管理部门吊销其营业执照。

第十一章　附则

第六十五条　国家旅游局制定发布的《旅行社质量保证金暂行规定》、《旅行社质量保证金赔偿暂行办法》、《旅行社投保旅行社责任保险规定》、《旅行社经理资格认证管理规定》、《关于外国旅行社在中国设立旅游常驻机构的审批管理办法》与本《实施细则》共同作为《条例》的实施细则施行。

第六十六条　《条例》发布实施之前已经设立的旅行社，应当按照《条例》、本《实施细则》及有关规定，重新核定经营范围，更换许可证，办理工商变更登记等手续。

第六十七条　本《实施细则》由国家旅游局负责解释。

第六十八条　本《实施细则》自发布之日起施行。1988 年 6 月 1 日由国家旅游局发布的《旅行社管理暂行条例实施办法》、1996 年 11 月 28 日由国家旅游局发布的《旅行社管理条例实施细则》同时废止。

参考文献

1. 国家旅游局人事劳动教育司．旅行社经营管理［M］．北京：中国旅游出版社，2004.

2. 徐波，胡海霞编著．旅行社经营管理［M］．成都：四川大学出版社，2001.

3. 蔡必昌．旅行社管理实务操作手册［M］．广州：南方日报出版社，2004.

4. 梁智．旅行社经营管理［M］．北京：旅游教育出版社，2003.

5. 陈锋仪，王莉霞，库瑞．旅行社经营与管理案例分析［M］．天津：南开大学出版社，2004.

6. 戴斌．旅行社经营管理［M］．北京：旅游教育出版社，2003.

7. 陈永发．旅行社经营管理［M］．北京：高等教育出版社，2003.

8. 国家旅游局人事劳动教育司．旅行社管理概论［M］．北京：旅游教育出版社，2005.

9. 陈乾康．四川省导游资格考试复习资料（下册）［M］．成都：时代出版社，2002.

10. 西南民族大学旅游与历史文化学院．导游知识与技能［M］．成都：四川科学技术出版社，2006.

11. 杨晨辉主编．外联部操作实务［M］．北京：旅游教育出版社，2006.

12. 四川省旅游局编．四川旅游精品手册［M］．成都：四川科学技术出版社，2005：23－164.

13. 段强，吴江江主编．西南红色旅游精品线路指南［M］．北京：现代科技出版社，2005：47－116.

14. 张道顺编著．旅游产品设计与操作手册［M］．北京：旅游教育出版社，2005：70－316.

15. 张德等．人力资源管理［M］．北京：中国发展出版社，2002：2－11.

16. 支海成．客房服务与管理［M］．北京：高等教育出版社，2001：198－279.

17. 张润钢．现代饭店服务质量管理与控制［M］．北京：经济科学出版社，1998：15－37.

18. 杨路明，巫宁编著．现代旅游电子商务教程［M］．北京：电子工业出版社，2004：300－327.

19. 富兰克·M. 戈等．酒店业人力资源管理［M］．孙红英译．大连：大连理工大学出版社，2002：150.

20. 李云霞，杨叶昆主编．旅行社经营管理［M］．重庆：重庆大学出版社，2002：149－201.

21. 程遂营，刘荣主编．旅行社经营管理［M］．郑州：郑州大学出版社，2002：235－255.

22. 侯志强主编．导游服务实训教程［M］．福州：福建人民出版社，2003：92－93.

23. 科特勒等．旅游市场营销［M］．谢彦君译．北京：旅游教育出版社，2002：634－636.

24. 钱炜编著．创造性思维与旅游业［M］．北京：旅游教育出版社，1998：150－237.

25. 姚延波，左坚主编．旅行社经营管理理论、实践与案例［M］．天津：天津人民出版社，2004：320－328.

26. 杜江主编．旅游管理硕士论文文库［M］．北京：旅游教育出版社，2005：269－299.

图书在版编目(CIP)数据

旅行社经营管理实务/贾玉铭主编;余昕,罗小东副主编.—成都:西南财经大学出版社,2007.2(2011.2重印)
ISBN 978-7-81088-645-1

Ⅰ.旅… Ⅱ.①贾…②余…③罗… Ⅲ.旅行社—企业管理 Ⅳ.F590.63

中国版本图书馆CIP数据核字(2006)第157052号

旅行社经营管理实务

主　编:贾玉铭
副主编:余昕　罗小东
主　审:张江魁

责任编辑:王鹏
封面设计:杨红鹰
责任印制:封俊川

出版发行	西南财经大学出版社(四川省成都市光华村街55号)
网　　址	http://www.bookcj.com
电子邮件	bookcj@foxmail.com
邮政编码	610074
电　　话	028-87353785　87352368
印　　刷	四川森林印务有限责任公司
成品尺寸	170mm×240mm
印　　张	17.75
字　　数	340千字
版　　次	2007年2月第1版
印　　次	2011年2月第3次印刷
印　　数	6001—8000册
书　　号	ISBN 978-7-81088-645-1
定　　价	29.80元